"博学而笃志,切问而近思。"

《论语·子张》

问思录

INQUIRIES AND REFLECTIONS

司春林 著

复旦大学出版社

读与想（代前言）

读书是许多人生活的一部分，甚至对一些人来说，读书是一种生活方式。有人年轻时读得多，发奋识遍天下字，立志读尽人间书；年长之后读得少了，但想得多了。也有的年轻时忙于生计与工作，无暇阅读，到了年老退休，才开始阅读、泡图书馆、听讲座、上老年大学，读得反而多了，而且读得也更有花样。

读书是人类知识传输的途径，读书就是读者从书籍作者那里获取知识。作者把自己的知识系统化，就是思想。所以，读又是读者对作者思想的追随。

我国古代思想家孔子说，"学而不思则罔，思而不学则殆"。读与想是联系在一起的。要从书中获取知识，读的时候需要辨析；追随别人的思想不是轻信与盲从，而是使自己受到启发，引导自己的思想。这里既包括对知识与他人思想的汲取，也包括对不认可的思想的抛弃。读的时候会产生思想，"读后感"就是想了。读是扩充知识，想是深化知识。读，实际上是在别人的帮助下建立自己的思想与知识。人的一生，大部分时间都花在读与想上，读的时间似乎更多，但读得多才能使想更有效率，"读书破万卷"，才能"下笔如有神"。

法国哲学家狄德罗（Denis Diderot，1713—1784）认为，如果不读，思想就会停止。要使自己思想不停止，就要不停地阅读。这是讲读与想的另一面，与孔子说的思而不学则殆异曲同工。但是想未必都是由读引起的。孟子云："心之官则思。"意思是，心这个器官职能就在于思考。罗丹有个著名的雕塑《思想者》，"思想者"在想什么，可以有无限的猜测。想的方式很多,有苦思冥想,有胡思乱想。前者是集中思维,后者是发散思维。集中思维,是把一件事情做好的必要条件。但发散思维是开阔思路,产生新的想法。科学工作者需要天马行空地"想",这样才能有所发明与创造。

一个人老是自己"想"也有江郎才尽的时候,通过读书从中寻求灵感与问题的解决方案是一个办法,邀请一些人来个"头脑风暴"是另一个办法。互相碰撞出思想的火花,其实也是一种"读",是在读有生命的书。读的形式有多种,最常说的是读书,读书也叫看书,所以看也是一种"读";看的不仅是书,还可以看电影、电视、演出、日常生活中的各种人与事。听也可列入读的范畴,现在就有很多有声读物,人们听到的与看到的都算读。人们还可以到处去看,到处去听,读万卷书,行万里路,阅尽人间春色,至少与读书一样重要。

读是扩充自己的知识。知识有显性知识与隐性知识之分,显性知识可以写出来通过书籍或媒体传输,或者说出来向别人传授。这类知识都可以通过读书与听讲来获取。但隐性知识不同,如一些技艺与诀窍就是,难以通过阅读与听讲来传输,或者说,人们通过读与听只能获取这类知识的一小部分,而且是非关键的部分。要获取隐性知识,就需要特殊的"读法"。比如,师傅带徒弟,共同生活与工作,增加交往,因为这部分知识需要"读者"亲身体验。所以,与人交往也是一种"读"。男女谈恋爱,通常提出的要求或许诺是要"读懂对方"。

想也有多种表现形式。可以在脑海里想,也可以把自己的想法与过程表现出来,那就是写与说。写与说都是想的表现形式,言为心声。即使口是心非,表露出的与心中所想不一致,但能以假象示人,恐怕也是想的一部分,而且总有人能从中读出真的来。对许多人来说未必能把心中所想都表现出来,所谓"茶壶里煮饺子,肚里有货倒不出",但艺术家有时能通过艺术形象做到与读者或观众心灵相通。如何表现想,需要一种能力。

人需要多想,还要善于想。想比读有更高的要求。读是知识范畴的事,但想需要的是智慧。会想、善于想的人是有智慧的人,好的想法来自智慧。知识多的人未必有智慧,而有智慧的人未必有许多知识。

古代人提倡熟读精思,苏轼有诗云:"旧书不厌百回读,熟读深思子自知。"有人广泛地涉猎;也有人只读某类书,只读某些人的书,看电视只看固定的频道、固定的节目,只做某人的粉丝。有人交友不多,相信交友不慎,麻烦多多;也有人广交朋友,认为多个朋友多条路。在信息发达的今天,人们需要不断扩大自己的阅读量。外语学习中,有精读与泛读两部分。精读有熟读深思的要求,泛读则要求广泛涉猎。人们平时读书看报也有这种情况。泛读就是一种浏览,一目十行。现代社会关系理论认为,人们获取知识需要发展各种关系,关系有亲有疏,有强有弱;要获取更多新的知识,就不能整天与熟悉的朋友混在一起,重要的是结交一些陌生人,发展弱关系,弱关系才能带来更多的信息与知识。据说爱因斯坦(Albert Einstein,1879—1955)喜欢与儿童对话,童言无忌,常使这位大科学家受到启发。

人的一生是读与想的一生。人的一生是辉煌还是平凡,很大程度上是由读与想决定的。有的人善于读,走出大山,走出国门,开阔视野,发现了机遇。有的人不善于读,自我封闭,注定会影响如何去想,也注定要失去很多机会。人的一生中可能因一时没有想好,错过了机会,也可能一时糊涂,留下了终生遗憾。

人生阅历再丰富也是有限的,需要不断开阔视野,"博百家所长,为我所用";同时也需要宁静致远,生命不息,思想不止。

目录 | Contents

读与想（代前言） / 001

哲学篇

数的几个逻辑/哲学范畴 / 003

数学哲学的实践 / 020

企业家精神哲学
——基于对改革开放以来民营企业的观察 / 071

经济学篇

经济学、控制论与经济控制论 / 097

关于经济控制论与经济体制改革的对话 / 113

经济自组织、优化组合与经济联合事务所 / 125

经济发展与区域合作新论
——从技术转移和产业结构调整角度所作的考察 / 135

管理学篇

企业技术发展的跟随者战略 / 147

技术生命周期与企业技术创新策略 / 166

企业创新空间 / 186

商业模式创新的逻辑 / 221

创新型企业 / 252

实践篇

为宝钢集团做过的两个咨询 / 303

为上海汽车集团做过的两个咨询 / 316

无锡柴油机厂调研札记 / 327

我在复旦大学管理学院三十年 / 338

后记 / 355

哲学篇

数的几个逻辑/哲学范畴

量是客观事物的基本属性,数是对量的大小、多少、程度等的进一步规定。人们创造出数,是为了满足对量能做到"心中有数"的需求。客观事物的量的关系是复杂的,数的概念也是不断发展的。从最初的自然数,到有理数、无理数、实数、复数等,标志着人们对量与数的认识的深化。在这一认识过程中的每个环节,都对应着一定的逻辑/哲学范畴,数的发展表现为逻辑/哲学范畴的发展。

一与多

人类最早认识的数是自然数。自然数从"一"开始,人们对数的认识似乎也应该是从"一"开始的。但是古希腊最博学的学者之一亚里士多德(Aristotle,前384—前322)告诉我们,"一"是在与"多"的对立中得到名称的,就是说人们对"一"的认识并不比"多"早。"一"与"多"的关系是相互的,如果说"一"在与"多"的对立中得到名称,那么这句话对于"多"也同样成立,即"多"的名称与意义也是在与"一"的对立中确立的。所以,人们对数的认识,妥切地说应是起始于"一"与"多"的关系,并在这种关系中发展。

"一"与"多"的关系问题首先是一个哲学范畴,如学者吴宓(1894—1978)所说,"宇宙人生一切事理,均可按一多之关系简单归纳,要言不烦,朗若列眉"[①]。哲学的思辨从探求世界的本原开始,早期的哲学认为世界的本原是某一样东西,是水、火、气、理念等,总之是个"一",万物是

---

① 吴宓:《一多总表》,《哲学评论》1947年第6期。

"多"。之后的哲学放弃了"一"是世界本体或本原的说法,认为:"一"代表世界本体的统一性或同一性,"多"代表世间杂多的各种具体事物;"一"体现"多"中的普遍性,而"多"意味着特殊的诸多个体。但中国古代主流的哲学思想沿袭了对"一"的尊崇,如"一切为一""万物归一""九九归一""一统天下"。总之是"一"主宰"多","多"屈从"一"。道家哲学甚至认为:"天得一以清,地得一以宁,神得一以灵,谷得一以盈,万物得一以生,侯王得一以为天下贞。"哲学作为人类认识世界的知识的概括与总结,需要从各种学科知识中抽象出一般规律,所以哲学具有崇尚"一"的自然倾向。此外哲学还为社会政治治理提供理论依据,"一"被凌驾于"多"之上,象征着统一与秩序;相反,如果认为"多"更重要,那将可能导致统一与秩序的破坏,会陷入"崩溃逻辑",所以哲学不崇尚"多"。

其实哲学并不研究数,只是用数来表达思想,对数概念作哲学理解。数的发展有自身的逻辑。作为数的"一",被赋予过多的含义,那是哲学的事。古语说:一,数之始而物之极也。作为数的"一",它是"数之始";作为哲学的"一",它是"物之极"。从亚里士多德到黑格尔(Georg Hegel,1770—1831),他们都把数中的"一"与哲学上的"一"分别开,认为数中的"一"与"多"体现的是尺度与尺度对象的关系,也就是以"一"作为尺度,"多"是对被测量对象作出的测量结果。把数视为"一"与"多"的关系,即认为"一"是个"单位","多"就是被测量对象所包含的"一"的数目,也就是多个"一"。

"一"除了作为单位,并没有特殊的地位;而且"多"中的每个"一",都是"一",也都可以作为单位。所以人们对数的认识中,"多"就成为重点。"多"不应只是抽象的、笼统的"多",它应该有丰富的内涵。一开始人们对"多"的认识很有限,所谓"略知一二",二其实是数中最少的"多"。揭示"多"的内涵源于计算的需要。印度最古的数目只到三,三这个数字是二加一得来的;要设想四这个数字,就必须把二和二加起来,或者是三加一;同理,五是二加三,或者是二加二再加一,大概较晚才出现用手写的五指表示五这个数字和用双手的十指表示十这个数字。罗马的计数只有到Ⅴ(即五)的数字符号,Ⅹ(即十)以内的数字则由Ⅴ和其他数字组合起来。Ⅹ是两个Ⅴ的组合,同一数字符号根据它与其他数字符号位置关系而不同。

自然数有序数与基数(个数)两种意义。一是数之始,其后的数都可相继加一得到。自然数实质上就是通过"一"与"多"的关系不断揭示"多"的内涵。自然数的不同,就是因为所包含的"一"的数目不同。所以,"一"是比较不同的"多"的尺度。自然数的这一特征,正是分立的量的特性。分立的量以个体的形态出现,所以对分立的量的量度得到的数就是个体的数目。

人们对"多"的认识不仅靠量度,还可以靠计算。计算之所以可能与可行,是因为自然数的计算以"一"与"多"的关系为依据,并且能够与量度的结果保持一致。计算依赖一定的方法与规则,这些方法与规则也由此得到不断验证或逻辑上的论证。因此,人们认可计算出来的数,而无须诉诸度量,特别是在难以直接度量的情况下。例如,量度金字塔的高度有难度,但可以通过度量它的影子计算出来,这时计算就更为重要。

数被用于计算,同时还是计算的结果。加法使"多"中的"一"更多,减法则相反;乘法是"以少度多",使建立在"以一度多"基础上的加法更有效;除法是乘法的逆运算。但除法中会出现"以多度少",得到的结果是分数。分数是不是"数"?早期人们的数概念只限于自然数,所以人们只能从自然数出发来理解分数。分数作为一个数,是比率;自然数相对于分数,就是整数,而整数是自身与一的比率。所以,整数与分数都是比率数。两个比率数可以通过通分即找到它们分母的公倍数加以比较,两数之比就是它们的分子之比,即整数之比。所以,分数可以看成是由整数生成的。在比率数里,加减乘除运算的结果还都是比率数,所以比率数对算术运算是完备的。

量有分立的,也有连续的。整数先是对分立的量的量度,对于连续的量,用单位量量度的比率也可能是单位量的倍数,即整数,但一般结果是分数。分数的意思是用原有的单位量不能量尽被量度的对象,但可以找到一个较小的单位量,得到的比率仍是倍数。如 3/5,就是把 1 分成五份,其中之一作为"一",3/5 就是这个"一"的三倍。所以比率数之间的关系,也可归结为"一"与"多"的关系。

对于连续的量,无论选择怎样的单位量,从量度中得到数都意味着对连续的量作分立性的划分,即把连续的量视为由一个一个"单位"组成的分立的量,而"单位"就是用于比较的公共尺度。所以,比率数所描述的量是由分立的"单位"组成的,具有分立性,而这一"单位"就是同类量比较的共同尺度。所以,比率数建立在具有分立性和可公度性的量的基础上。

分立与连续

"形"的概念是伴随着数的概念出现的。比率数建立在量的分立性的基础上,"形"中的几何量最重要的特征是连续性。但"形"的基本要素是点、线、面,由点、线、面所构成的空间图形可为数的关系提供直观的表现形式。比率数是有序的,可以按大小从左至右加以排列,用直线上的点表示。选择直线上某一点作为基点,并选好单位长度,线段的长度表示数一,从基点开始对直线的量度,可以先把整数里程碑式地标示出来,其余的比率数也都可以在直线上标示出来,它们分布在整数之间,或者说它们存在于整数之间。这样,比率数就通过直线上的点找到了自己的直观表现形式。不仅如此,两个比率数之间总有第三个比率数,从而任何两个比率数之间都有无限个比率数,同时比率数没有最大数,也没有最小数,这样一来,比率数似乎就能填满整条可延伸的直线,构成数的"连续统"了。

古希腊哲学家毕达哥拉斯(Pythagoras,前 580 至前 570 之间—约前 500)就是这么想的。他相信数是世界的本原,直线上的每个点都对应着一个数,数与直线是同一的。毕达哥拉斯所说的数就是比率数,他认为通过数的比例及其关系可以窥探世界的真相,"万物皆数",世界"与数和谐",在此基础上他创立了一个宗教性的学派。毕达哥拉斯同时是一个数学家,他最重要的数学成果是对毕达哥拉斯定理(即勾股定理)给出一般性表述并作出严格证明。但数学上的这一伟大发现却揭穿了他哲学信仰的虚妄。他的一个学生应用这一定理发现:正方形的对角线与边长是不可公度的,两者之比不能表示为整数之比,其比率是 2 的平方根 $\sqrt{2}$。$\sqrt{2}$ 不是比率数,也就意味着不是"数",意味着线段与数并不和谐,这与毕达哥拉斯学派的宗教教条产生直接冲突,由此所引起的轩然大波被称为第一次数学危机。

不可公度比的发现表明比率数不足以描述几何量的关系。这也意味着比率数与直线并不同一,因为人们用作图法可以找到 $\sqrt{2}$ 在直线上的位置点,但是这个点却不能代表任何一个比率数。换言之,虽然每一个比率数都可以用连续的直线上的点来表示,但反过来,并不是直线上的每个点都对应着一个比率数。存在着不是比率数的点,表明仅有比率数并不能填满连续的直线。直线上的比率数是稠密的,但仅有比率数无法形成连续性的直线,比率数在直线上留有"空隙",如 $\sqrt{2}$ 的位置点就是比率数留下的空隙。这样的空隙被越来越多地发现,如圆的周长与直径之比,面积为 3、5、6、7 的正方形的边长等,都是不可公度的,以至于不可公度比相较于可公度比更加普遍。

不可公度比的发现意味着发现了新的"数",这本来是数的连续性所需要的。可是人们对这个"数"的含义感到忧虑与困惑,因为人们的数的概念还停留于"比率数"。当初只有自然数概念时人们接受分数,是因为分数可理解为自然数之比;而对于这些新的"数",却难以通过比率数去理解。但随着这些新的"数"被越来越多地被发现,人们对此不可能一直无视,不得不承认它们是另类的"数",其神秘面纱在差不多两千年之后仍尚未揭开,15 世纪的达·芬奇(Leonardo da Vinci,1452—1519)称它们为"无理的数",17 世纪的德国天文学家开普勒(Johannes Kepler,1571—1630)则称之为"不可言状"的数[①]。理解不可公度比的本质需要

[①] 曹之江,王刚:《微积分学简明教程》,高等教育出版社,2004,第一章。

新的视角,在比率数的框架里是难以理解的。

17世纪,法国哲学家与数学家笛卡尔(René Descartes,1596—1650)创立了解析几何学,提出了数轴与坐标系的概念,几何图形可以表示为坐标变化的代数方程,使相互分离的代数与几何建立了联系,从而实现数与形的结合。坐标与数轴概念为变量进入数学与微积分的出现奠定了基础。但变量的变化处理与微积分中的极限计算缺乏严密的理论基础,最初只能借助几何直观,这是因为对于无理数人们认识不够,而有理数不能处理变量的连续变化。对于极限运算,有理数是不完备的,因为有理数系列的极限未必是有理数,它可能是个无理数。实际上提出极限论的法国数学家柯西(Augustin-Louis Cauchy,1789—1857)就曾用有理数的极限来定义无理数,但他的定义被认为存在逻辑缺陷,因为预先设定了无理数的"存在"。

数轴比单纯的直线有更丰富的内涵,它是数的连续性的几何模型,体现数与直线的同一,可以表现数的连续变化。数轴中的直线以零为基点,向右的延伸为正,向左为负。已经知道有理数不能填满数轴,人们希望用无理数填满所留下的所有空隙,真正实现数与直线的同一。但要实现这一点,关键是如何理解和处理有理数与无理数的关系。具有连续性的数的新理论,必须建立在有理数与无理数的同一性基础上。这就要求无理数只能从有理数得到定义,并服从有理数的运算规则。

数学家尝试以不同的思路来解决这些问题,但都是以与柯西不同的方式在有理数的基础上定义无理数,然后证明由有理数与所定义的无理数组成的实数具有连续性。德国数学家戴德金(Julius Wilhelm Richard Dedekind,1831—1916)的思路则是,有理数不能排满数轴,在数轴上留有空隙,而利用这些空隙所定义的数,就能组成具有连续性的新的数概念。

戴德金延续了古希腊数学家欧多克斯(Eudoxus,约前400—约前347)关于连续量的研究思路。欧多克斯为了应对不可公度比的发现对几何学已有命题与定理的影响,重建了几何量的比例理论作为几何学的基础。他认为比率数反映分立量的关系，而几何中的量则是连续的，所以比率数不适合用于描述几何量的关系。欧多克斯对几何量并不指定数值，只讲是否成比例，而且对比例的定义建立在"公理"的基础上，可以通过严密的逻辑推理而不是计算来保证结论的正确。欧多克斯的比例理论中严密的逻辑演绎被融入欧几里得《几何原本》的公理化体系。在欧多克斯的理论中，可公度比与不可公度比作为量的比例，都是与同类量的"比例"，具有同一性。但欧多克斯只讲量，而避开了数。戴德金要做的，不能像欧多克斯那样仅仅考虑量，而是必须重建"数"的概念，使"数"具有连续性，实现与量的同一。

什么是连续性？连续性与分立性是对立的，作为哲学问题，哲学家对其的讨论源远流长，但数学家一直保持着直观的理解，对连续性的理解一直与直线联系着，称为连续统。处理变量的变化与极限运算需要严密的理论基础，需要对连续性给出一个标准。戴德金认为，直线的连续性在于，直线上任意一点都使直线分裂为左右两段，从而直线上所有点不是属于左段就是属于右段；而这样每一点不是属于左段就是属于右段的分裂，必定是由一个点产生，而且仅由一个点产生。看起来这是具有自明性的，无须证明。

有理数在数轴上留下空隙，但它们可以组成数轴上稠密的点，这些点可称为有理点。两个不同的有理点代表不同的有理数，它们的大小关系可转换为数轴上的左右关系，因此，两个有理数点之间还有无数个有理点。任何一个有理点 A，都可以把数轴上的所有有理点分划为两组，左组与右组，右组中的每一点都在左组中每一点的右边。A 点可以归为左组，成为左组中最右边的点，代表着左组有理数中最大的一个；也可以归入右组，成为最左边的点，代表右组中最小的有理数。戴德金把这一分划，称为一个由 A 确定的分割，也就是由 A 代表的有理数所决定的分割。所以，一个有理数也就是一个以它作为端点的分割，这可称为有理分割。显然，每个有理数都可以产生带有端点的分割，每个带有端点的分割也都是借助有理数而产生。但是如果一个分割不是由有理数产生的,即一个所有有理数作左右两组的分割,右组的有理数都大于左组的有理数,但左组没有最大的有理数,右组也没有最小的有理数,这样的分割意味着有理数中的空隙,这个空隙可定义新的数,就叫无理数。无理数由有理数的分割来定义,也意味着由有理数来定义。这样,有理数在数轴上的空隙就由无理数填补了。无理数与有理数组成实数。从此,任何一个分割都必定对应着一个实数,而且必定由实数产生。

实数与直线上的点形成一一对应,就形成连续统。对实数的任意分划,必存在产生这一分划的实数;所划分的两个组,必有一组包含这一实数,它或者是左组中最大的数,或者是右组中的最小数。这样,实数中就没有空隙可以产生别的数,实数就与直线具有了完全的对应关系,两者是同一的。

有与无

零的出现要比自然数晚千余年。零未能与自然数一起出现,是因为自然数的基础"一"与"多"都是"有",而零代表的是"没有",建立在对"无"的认识的基础上。最初的数概念中并不包括对"无"的认识。人们对"无"的认识远不如对"有"的认识。

"有"与"无"是比"一"与"多"更基本的范畴。西方的形而上学传统中,从一开始就把"无"设定为不存在者。古希腊的巴门尼德(Parmenides of Elea,约前515—约前445)认为"无"就是非存在,非存在是无法认识的,甚至谈及或思考都是不被允许的。柏拉图(Plato,前427—前347)也认为"人不能合法地发出非存在这些词的声音,也不能言说或思考它"[①]。在基督教中,上帝是至高无上的存在者,不允许有"无"这个不存在者与上帝对立。因此,在古代的西方思想家中,只有对"有"的思维,而没有对"无"的追问,对"无"的问题与回答都被认为是无意义的,甚至是荒谬的。对"无"毫无认识,就不可能产生零这个数的概念。

---

① 语出柏拉图《智者篇》,作者转引自冯治库:《〈庄子〉中的形而上学思想》,《甘肃社会科学》2012年第1期。

在古老的东方,在中国与印度,"无"或近似的"空"却是哲学的核心概念。中国春秋时期末期,哲学家老子提出"万物生于有,有生于无"。老子的最高理念是"道",而"无"被赋予与"道"共同的含义,"悟道"就是对"无"的体悟。魏晋时期,玄学的创始人王弼(字辅嗣,226—249)从注释《老子》开始提出了更明确的以"无"为本的哲学体系,并引发了以他为首的"贵无论"与"崇有论"的哲学论战,其中心议题是"有"与"无"的关系,而"无"为辩论的重心。古印度哲学中有"梵"与"空"的基本概念,代表着修持者在禅思中所能达到的最高境界,其含义与中国哲学中的"道"与"无"相近。事实上,中国传统哲学与印度哲学也有一定渊源。佛教自印度传入中国,很快也以"有"与"无"("空")为基本概念,参与"有"与"无"的讨论,并在中国生根,可见古代印度与中国对"无"的理解有共通之处。

所以,零的概念在东方产生并不奇怪。"无"有丰富的内涵,充满玄妙,历来有不同解读。但从对"数"的发展特别是零的出现及其演绎的影响这一视角来看,可以区分出"无"的四层含义。首先,"无"作为对"有"的否定,只有部分的含义,也就是说,只是对"有"中某些内容的否定。如老子所说,车轮轴中有空洞,车轮轴整体是"有",但没有空洞("无")就不能转动。所以,这个"无"是"有中之无","无"不是独立存在的,而是与"有"相辅相成、相互依赖。其次,"无"并不是不能独立存在,"无"也有自己的本体,作为本体,"无"同时也是"有",只是它不是作为具体的事物与现象而存在,而是作为超言绝象的永恒的"有",姑且叫作"无有"。再次,在"有"与"无"的关系中,"无"有自己的特有的功用,这就是"有之所始,以无为本"。没有"无",也就无从讲"有","无"规定了"有"的意义。"有"以"无"为本,变化不定的天下万物之"有",其共有的根据都是寂然不动的"无"。"无"是"有"之本,姑且叫"本无"。最后,"有""无"相生。"有"与"无"可以相互转化,世间一切事物无不在"有"与"无"之间变化。

四个层次具有递次渐进的关系,意味着对"无"的认识,从而也是对"有"与"无"关系认识的逐步深化。可以说,没有这一认识的深化,就不可能出现零的数概念,零也不可能在"数"中担任重要角色。

先来看"有中之无"如何进入"数"的概念。"数"在各个古代文明相继出现,起初似乎都与"无"没有直接关系。"数"被创造出来,目的是记数与计算。但记数存在着不同的方法。古罗马记数,对每个数都用一个文字或组合来表示,这叫非位置制记数。与此不同的是位置制记数,或进位制记数,只需要使用少数数码符号,数码的位置不同代表的数值也不同。老子所在的年代的前后,中国在记数与运算中使用算筹,算筹只有九个符号,代表一到九共九个数字。但十进位位置制记数中需要考虑某个位置上不是这九个数字的情况,如要表示今天我们所说的108,就要在百位上摆上一,在个位上摆上八,而在十位上,不能摆上九个数码中的任何一个,必须"空位",不然就无法区别108与18。这个"空位"不包括在九个数字中,也就是说,它不被认为是数字,只能给个"占位符"的说法,这是位置制记数所规定的,因而是不可或缺的。"空位"在位置制计数中必然出现,表明这一记数法从一开始就有对"空位"的设计。在实行位置制记数的文明中,都有"空位"的出现。古巴比伦人使用六十进位制,玛雅人使用二十进位制,所记载的数目中也都有发现"空位"。

在十进位记数法中,"空位"或"占位符"的意义是"这里没有数字",是对一到九所有九个数目字的否定,代表着"空无"。这个"空无"本身没有什么独立的意义,它包含在数所表示的"有"中,是位置制所记的这个数中不可或缺的。在中国数字表述中,这个"空位"最初是用空格表示的。我国古书缺字都用"□"表示,数字间的"空位"很自然地沿用"□"来表示,在以后常用行书中,方块也就顺笔画成圆圈"〇"了。汉字通常被说成方块字,但圆圈"〇"是个很特殊的汉字。在印度的计数法中也出现过类似的定位符,起初是用黑点表示数位上的"空无",之后逐渐演变为现在的"0"。

在位置制记数中,"空位"未被视为数字,但实际上与其他九个数字具有相同的作用,也就是说它实际上是被用作一个数字符号,与其他数字可以组成任何数。但"空位"没有独立的意义,只有与其他数字一起用于记数,它才具有意义。否则"空位"只是"空位",它并不是数字。"空位"当然不等同于"无",只是在"空位"与数字的关系中体现"无"与"有"的关系。"无"与"有"的关系还有更深刻的内涵,位置制记数中所展现的是这种关系中最基本的方面,即道家哲学所说的"有""无"互依、相辅相成,或者大乘佛教哲学中关于"空"与"有"不可截然分开的论述,空不离有,有不离空,空中摄有,有内存空。这种对"空"与"无"的认识,为位置制记数以及在位置制记数中使用"空位"提供了思想基础。

但仅有这样的认识对于认识零还是不够的,因为作为"空位"的零并不是独立的数,或者说,它还不是数,因为脱离了"空位",它什么都不是。"空位"并不是零,因为它不是独立的数。作为数的零,首先必须是一个独立的数,其次必须与所有数都有明确的关系,最后要有关于它自身与其他数的运算规则。中国古代在记数法中使用的"空位",没有把它作为独立的数;古巴比伦人发明了符号"0"以代替"空位",但没有赋予"0"数字的地位;玛雅人也用简单的字符表示空位,并在玛雅历法中将其作为独立的数字,但在进行算术运算的过程中,从来没有使用过数字零。

数作为人的思想事物,脱离了任何具体的物质形态,但数的规律具有普遍性,数字计算的结果具有确定性、必然性、永恒性等。正因为如此,零要作为一个数,也必须具备这样的特点。

最接近现代意义的零概念最早出现在印度的数学里。通常认为印度数学家婆罗摩笈多(Brahmagupta,约598—约660)首次将零不仅用作占位符或日历数字,而且将其作为一个数字进行了完整描述。他还提出了几条关于零的运算规则,包括"一个数加零或减零,这个数不变。数字乘以零就等于零"。这标志着,零作为一个数出现了。

为什么零由印度人发明?对这一问题的追问,共同的指向是印度的空性哲学与数的特性的契合。英国自然史学家李约瑟(Joseph Needham,1900—1995)博士认为,中国人发明了"空位",印度人在"空位"上放了花环,发明了"0",并认为印度人能发明"0",与他们文化中特有的"虚空"观念有关。"零计划"(ZerOrigIndia)基金会秘书长戈贝兹(Peter Gobets)

博士研究了数字零的起源，也认为数字零可能起源于印度的虚无哲学。我国驻印度使馆官员通过对印度文化的观察与考察，认为印度的哲学和宗教是发明零的沃土。在古印度，印度教和佛教是最具有文化影响力的两大宗教体系。印度文化强调人生的无常和虚空，推崇来世而轻视今生，主张采用精神上的"悟道"来摒弃对物质财富的拥有。印度佛教中常说的"空"(sunya)，即人的精神世界超脱因缘聚散虚幻不实的现象世界，实现"理体"(心)的空寂明净，即修持者在禅思中能够达到的最高境界，一种不含任何染污和烦恼、不生不死、超越时空、无限存在的自由、无碍之境，绝对存在的虚空。印度教则认为，"虚空"的最高境界便是"梵"(Brahma)，梵是宇宙最高的永恒实体和精神。梵和普通的灵魂、物质不同，梵是唯一的、自存的存在，而灵魂和物质则是复杂的、多变的，灵魂和物质依附梵的存在而变化。梵拥有创造、维持和毁灭一切的无限能力，而灵魂和物质则没有这种能力。

印度佛教与印度教的空性哲学中都包含着我们曾指出的对"无"理解的第二层意思，即承认"无"是具有相对独立性的"无有"。人们相信，婆罗摩笈多将这一哲学具体化为"零"的数学原理，于公元628年第一次定义了零及其数学运算。但另有发现表明，在婆罗摩笈多之前约500年的古印度"巴赫沙里手稿"中，就已经有关于零的运算原则的描述，所以婆罗摩笈多可能是第一个定义零的人，但不是第一个发现零原则的人。所以，古代印度文明是产生零概念的沃土，也孕育着零概念的发展。

我们曾指出，"无"的第三层含义是"本无"，即"无"是"有"之本，"无"规定了"有"的意义。在印度文化中，佛教的"空"又叫"中道"；印度教的梵是虚空，又是联系物质世界和精神世界的纽带。零作为"空"与"梵"的摹写，是唯一的和不变的，作为"中道"的"空"，为不同的"有"提供了一种界限和纽带。世间的物质世界为正，而精神世界为负。所以，零作为中性的数，也就可以把数区分为正数与负数。正数与负数可以千变万化，只有零不变。婆罗摩笈多提出的数的体系中，就包含正数、零与负数的运算规则。

可以说，零是数字中最重要和最具有意义的数。零概念的出现是数学发展史上重要的里程碑。零概念的引入带来数学的长足进步与应用范围的不断扩大。在9世纪，印度数学传播到阿拉伯地区，并通过阿拉伯数学传入欧洲，促进了欧洲文艺复兴时期数学的重大发展，逐渐使数学成为世界性的学科，并发展成现代数学。在现代数学中，零的作用似乎更加重要。现代数学开始于笛卡尔创建解析几何学，解析几何的想法源于坐标，即确定方程中的数字在一组坐标(X, Y)上的位置，为此需要先明确中心起点为零坐标$(0, 0)$。解析几何的出现使变量进入数学，但核心是零概念，因为变量在正负数之间特别是"有"与"无"之间变化，通过逼近零的无穷小量，引导出极限、导数概念，进而产生微积分。无穷小量在"有"与"无"之间的转化，体现的就是"无"的第四层含义。如果没有对"无"的这一层认识，便没有现代数学，也就没有在此基础之上建立的现代科学。

实与虚

从以上的讨论中，可知数概念的发展得到逻辑的帮助，受到哲学的启迪与推动。但数与逻辑及哲学的密切联系还有另外一面，逻辑与哲学也受益于数的概念。在黑格尔逻辑学中，不少内容都来自数的概念，黑格尔还认为哲学家常借助数的"抽象的直观"来表达思想。同时，数概念中的某些问题也可能进入逻辑或哲学的范畴。如我们曾讨论过的可公度与不可公度问题，本来是纯粹的数概念中的问题，现在越来越成为一个逻辑与哲学范畴的问题，被广泛用于讨论不同科学理论、多元价值、不同地域及民族的道德观念、不同的文化以及科技革命前后的社会结构等不可公度性问题。

实与虚，或真实与虚幻，应该不算传统的逻辑范畴。在此提出这个范畴的目的是将其用于分析"虚数"这一概念。虚数定义为平方为-1的数，或$\sqrt{-1}$。作为一个新的数，虚数的出现与当初零的出现有很大的不同。零的出现缘于印度的空性哲学，可以说是从印度文化中关于"空"

或"无"的哲学思想推演出来的。在印度的文化里,这样推演出来的零被认为是"真实存在"的。但虚数的出现却没有这样的思想基础。虚数的出现出于某些数学家的合理想象,在求解方程中作为"虚设",只具有工具性。如 $x^2+1=0$ 这样的代数方程,在实数域没有解,因为没有任何一个实数的平方等于-1,但如果想象有一个数,其平方是-1,那么这个方程就有解了。所以,如果承认负数的平方根,那么代数方程的有无根问题就可以得到解决,并且还可得出 n 次方程有 n 个根这样令人满意的结果。对于这样的"数",笛卡尔给它起了个名字,叫作"虚数"(imaginaire),意思是"想象当中的,并不真实存在的数",与"实际存在的"实数对应。但是对于这个"虚数",数学家们似乎既有怀疑又有兴趣。莱布尼茨(Gottfried Wilhelm Leibniz,1646—1716)认为,虚数是美妙而奇异的神灵隐蔽所,它几乎是既存在又不存在的两栖物。对虚数研究有重要贡献的欧拉(Leonhard Euler,1707—1783)也曾说过虚数"纯属虚幻","既不是什么都不是,也不比什么都不是多些什么,更不比什么都不是少些什么"[①]。

如果说虚数是人们的想象出来的,不是真实存在的,那么所有的数包括自然数也都是人们思想的产物,它们的"真实存在性"是怎么被认可的?

回顾一下数的发展就可知道,自然数出现以后,由于人们发现计算的结果"必然是真",无须经验验证,而且亘古不变,所以对数的"真实存在性"深信不疑。但是对于数存在于"哪里"、有怎样的存在方式,却有不同的说法。古希腊的哲学家柏拉图认为数作为形式存在于独立于现实世界(感官世界)的"形式世界"(理念世界),他的学生亚里士多德尊重老师,但更尊重真理,认为数应是对现实世界事物特性的反映,并不独立存在,既不独立存在于可感事物之外,也不独立存在于可感事物之中,而只是抽象的存在。康德(Immanuel Kant,1724—1804)则认为关于数的概念与知识是"先验"的,存在于人的感性"直观"中。

---

① 转引自吴国平教育研究社:《吴国平:世界上第一个提出"复数"概念的人是谁?》,2017-09-16,https://www.sohu.com/a/192168969_109415.

哲学家们对数的存在性的说法，实际上只限于自然数。从数的发展来看，新的数不断被人们接受，即新的数的"真实存在性"被一一认可，需要具备两个条件。

第一，新的数出现以后，人们对它一无所知，所以被认为"不存在"是正常的。某一"存在"的自身不能由自身来证明，而必须由自身之外、通过他证来获得证明，也就是在与存在的他物的关系中获得证明。对于已经存在的数，人们认为是"真实存在"的；新的数要被承认，获得"存在性"，只有与已存在的数建立明确的关系才有可能。这也就要求新的数必须从已被认可存在的数那里得到定义。分数是在自然数之后出现的，分数能被认可是"数"，是因为分数可被视为自然数之比，共同组成比率数或有理数。在有理数之后，无理数作为"数"曾长期未得到承认，经过了近20个世纪之后，人们才建立了关于无理数的严密理论。这些理论共同的特征是用有理数定义无理数，并最后形成连续性的实数。从已经存在的数来认识新的数，从而带来数概念的不断扩充，而原有的运算规则得以继续，这是数的概念发展的规律。

第二，新的数的加入使数的概念得以扩张，扩张后的数概念应表现出新的应用，才能作为它"真实存在性"的最终证明。与已存在的数建立联系，并由此得到定义，是新的数存在的"合法性"的第一步。但仅有这一步，还不足以证明新的数存在的必要性，因为这似乎只是对已存在的数的存在性的进一步的确认。只有与已存在的数一起形成新的数概念，并能找到新的应用，才能最终证明自己的"真实存在性"。

换言之，新的数必须与已存在的数"捆绑"在一起，才能使自己的存在"合法化"；只有与已存在的数组成新的数域并获得新的应用，才能显示自己存在的必要性与价值。

虚数从"虚"到"实"，就曾经历了这两步。

一是与实数建立联系，组成复数，获得明确的含义。

尽管虚数是"虚"的，但数学家却没有放松对它的研究。欧拉提出了"虚数单位"的概念。他提出新的数 i，它的平方等于 -1，可以与实数一起进行四则预算，这个 i 就是虚数单位。虚数有了单位，就能像实数一样，写成虚数单位倍数的形式。实数与虚数同等对待，结合起来成为复数。任何一个复数可以写成 $a+bi$ 的形式：当 $b=0$ 时，$a+bi=a$，它就是实数；当 $a=0$，它是纯虚数 bi；a、b 都不等于 0 时，它是复数。挪威的测量学家韦塞尔（Caspar Wessel，1745—1818）试图给予这种虚数直观的几何解释，他发现虚数可对应平面上的纵轴，与对应平面上横轴的实数同样真实，提出用坐标平面上的点来表示复数。高斯（Carl Friderich Gauss，1777—1855）在此基础上提出了复平面概念，并对表示平面上同一点的直角坐标法和极坐标法加以综合，用于表示同一复数的代数式和三角式。通过复平面，数轴上的点与实数一一对应，扩展为平面上的点与复数一一对应，复数可以被视为平面上的点；不仅如此，复平面上的点还可以被看作向量，利用复数与向量之间一一对应的关系，可以定义复数的几何加法与乘法。这样，复数就超越了只有正负两个方向的实数，成为能描述平面上所有点的方向的更广义的数，所构建的向量空间描述这个空间中的点距离原点的距离和离开实数正方向所偏转的角度。

虚数的作用如果仅仅是在数学中可用于求解方程，或给平面坐标系另一解释，那么可以将虚数理解为数学家们有用的数学工具，但还不足以表明它确实是数。数应反映现实世界事物的特性，应该在物理、工程及日常生活中得到应用。

虚数的运算可表示旋转，并具有周期性，所以虚数的引入方便了涉及旋转的计算，可被用于描述波动和震动等周期运动中的相位和振幅，与实数联合起来的复数可被广泛地应用于声波、光波和电磁波的传播研究。

虚数的广泛应用，最初可归因于用它来描述运动的便利性，特别是可以简化其中较复杂的运算。如在电子学中，电场与磁场垂直于传播方向，电场与磁场的相位差是 90°，复数形式的电磁场可以更方便地描述电磁波的传播与反射。电路中电流与电压是各种复杂信号的组合，使用复数可以简化电路分析计算，同时有助于揭示电流与电压的关系。

如果说在这些应用中,虚数主要还是作为数学工具发挥计算作用,那么关于量子力学的研究似乎表明,虚数是量子世界本质的反映。量子力学描述微观粒子的行为与相互作用,是虚数应用的一个重要领域,其中描述粒子状态的波函数是复函数,其虚部描述粒子的相对相位,虚部的平方是粒子的概率密度,描述粒子的空间分布。但是,量子力学是否必须用复数一直被认为是一个基础问题。2021年12月《自然》杂志上发表的一篇论文名为《基于实数的量子理论可以被实验证伪》(Quantum Theory Based on Real Numbers Can Be Experimentally Falsified),这篇论文通过量子纠缠交换实验,发现用实数来描述实验过程和结果始终和实际有很大偏差,从而表明只用实数不足以描述量子世界,虚数是描述量子世界本质的要求。我国科学家团队分别通过超导体系和光学体系实验,验证了这篇论文的正确性,发现实数无法完整描述标准量子力学,虚数可揭示量子世界的本质,因此,虚数在量子力学中是不可或缺的。

主要参考文献

1. 黑格尔:《逻辑学》,杨一之译,商务印书馆,1966。
2. 唐士其:《老子哲学中"无"的三重含义:一个比较哲学的考察》,《哲学研究》2016 第 11 期。
3. 汤一介:《"有"与"无"》,载《中国哲学史研究》编辑部编《中国哲学史主要范畴概念简释》,浙江人民出版社,1988。
4. 王启明:《数字"0"与印度文化》,2007-05-15,http://in.china-embassy.gov.cn/chn/ssygd/chunchaochao/200705/t20070515_2358384.htm。
5. 汉斯·约阿西姆施·杜里希:《世界哲学史》,吕叔君译,广西师范大学出版社,2017。
6. Marc-Olivier Renou, David Trillo, Mirjam Weilenmann, et al., "Quantum Theory Based on Real Numbers Can Be Experimentally Falsified", *Nature* 600(2021): 625-629.

数学哲学的实践

哲学与数学都以抽象性著称,在这个意义上两者是最接近的。数学哲学作为哲学研究的一个重要方向,源于哲学对数学抽象性的解释。这些解释涉及数学对象的性质与人们如何获得数学知识,即数学本体论与数学认识论的基本哲学问题。随着数学实践的发展,对这些问题的讨论不断深入。从历史上看,大部分哲学家都针对数学留下了自己的哲学理论,正是这些理论构成了数学哲学研究的基础。历史上也有许多数学家同时是哲学家,他们深谙哲学与数学的关联,立于哲学与数学的交汇处,比起单纯的数学家或单纯的哲学家更善于利用两者之间的相互影响与相互依存,不断推进数学与哲学的研究,而以数学与哲学关联为对象的研究,更形成了各具特色的数学哲学。所以,数学哲学的实践是哲学为数学不断寻求合理解释的发展过程,更是数学实践进程中数学与哲学相互影响与联系的过程。随着近一世纪数学不断向深度与广度发展,数学哲学的视野已开始从纯粹数学的内部扩展到数学的外部,从对数学知识的关心拓展到对数学实践活动的关注,人们对数学的本质与意义产生了新的认识,数学哲学有了新的内涵。

哲学对数学本体论的论述:
柏拉图与亚里士多德

哲学开始于人们对存在的认知,最开始是对外在自然的认知,即关于世界是什么的本体论研究。与多数古希腊哲学家把世界的本原归结为某种物质形态不同,毕达哥拉斯把数说成是世界本原。毕达哥拉斯是哲学家兼数学家,在他那里,世界万物及其摹写在构成了数学的同时也是哲学的直接研究对象,数学与哲学合二为一,世界服从数的规律,世界原本就是数的和谐系统。在今天看来这样的想法非常大胆,特别是考虑到当时人们关于数还只有整数概念。之后毕达哥拉斯的弟子发现并严格证明不是所有的线段的关系都可以表示为整数关系,用反例证明了数本身也并非和谐系统,从而引发了所谓的第一次数学危机,实际上是毕达哥拉斯的数学-哲学危机。危机引发了人们对数学的本质与意义的重新思考,引发了人们对于数学研究的对象与现实世界有什么联系的追问。

数学对象的意义,或者说数学与现实世界的关系,被称为数学的本体论问题。在柏拉图看来,仅通过数学本身并不能真正理解其研究对象,对数学对象的认识需要哲学的帮助。他是从数学自身研究方法的局限性来说明这个问题的。他认为数学研究中使用从假设出发的演绎推理,假设被作为自明的东西,从假设出发的推理结论不会超出这些假设,这意味着在这个过程中人的思想不是向上的而是向下的。所以,数学不能给假设合理的说明,从而不能真正理解其对象。哲学的理性研究应用的是辩证法,虽然也需要假设,但这些假设只是暂时的,不是绝对的,通过辩证法可以将假设作为跳板探讨哲学原理,再回过头来把握以这一原理为依据的结果与结论。

柏拉图认为世界的本原不是数,而是理念,理念与可感事物存在于对立的世界。理念是永恒的客观存在,先于可感事物,而可感事物的存在性变化不定,只是分有同名理念。人们无法从可感世界获得可靠性知识,只有关于理念的知识才是可靠的、实在的、永恒的。数学正是"把灵魂拖着离开变化世界进入实在世界的学问"[1],所以数学的对象世界处于可感事物的世界与理念世界之间。数学研究常常需要借助可感事物来进行,但这些可感事物并不是数学真正的对象,它们只不过与数学对象分有同一名字,数学对象是纯粹的"形式",它存在于可感事物之外,只有

---

[1] 柏拉图:《理想国》,张竹明译,译林出版社,2012,第251页。

思想才能把握。数学家虽然借助画出的图形来进行研究,但它们其实只是数学家思想中那些图形的摹写,犹如水中的影子与影像,并不真正就是数学家心目中的那些对象。数学对象存在于另一个世界,即不属于时空世界但客观存在的形式世界。人们在时空世界凭感官得到的感知只涉及现象,具有偶然性,再看一遍就可能会看到不同的东西,所以不能把握事物的真相。但形式世界是必然真实的,通过思考获得的关于形式的知识必然为真,不是偶然为真。

柏拉图对数学对象存在性的这一论述被称为实在论或唯实论,也被称为柏拉图主义。实在论在数学哲学的发展中产生了深远的影响,因为它抓住了数学对象确实并不独立存在于现实世界的特点。我们能看到三棵树,拿到两个苹果,但是我们感觉不到独立存在的"三"与"二"。作为几何对象的点线面,点无大小,线无粗细,面无厚薄,也不真实地存在于现实世界。虽然它们不存在于现实世界,但是根据它们所做的计算、推演,所得的结论却都反映现实关系,而且对现实关系的反映还都是普遍的与必然的,无须用经验再去验证。相反,许多通过经验所得到的东西,在没有得到数学的严格论证之前,人们认为可能是虚妄的、不可靠的,即使有再多的经验验证也不能改变这一点。

用柏拉图的理论解释数学知识独立于人们的感觉经验并且具有必然性与普遍性,似乎非常有效。在数学史上,可以发现不少卓越的数学家都宣称自己为柏拉图主义者,他们相信数学对象"王国"的存在性,如一个方程有几个根、哪几个根,这种存在性也确实是客观的。数学家们能从他们认为存在的世界里发现乐趣,可以凭着一支笔、一张纸在这个王国里遨游,殚精竭虑地寻觅。数学家毫不怀疑他们提出的新的概念与理论是对客观存在的东西的发现,而不是无中生有的发明创造。

但是对很多人来说,特别是对一些哲学家来说,说数学对象独立存在于我们感觉世界之外是难以置信的。即使说服自己相信那个世界存在,也无法弥合那个世界与我们时空世界之间不可逾越的鸿沟:生活在时空世界的人们如何去认识它们?这是数学的认识论问题,是柏拉图的本体论面对的难题。柏拉图本人的说法是，人们对理念世界的知识与生俱来，但要重新获得这些知识，需要通过后天的经验去回忆。这种说法具有神秘主义色彩，很难让人信服。

柏拉图的学生亚里士多德也无法说服自己相信老师的理论。他尊重老师，但更尊重真理。他认为数学对象不可能像毕达哥拉斯所说独立存在于可感事物之中，但也不可能与可感事物分离，独立存在于可感事物之外。数学对象并不是比物体更高级的本体，在本性上也并不先于可感事物，而只是定义上在先。认识数学对象，关键是认识这些对象如何存在。可感事物具有多种属性，把每一属性分割开来单独研究，就形成各种独立的科学。数学对象是可感事物中不可感的抽象属性，即撇开可感事物的轻重、软硬、冷热等，而专注事物的数与量的属性，如算术研究数及其属性，几何研究量及其属性。理解数学对象如何存在，涉及抽象与具体、一般与特殊、共相与殊相的关系。亚里士多德认为，数学对象不是具体的事物，而是从具体事物中抽象出来的事物的属性，因而它们并不脱离这些具体的、特殊的事物而独立存在。理念离开可感事物不能独立存在，抽象的东西只能存在于具体的事物中。一般离开个别就不能存在，共相离开殊相就不存在。总之，数学对象只是这种抽象性的存在。

亚里士多德的这一说法，常被称为唯名论。但对这种唯名论有两种不同的理解：一种观点认为数学对象虽然是抽象的，但其存在性是客观的，这一立场实际上接近柏拉图；另一种观点认为数学对象的抽象性只存在于人们的主观感觉经验中。

围绕着柏拉图和亚里士多德的争论，一直贯穿数学哲学的发展过程。

在基督教统治的中世纪经院哲学的对立观点中，也包含柏拉图主义与亚里士多德主义的论争。柏拉图关于抽象的理念真实地独立存在于感性世界之外的学说，被经院哲学中的唯实论或实在论作为上帝存在的依据，用于创造具有逻辑思辨性的神学体系。经院哲学认为上帝创造了世界，主张人们通过认识世界来认识、理解上帝，赞美上帝。唯实论视上帝为至高无上的数学家，认为上帝按照数学的原理创造了世界，人们应该按照上帝的旨意，应用数学建立事物的知识体系。亚里士多德的理论在经院哲学早期曾被视为异端，在经院哲学后期经由著名神学家阿奎那（Thomas Aquinas，约 1225—1274）成为经院哲学唯名论的理论基础。唯名论认为理念、共相是从个别事物的认识中归类、抽象而来的信念，知识获取应从对具体事物的感觉经验着手，但感觉经验是杂多的，所以唯名论主张应用归纳逻辑从经验中获得具有普遍性、一般性的知识，包含如何认识数学对象的一些思考。在经院哲学中，还有概念论动摇于唯实论与唯名论之间。经院哲学中的论争影响了哲学由本体论向认识论的转变，并孕育了数学哲学的理性主义与经验主义两种倾向。

哲学对数学认识论的论述：经验论、唯理论与康德的"先天综合判断"学说

文艺复兴唤醒了人们的主体性意识，理性反对信仰的启蒙运动推动着经院哲学中孕育的认识论成为哲学的主导。认识世界是依靠经验还是依靠理性？依据对这个问题的不同回答就可以区分两种不同的认识论。提出"知识就是力量"的英国哲学家培根（Francis Bacon，1561—1626）倡导经验论，他认为知识来源于经验，而经验就是对外部事物的感觉与对内部心理活动的反省，它们在心灵上留下的痕迹就是观念，观念是构成知识的材料。他提出了一套称为"新工具"的实验方法，以及与演绎推理程序相反的归纳法，对实验中观察到的经验进行收集、整理、归类，建立起从特殊到一般的结论，最终形成具有普遍性的科学理论。这一套方法论对自然科学的发展具有指导作用。在认识论的辩论中，科学俨然成为经验论的阵地。经验论对经院哲学的批判包含着对公理化与逻辑演绎体系的批判，所以经验论不认为数学是他们的地盘。在经验论中具有重要影响的哲学家休谟（David Hume，1711—1776）曾提出两类知识说：一类是关于"观念的关系"的知识，如几何、代数、算术，具有直观的或证明的确实性，不必依据宇宙间任何地方存在的任何东西，仅靠

思想的活动就可以发现;另一类是关于"事实"的知识,不依靠先天的推论,而完全来自经验,这类知识建立在因果关系的基础上,而因果关系只是一种习惯性联想、或然的推论,没有普遍必然性。

在欧洲大陆,主张理性主义认识论即唯理论的哲学家中,有不少是数学家。法国数学家与哲学家笛卡尔是唯理论的主要代表人物,他主张通过"普遍怀疑"来扫除一切不够清楚、不够可靠的东西,让科学重新开始。作为思想者的"我"怀疑的目的是去寻找不可怀疑的东西,最先确定的是"我在怀疑"是完全清楚明白、无可怀疑的;怀疑就是思想,所以笛卡尔确定的"第一原理"就是"我思故我在"。"我思故我在"强调认识主体以自身存在的人作为起点,应用理性去"我思"。唯理论强调的"我思"遵循的原则是要从具有自明性的观念出发,通过理性的演绎方法来建立知识体系,其样板其实就是几何学。几何学的方法被视为哲学乃至全部科学最根本的方法。笛卡尔认为,要推出可靠知识,最初的公理或第一原理必须是自明的,其自明性来自人心固有的或与生俱来的天赋观念,不是来自感觉经验,因为感觉经验得来的观念往往是混乱模糊的,甚至常常欺骗人们。从不证自明的公理出发,遵循严格的演绎推理规则,一步一步推导出各种命题与定理,才能形成具有普遍必然性的理论体系。作为数学家,笛卡尔构造了平面坐标系体系,创立了解析几何学,使代数学与几何学结合起来,从而形成数学统一的方法论。笛卡尔认为,只有数学的知识是最清楚明白的,理性主义的认识论应该依赖数学建立具有牢固基础的知识体系。笛卡尔继承了柏拉图关于数学对象实在性的观念,反对亚里士多德关于数学对象是可感事物属性抽象的说法,认为这一说法包含着对知识来自感觉经验的某种认可。由于完全否认知识的经验来源,他被认为是唯理论中独断论的代表。

两种认识论的对峙使原来持有唯理论独断论立场的哲学家康德陷入反思。经过反思,康德认为:数学的知识并不能完全离开感觉经验,应当承认一切知识都从经验开始,但这不意味着知识是从经验发源的,经验并不具有数学知识那样的必然性与严格的普遍性;数学虽被视为理性思维特别是逻辑思维的样板,但是仅用逻辑推理并不能增加新的知识,因为在逻辑推理中,结论包含在推理的前提里。那么,人们究竟如何获得数学知识?纯粹数学是如何成为可能的?

康德对数学知识的分析从数学判断的特点开始。一切判断依照主词与谓词的关系可分为分析判断与综合判断。分析判断的结构是主词 A 包含谓词 B,B 是对 A 的进一步说明,即谓词并未给主词概念增加任何东西,只是通过分析把主词概念分解出来。所以,分析判断不是经验的,而是先天的。如"光棍汉没结婚",主词"光棍汉"包含着谓词"没结婚",这个判断是必然的,不需要经验告诉我们,这是一个可以先天确定的命题。综合判断的结构是主词 A 不包含谓词 B,B 是对 A 的进一步扩展,谓词不能由对主词概念的任何分析抽绎出来,因而这样的判断需要借助另外的辅助手段。如"光棍汉很健康",这个判断并没有必然性与普遍性,因为主词中不包含健康概念,需要借助经验观察才能确定成立还是不成立。很显然,所有需要借助经验的判断都是综合判断。

康德认为,数学中的所有的判断都不是分析的,而是综合的。如 $7+5=12$,看起来是一个单纯分析命题,它似乎是从 7 与 5 之和的概念中根据矛盾律推出来的,但是 7 与 5 之和的分析判断只是"7 与 5 结合为一个数",至于这个数是哪个数,这有待进一步确定。要确定这个数是哪一个,仅对概念作分析是永远不可能的,而必须拿着手指头算一下,才能看到 12 这个数。据此,康德认为算术命题都是综合的。同样,几何原理也不是分析的,如两点之间直线最短,直线的概念不包括长短,所以最短不能从对直线的概念分析中引出来。

但康德同时又赞同大多数哲学家所说的数学的知识是先天的,不是经验的。那么数学的命题既是综合的又是先天的,这如何可能呢?

这就是康德所提出的新的理论,即数学的命题都是"先天综合判断"。

康德认为,数学判断依赖的是人的感性能力,人的感性表现为两种先天的直观形式,一种是时间直观,另一种是空间直观。这里的时间与空间不是指外在的客观事物的属性,而是人的感性能力本身所具有的,其中,时间直观是人的内感官功能,空间直观是人的外感官功能。人的感性能力通过这两种直观形式整理感觉材料,形成经验对象,然后再经由知性,形成概念、范畴或判断,从而获得知性知识(科学知识)。算术的判断依赖时间直观,几何的判断依赖空间直观。如果没有先天的时间直观和空间直观,那么感性能力所获得的感觉材料就是杂乱无章的,无法提供给知性形成知识。正是人感性能力的时间直观与空间直观,才使得数学中的综合判断成为可能。所以,在康德看来,一切数学命题都是先天的综合判断,即使应用逻辑推理,也是从一个综合判断引出另一个综合判断。

康德对综合判断的强调,表明他不完全排斥经验论,但他坚持唯理论的立场,认为数学知识独立于任何经验,是先天的。事实上,康德的数学哲学思想表现出对两种对立的认识论的"综合",这意味着他提出了新的认识论,这种认识论主张在理性的指导下,由知性去加工整理通过时间和空间这两种感性直观形式进入认识的经验材料,但理性能否最终完成认识的任务呢?康德认为需要对理性的能力预先做个评判,也就是对"纯粹理性"进行"批判",这就是他为什么要写作《纯粹理性批判》。他的结论是,理性并不能使我们认识"物自体",也不能创造知识,但可以引导我们从表象开始,通过经验所唤起的感性把感觉印象加工成可认识的经验对象,它们具有时间直观与空间直观这两种感性直观形式,再经由知性应用普遍性的概念与范畴加工这些材料,形成判断,与人的先天知识达成一致。在康德看来,在这个过程中,通过知性最终实现了对象与知识的符合。就是说,人的认识不是使我们的知识符合对象,而是使对象符合我们的知识。所以在康德看来,无论经验论还是唯理论,都认为知识必须符合对象,这是把知识与对象的关系搞颠倒了,需要再颠倒过来,就像用日心说代替地心说一样,来一场认识论方面的"哥白尼革命":以往总是假定"吾人之一切知识必须与对象一致",现在必须尝试"假定为对象必须与吾人之认识一致,……即先天的具有关于对象之知识"①。

相信数学历史上曾长期停留于"盲索之阶段",但一些人的"幸运创见"成就的革命使其走向无限扩张的进步。康德曾用第一个演证等边三角形的人为例,说明数学中"智力革命"的特点:"新光明"在他"心中显露"。"彼所创建之真实方法,并不在检验彼在图形中或在图形之概念中所见及之事物,以及由此以理解图形之性质;而在发现所必然包含于'彼自身先天的所构成之概念'中之事物,由彼所呈现此先天的事物于彼自身之构成方法,以表现之于图形。彼若以先天的正确性知任何事物,则除必然由彼自身依据彼之概念所加入于图形者之外,绝不附加任何事物。"②康德的表达以严谨难懂著称,他要表达的是,数学家所得到的结果就是他在对象里所放进去的东西。如果以数学家们提出的猜想获得证明作为例子,或许更容易理解对象符合知识的说法。数学的研究对象本来就是抽象的思想事物,数学家可以提出新的定义,在概念里放入"感性直观"中可以抽象设想的一些东西,新定义的对象与最终形成的数学知识的符合应该是必须的。

按照认识论中唯物主义与唯心主义的划分,康德的认识论无疑应划入唯心主义。事实上康德也用"先验唯心主义"来定义自己的哲学思想。但数学知识所涉及的认识论问题有其复杂性,不是根据对认识论基本问题的简单回答就能说清楚的。康德提出的认识论强调认识主体的能动性,这一观念也被说成"人为自然立法",即用人们先天的观念对杂多的经验世界进行整理加工,形成可认识的经验对象,借助知性使之符合知识。按照康德的这一理论,并不能认为数学对象独立于感性世界之外,所以这与柏拉图的理念世界理论不同,他不是柏拉图主义者。因此,数学家的研究不能说只是发现已经存在的东西,相反,数学原理都是数学家们创造出来的,属于"为自然立法"。我们都承认笛卡尔创立了解析几何学,牛顿(Isaac Newton,1643—1727)与莱布尼茨发明了微积分,当我

---

① 康德.纯粹理性批判[M].蓝公武译,商务印书馆,2020,第6—7页。
② 康德.纯粹理性批判[M].蓝公武译,商务印书馆,2020,第6—7页。

们这样认可他们的成绩是数学上的发明创造的时候,也就是认可康德的哲学立场了。当然,这与这些数学家是否认可康德的哲学无关。

从数学哲学认识论到数学实践：
分析数学的发展与数学基础危机

"先天综合判断"是康德根据哲学的背景所理解与构造的数学哲学认识论,他在坚持唯理论立场时没有排斥经验在认识中的作用,体现的是唯理论与经验论的"综合",用以解释数学知识的不断增长。康德的例证涉及的数学只有几何与算术,但在康德提出他的数学哲学理论的时候,牛顿与莱布尼茨已经创立了微积分,标志着数学研究的对象已从常量发展到变量,从有穷发展到无穷。对此,大哲学家康德不可能不知道,但是或许在他看来,数学的基本哲学问题并没有改变。

的确,牛顿与莱布尼茨各自独立发明微积分都是从经验开始的。在他们之前,从希腊几何学开始,就留下了许多数学问题没有得到回答,或者有的回答只适用于某些特定的情况,并没有普遍的求解方法。这些问题包括如何构造切线、法线,如何计算弧长,如何计算面积,以及如何寻求最大值与最小值等。此外还有人们日益感兴趣的物理问题中陆续出现的各种曲线及其性质的问题。牛顿与莱布尼茨时期的数学家们对这些问题的兴趣不断增加,还因为笛卡尔的解析几何学为用代数方法解决几何问题,从而为这些问题寻求通用的算法提供了可能。正是在这些经验积累的基础上,牛顿与莱布尼茨提出了可用于两个互逆的基本问题的通用算法,也就是微分与积分,能够系统地给出那些重要的、前人试图回答但未成功的问题的一般性解决方案。

感性直观在数学的认识中是不可或缺的,对于牛顿与莱布尼茨也是如此。牛顿提出的新算法的基础是"流数"概念。他认为流体是任何处于变化过程中的量,流体的流动就是流体变化的速率。在牛顿的《流数方法》一书中,他认为所有的困难问题可以简化为两个问题：第一,所描述的空间长度是连续地(即在任何时候)给定的,求任意时刻的运动速度;第二,连续给定运动速度,求出所提出的任何时间所描述的空间的长度①。几何学中的切线问题可归结为第一个问题,因为曲线在某一点的切线,可以考虑为曲线被一个点的运动扫过时运动的速度分量,物体的瞬时速度就是曲线在那一点的切线。这样牛顿就通过运动学术语提出几何问题,并将几何问题简化为两个基本问题,即把切线、法线、曲率、最大值和最小值问题划归为第一个问题,把求面积等问题划归为第二个问题。

莱布尼茨没有使用运动学的概念,他直接利用了空间的直观性。在他发表的第一篇关于微分学的文章中,莱布尼茨把微分学规则的依据与解决问题的技术说成是无穷小方法:我们只需记住,求切线意味着画一条线,以无穷小的距离连接曲线上的两点,或者连续具有无穷多个角度的多边形的边,对我们来说它取代了曲线,这个无穷小的距离总是可以用已知的微分来表示②。莱布尼茨认为,这种方法提供了一种系统的、完全通用的方法来回答传统的几何问题。

实际上,无穷小方法是牛顿与莱布尼茨所提出的方法的共同基础。牛顿也说过:流数之间的联系及其计算程序的表述是由无穷小方法提供的。所以,尽管两人的出发点有所不同,但是殊途同归,他们关于求导数与求积分的基本法则,被后人总结为牛顿-莱布尼茨公式,表明他们各自独立发展的微积分学可结合而成一门新的学科。

微积分出现后得到广泛应用,但是毕竟是新的数学概念与数学方法,它的表达方式与推理运作方式起初并没有被很好地理解,这也包括牛顿与莱布尼茨本人。无穷小量是微积分学最基本的概念,莱布尼茨当然乐于承认无穷小量的存在,但他有时认为该方法会引入误差,只不过这些误差可以尽可能小。牛顿也为如何从概念上给出合乎逻辑的说明而苦恼。对于无穷小量究竟是不是零,牛顿开始时认为无穷小量不是

---

① Philip Kitcher, *The Nature of Mathematical Knowledge*, Oxford University Press, 1984, p.231.

② Philip Kitcher, *The Nature of Mathematical Knowledge*, Oxford University Press, 1984, p.231-235.

零,而是某个很小的有限的数。但是无论多么小,这种处理方式都存在一个明显的难题:为什么我们有权假设流体速度在很小的时间间隔内保持恒定?由于不足以回答人们的质疑,牛顿最后只好说无穷小量是零,流数是两个正在消逝的量的最终比。英国大主教贝克莱(George Berkeley,1685—1753)乘机嘲讽流数是"逝去量的鬼魂"。对于微积分获得广泛应用,贝克莱也似乎冷眼相看,刻薄地说其依靠"双重错误"的概念"得到不科学的但却正确的结果"。当时的数学家中也有人怀疑微积分是否存在"巧妙的谬论"。

微积分在初期受到的这些质疑与引起的混乱,史称第二次数学危机。

微积分研究的对象是函数,微分学通过变化率概念研究函数的局部特征,而积分则通过研究微小变化积累的总效果来研究函数的整体特征。第二次数学危机实际上是微积分基础的危机。微积分是变量的数学,本应使用辩证法的思维理解,而不能简单地应用常量数学中的逻辑思维。从哲学的辩证法来看,求导数的计算涉及两个变量的关系。先设定自变量的变化,使之产生一个差分,从而引起因变量发生变化,它们的变化之比是两个有限差分之比;第二步是使两个差分消失为零。这种做法在黑格尔哲学中被称为否定之否定,即变化开始是否定,再使变化消失是否定之否定;按照否定之否定的规律,这样做不是什么都没有得到,而是求出了导数,它反映了函数中两个变量间纯粹的关系。马克思(Karl Heinrich Marx,1818—1883)在其《数学手稿》中也论证了这一辩证法的应用,他认为当设置差分得到变量间的关系时,这个关系是变量间个别的、特殊的关系,随着差分的大小而变化;而当差分消失,即变为0/0时,变化的量消失了,但变量间的关系保留下来,这个关系不再是特殊的、个别的关系,而是两者之间存在的一般的关系,是从个别关系中得到的一般关系。所以按照马克思的这一论断,当牛顿说"两个正在消逝的量的最终比"时,他其实说对了。

但数学危机时,没有人清楚地应用哲学的辩证法对此微积分危机作出清晰的解释。另外,数学也需要通过自身的努力走出困境。即使当时有人用哲学对微积分危机进行解释,数学家们也未必认可。数学需要用自己的方式为自己开辟道路。

微积分危机最核心的问题是无穷小量问题,牛顿相信可以用他的运动几何术语来给出完整的几何解释。在与莱布尼茨优先权的争辩中,牛顿及其继承者们也希望通过对无穷小量的解释,牛顿微积分在数学的严格性方面能胜过莱布尼茨的微积分。与牛顿的这一态度相比,莱布尼茨并不急于追求微积分的严格基础,他认为扩展微积分的应用更为重要,而微积分基础的严格论证可留待古代穷竭法的经典几何学证明。数学自身发展的要求是沿着牛顿追求严格化的方向,还是沿着莱布尼茨所希望的扩展应用的方向,这已经不是数学认识论的问题,而是数学进一步发展需要进行的选择,也就是说是数学发展的实践问题。

从18世纪到19世纪初,事实上有许多数学家沿着莱布尼茨的方向,积极拓展微积分的应用。微积分的计算建立在无穷小量分析的基础上,所以又被称为分析数学。分析数学中还包括无穷级数理论,因为无穷级数是基于无穷小量的叠加与积累,与积分的区别在于连续与离散的不同。无穷级数的计算本来是历史上很早就有的,但在微积分出现之后,无穷级数因可以提供函数的表示而获得广泛应用,许多有趣的函数的性质似乎需要无穷级数技术才能完全揭示,因此,对任意函数是否都可指定特定类型的级数表示也成为分析数学的重要问题。此外,许多与微积分有关的新的数学分支如变分法、微分方程乃至微分几何和复变函数论等,都是那个时期的数学家欧拉、拉格朗日(Joseph-Louis Lagrange,1736—1813)等在广泛的范围里以极快的速度发展起来的。尽管人们都知道微积分本身缺乏严格的基础,但广泛的应用前景鼓舞着数学家们自由地使用无穷小量概念,利用直观的猜测甚至存在矛盾的推理,而不太顾及演绎的逻辑严谨性。

但在整个18世纪,人们对微积分合理性的疑虑并没有消失,特别是无穷小量的含义与用法上的混乱也引起了不少论争。比无穷小量引起的困惑更为严重的问题,是处理无穷级数表达式的可用代数技术会导致错误的结论。由于缺乏对无穷级数收敛性与发散性的清晰认识与判别准则,人们发现从无穷级数可以引出许多悖论的结果,甚至有人认为几乎可以"证明"人们喜欢的任何东西。19世纪20年代,数学家阿贝尔(Niels Henrik Abel,1802—1829)曾说:"在整个数学中,几乎没有一个无穷级数的和是被严格确定的,也就是说,数学的最本质的部分是没有基础的。"①所以,无穷级数的问题使微积分基础的严格论证更加紧迫。正是在这样的背景下,法国数学家柯西在1821年出版的《分析教程》中提出了"极限"(limit)理论,试图为分析数学建立严格的基础。柯西对极限的定义是:当一个变量逐次所取的值无限趋近于一个定值,最终使得变量的值和该定值之差要多小就可以有多小,这个定值就叫作这个变量的极限。所以,应用极限概念,无穷小量就是一个逐步变小的以零为极限的变量。同样,级数求和与积分计算中涉及无穷大的概念,也可由极限概念给出清楚的说明。极限概念被用于定义导数、微分、积分、无穷级数的收敛与发散等,可对分析数学传统的概念进行系统的重构,为分析数学研究中人们感兴趣的一些问题提供简单明晰的解决方案,在论证的严格性方面可达到前所未有的程度。披上极限论的外衣,牛顿当年所说的"两个正在消逝的量的最终比"就具有了合法性,不再是"逝去量的鬼魂"。由于18世纪初以来人们对微积分核心概念的长期不满,以及无穷级数问题的重要性与紧迫性,柯西的理论赢得了数学家们的青睐与效仿,极限理论被认为给分析数学的严格化指明了方向,《分析教程》被视为严格微积分的奠基之作,柯西本人被称为"知道数学应该如何做的人",甚至是"清晰问题的救星"。

但是,柯西的极限理论也给后继者们带来了新的问题。当应用极限概念定义收敛性、连续性、导数等概念时,会涉及如何证明在特定情况下极限的存在。柯西及其追随者热衷于将这些工具付诸实践,却不关心结

---

① Philip Kitcher, *The Nature of Mathematical Knowledge*, Oxford University Press, 1984, p.249.

果是否足够严格。人们发现,柯西的极限理论存在着逻辑的缺陷,这就是用代数方法表述的原理常常需要诉诸几何学的直观,即用几何学补充代数学的操作,去证实用代数方法无法保证的极限。用代数方式表述这些原理,用几何方式证明它们的合理性,表明柯西的极限定义建立在直观感觉的基础上,而不是建立在严密的逻辑基础上。这也导致了他的某些数学证明与结论的错误。柯西理论的不严密性集中体现于他的极限理论中的无穷小变量概念,这个概念把无穷视为潜在的过程,可称为潜无穷,它越来越小,与零可以无限接近。虽然是用极限术语定义的,但这一定义实际上沿用的还是人们对这一概念简单化的传统理解,这种理解建立在几何类比的直观感觉基础上,一向被称为"无穷的简单化"或"简单无穷主义"(infinitesimalist)。换言之,极限理论中使用的还是"简单无穷主义语言"(infinitesimalist language)。所以,总体来说,柯西理论虽然使分析数学的基础理论前进一大步,但并没有使分析数学最终摆脱几何类比的直观理解。

为使分析数学从几何类比中解放出来,魏尔斯特拉斯(Karl Weierstrass, 1815—1897)等数学家决心用算术发展的系统分析取代柯西的代数和几何的混合,这就是分析算术化。他们认为,分析的定理都是关于数字的定理,所以分析必须以算术方式进行。魏尔斯特拉斯提出了极限概念的算术理论,这个理论需要特定的语言框架来表述,也称套语,可以有效地消除他的前辈的无限简单主义语言。他给出的函数极限的定义,用套语表示如下:如果给定任何一个正数 ε,都存在一个正数 δ,当 x 满足 $0<|x-a|<\delta$ 时,都有 $0<|f(x)-b|<\varepsilon$,则称 $f(x)$ 在 $x=a$ 处有极限。这里,$f(x)$ 在 x 趋近 a 时以 b 为极限,不再说 $f(x)$ 与 b 的差是个无穷小量,而是说它可以小于任何指定的某个正数,只要 x 是在包含 a 的足够小的区间里,$f(x)$ 与 b 可以要多近就有多近,但 $f(x)$ 始终不是 b,两者之间总是能找到一个数字(而不是无穷小),使 $f(x)$ 与 b 的差小于这个数字。对于每个这样的数字 ε,都存在一个大于零的 δ,使得属于 $a\pm\delta$ 的区间内的任何 x,都能使 $f(x)$ 与 b 的差比 ε 还要小。这就是以

后的分析数学中广泛引用的极限定义,其经典表述被称为 $\varepsilon-\delta$ 套语。ε 和 δ 都是实实在在存在的实数,利用实数就能明确定义极限的概念,从而在实数的算术理论基础上建立极限理论,成为以有穷来描述与把握无穷的典范。

极限存在的证明必须给出实数的表征。从历史上看,实数是从几何学引入的,所以在证明分析定理时,数学家被迫使用几何表示,因为没有可以依赖的算术原理。完成实数算术理论的数学家是德国数学家戴德金与康托尔(Georg Cantor,1845—1918)等,戴德金通过著名的"戴德金分割"给出实数连续性概念的算术表达,可避免在分析中像柯西那样再"绕道"几何。康托尔则提出集合的数学概念,使实数理论建立在集合论的基础上。集合被视作数学最基本的概念,其元素可以是有穷个,称为有穷集合;也可以是无穷个,如某区间的所有实数、全体自然数等,称为无穷集合。无穷集合是一种实无穷的概念,它与潜无穷是对立的。潜无穷表现为一个不断生成的过程,实无穷则被视为一个客观存在的"实体"。比如,自然数有无穷多个,这个"无穷多个"也可以被视为一个"数",称为"超穷数"。康托尔笃信柏拉图主义,认为超穷数独立存在于某个世界里。超穷世界具有不同于有穷世界的关系,如整体可以与部分"相等",自然数与其中的偶数可以建立一一对应关系,与平方数也可以建立一一对应关系,直线上所有的点所代表的全体实数可以与从 0 到 1 的实数建立一一对应,等等。此外他还发现,实无穷具有不同的层次,例如,全体实数的集合比自然数的集合具有更高层次。康托尔的数学"寻基之旅",使法国著名数学家庞加莱(Jules Henri Poincaré,1854—1912)得以在 1900 年的国际数学家大会上宣告:"借助集合论概念,我们可以建造整个数学大厦……今天,我们可以说绝对的严格性已经达到了!"

但是,不幸的是,作为分析数学基础的集合论,其基本概念里存在矛盾。英国哲学家、数学家罗素(Bertrand Arthur William Russell,1872—1970)发现了集合论悖论,也称罗素悖论。集合是最基本的概念,集合的集合应该还是集合。罗素提出的集合概念涉及集合是否以自身为元素。

设 A 是包含自身的集合所组成的集合，B 是不包含自身的集合所组成的集合，那么 B 是否包含自身？如果说 B 包含自身，根据 B 的定义，B 中的元素都是"不包含自身的集合"，B 就不包含自身，如果说 B 不包含自身，那么它属于 A，而根据 A 的定义，它就包含自身。这个悖论的通俗版本，是说村里有个理发师，他为不给自己理发的人理发，也就是说他的服务对象是不给自己理发的人，那么他是否为自己理发？如果回答他给自己理发，即属于自己的理发对象，那么他就不给自己理发；如果回答他不给自己理发，那么他属于自己的服务对象，就意味着他要给自己理发。

在罗素悖论提出前后，实际上还有一些关于集合论的悖论，甚至还有康托尔本人发现的悖论。集合论悖论表明，被认为可以作为数学大厦基础的集合论，自身的基础是不牢固的。这就引发了数学基础的危机，史称第三次数学危机。

人们最初的努力是对集合论进行修补，希望给集合论建立严密的基础。要避免悖论的产生，最核心的问题是避免罗素悖论中的集合概念，集合限制在"安全类"。集合论公理化的研究曾被人们寄予希望，促使朴素集合论向公理集合论发展，但危机打击了人们的信心，数学家庞加莱对这些努力还是忧心忡忡："为了防狼，用篱笆把羊群圈了起来，可是不知道篱笆里还有没有狼。"

数学基础研究的哲学进向：三大流派

第三次数学危机促使人们思考的问题不是仅仅对集合论做技术上的修补或限制，也不是仅仅消除已经出现的悖论，而是必须重新思考数学的基础究竟是什么，我们如何才能建立可靠的数学理论体系，这也包括对已有的数学体系需要做怎样的改造或重建。在分析数学的基础研究中，原本就有不同的意见，涉及对无穷的认识和对实无穷的态度、数学命题与判断的性质、数学与逻辑的关系等，数学危机成为导火索，使这些分歧成为公开的辩论与争论。人们在对这些问题的思索中也形成了自己的观点,在 20 世纪初形成了以荷兰数学家布劳威尔(Luitzen Egbertus Jan Brouwer,1881—1966)为代表的直观主义、以英国哲学家与哲学家罗素为代表的逻辑主义、以德国数学家希尔伯特(David Hilbert,1862—1943)为代表的形式主义三大数学哲学流派。

1. 直观主义

以布劳威尔为代表的一些数学家认为,数学危机表明整个数学体系出了大问题,有必要对已有数学理论进行全面审查,毫不犹豫地摒弃那些不可信的、没有意义的数学概念与方法,依靠清楚明白、可信的概念与方法重新构建具有安全性的数学体系。直观主义是这些数学家为自己打出的旗号,他们认为数学的方法论应以直观为基础,因为只有直观是直接与毫不含糊的,除了直观,数学不需要别的基础。直观主义者的这一信念来自康德关于数学是先天综合判断的理论,他们认为康德对数学知识认识过程的论述与潜心数学研究的研究者的自我认识相符,相信康德所说数学知识是综合的,不是分析的,数学的判断依赖感性的直观形式。所以,直观主义数学家想要做的,可以视为他们所理解与接受的康德数学哲学的实践。这样的实践看起来是大胆、激进的,因为他们要对已有数学理论进行审视与批判;但同时又是小心和保守的,因为他们认为只有直观是可信的。

布劳威尔遵循着康德的哲学,反对柏拉图主义关于数学对象存在于某个外部世界的说法,认为数学对象都是人的心灵构造出来的,数学研究就是人的心智的创造活动。数学陈述的真实性只能通过证明其真实性的心理构造来构想,而数学家之间的交流只是在不同的头脑中创造相同的心理过程的手段。从这一立场出发,他不接受无穷集合、实无穷的概念,因为集合论创始人康托尔引入这些概念与超穷世界,是以柏拉图实在论作为哲学基础的。直观主义认为实无穷的结构超越人类心智的理解能力,所以不能承认其存在性,连同建立在实无穷概念基础上的数学定理也都应予以坚决拒绝。数学中一些所谓的"纯粹存在性"定理,一般都包含着对实无穷概念的预设。因为在有穷情况下,所谓的存在性是可以验证的,而在无穷的情况下,这样的验证是不可能的,所以在无穷的情况下,对这类定理不能采用直接性的证明,而是应用反证法,即从不存在的否定中引出矛盾,从而以否定的否定作为定理的证明。即使没有明确地假定实无穷的存在,暗含的前提对直观主义者来说也是不合法的。反证法是逻辑学中排中律的应用,直观主义最引人注目的是否定排中律的有效性。布劳威尔指出,排中律起源于有穷集合子集的日常推理,但作为先验的原则应用于无穷集合是没有根据的。布劳威尔还进一步指出,排中律及其相关推理包含着数学对象独立存在的信念,因为正是由于数学对象世界存在的预设,以及认定这个世界服从经典逻辑,才有了数学应用经典逻辑方法合法性的依据,并使其成为经典数学的主导观念。

罗素这样描述直观主义反对排中律与经典逻辑的"逻辑"[①]:

> 如果有一个方法能确定一个命题是正确或错误,那个命题才能算是正确或错误。常见的例子中有一个就是这样一个命题:"在 π 的小数计算中有三个连续的七"。就已经求出来的 π 的值来说,并没有三个连续的七,但是没有理由假定在后来的一个地方这就不会出现。如果今后看来果真有一个地方有三个连续的七出现,问题就解决了,但是,如果这样一个地方没有达到,那并不证明后来不会有这样一个地方。所以,虽然我们也许完全能证明是有三个连续的七,我们却永远不能证明没有。

作为数学家,布劳威尔对直观概念有自己的理解,他认为与直观概念相应的是构造性,即把数学上的构造性思维与直观的哲学概念联系在一起。对纯粹存在性数学定理的否定不意味着说它们不对,而是说"存在"没有被构造出来,所以是没有意义的。对于直观主义来说,"存在"只

[①] 罗素:《我的哲学发展》,温锡增译,商务印书馆,1985,第 98—99 页。

有被构造出来才有意义，存在性就意味着构造性，存在与可构造同义。数学的证明应该使数学对象呈现出来，也就是必须是构造性的证明。反证法的证明不是构造性的，所以不是有效的。布劳威尔对排中律的批评引起人们重视，除了这个在数学中被广泛应用的逻辑方法遭到否定的因素，还有就是应用排中律所作出的证明比起构造性的证明在有效性与可靠性方面是有明显差别的。

所谓构造性，最重要的是能行性、可操作性。一个数学命题在有穷的情况下的判断，可以通过一一列举与直接检验的办法，所要求的直观性与构造性总是没有问题的。但在面对无穷的情况下，人们只能从有穷出发，依照确定的程序用不断生成的方式予以呈现。这种构造性思维实际上就是直观主义的逻辑基础，它不同于经典的逻辑。直观主义者认为，数学的可靠性不能建立在经典的逻辑推理的基础上，而必须依赖以直观、可构造为基础的逻辑；从根本上说，人们头脑里的直观先于语言、逻辑与经验，对概念的接受及其正确性的判定都需要依靠直观，而不能依靠经验与逻辑；逻辑隶属于语言，只能作为描述手段，不是揭露真理的可靠工具，所以不能作为数学的基础。

从存在就是构造性的原则出发，直观主义只能接受潜无穷。布劳威尔给潜无穷赋予感性直观、心灵的内在结构的含义，以此作为直观主义处理无穷数学的出发点。潜无穷可以与康德提出的时间直观性联系起来。康德认为，自然数序列提供了最原始的时间直观性的构造。时间的直观体现在可划分为时刻，每个时刻都是独一无二的，而每个时刻都与其他时刻相连。时间的流逝表现为一个时刻接着另一时刻，重复地进行，自然数就是在这样的原始直观启发下被构造出来的。当然，这不意味着直观主义承认自然数整体作为实无穷而存在。

直观主义对数学与经典逻辑的否定，是要雄心勃勃地建立直观主义数学。他们需要根据存在就是可构造的原则建立微积分的直观主义数学基础，需要利用构造手段建立构造性的集合论、实数理论、函数理论、逻辑学等。

布劳威尔对康德唯一的修正,是放弃康德的空间直观性。在许多数学家看来,空间概念似乎比时间概念更有直观性,直观主义放弃空间直观性的原因,在于康德所提出的空间直观性以欧几里得几何学为模型,但在19世纪中期,俄国数学家罗巴切夫斯基(Nikolas Lobachevsky, 1792—1856)与德国数学家黎曼(Georg Riemann, 1826—1866)等相继提出了不同的几何学理论,几何学不再是唯一的。欧几里得几何学是在一组公理的基础上由逻辑推导出来的理论体系,其中的平行公理是"过直线外一点有且只有一条直线与这条直线平行"。这条公理的独立性曾长期引人怀疑,之后人们意识到它的独立性。罗巴切夫斯基在欧几里得几何的基础上,把平行公理改为"过直线外一点至少存在两条直线和已知直线平行",推导出一套非欧几何体系;黎曼把平行公理改为"过直线外一点,不能作直线和已知直线平行",推导出另一套非欧几何体系。欧几里得几何与非欧几何所描述的空间性质不同,几何定理表达的内容不同,但都是逻辑推理的结果,并非建立在空间直观性的基础上。直观主义者意识到康德关于几何学的观点站不住脚,所以从一开始就放弃空间直观性观念。但布劳威尔要把康德的时间直观性理论发扬光大,他认为,几何学也可以建立在时间直观性的基础上,因为应用笛卡尔的解析几何方法,可以将点定义为数,使几何学建立在实数的基础上,所以几何学包括欧几里得几何学与非欧几何学都是先天综合的,最终都基于时间的直观性。

直观主义对传统数学的立场与态度引起不少数学家的不安与反对,但直观主义者既向后看,即利用直观主义的逻辑重建算术及相关数学理论,也面对未来,希望在时间直观性的基础上建立他们认可的数学理论,构成数学发展的一个特殊领域,形成自己的特色和价值。直观主义者似乎并没有为整个传统数学大厦建立基础的奢望,而追求在数学领域占有自己的一席之地。在计算机数学发展之后,直观主义提倡的构造性数学被更多的人接受。

2. 逻辑主义

与直观主义不同,逻辑主义相信数学的对象是独立存在的,但不怀疑人的心智可以通过逻辑发现它们、理解它们，甚至构造它们。与直观主义认为逻辑也是数学不同，逻辑主义认为数学属于逻辑。两者说的逻辑也不是一个概念，直观主义说的逻辑是构造性逻辑，即直观，而逻辑主义说的逻辑即经典逻辑。按照庞加莱的说法，在数学中，逻辑用以证明，直观用于发明。直观主义对已有的数学有破坏作用，对新的研究方向有建设作用，可以说适合发明。逻辑主义则应用逻辑，试图把数学化为逻辑体系，相当于把原有的数学体系"翻译"成逻辑学的概念与定理，实现数学的逻辑化。

逻辑主义者的数学逻辑化计划不是始于数学危机的爆发。分析数学发展的目标本来是把微积分的理论建立在实数算术的基础上，而算术所需要的集合论基础由康托尔奠定，但在逻辑主义的先驱弗雷格（Gottlob Frege，1848—1925）看来，这还不够，还必须把算术与集合论进一步建立在逻辑学的基础上。弗雷格反对康德关于数学的判断是综合判断的论断，他认为数学的判断不是综合的，而是分析的。在他看来，将一个命题归类为综合命题或分析命题，最好的方法是看使这样一个命题成为真或假的理由。也就是说，如果一个命题需要经验元素才能成真，它就是综合的；如果不需要，它就是分析的。康德认为数学判断是综合的，理由是对 7＋5 仅从概念上分析得不到 12 的结果，而必须借助直观。但在弗雷格看来，数学的判断不需要直观与经验，所有的数学判断都是分析判断，因为数的概念与整个数学都可以建立在逻辑学的基础上。

如果数学可以归化为逻辑，那么数学的判断自然都是分析判断。反过来，如果数学的判断都是分析的，那么数学体系就可以表现为逻辑体系。所以，弗雷格关于数学判断性质的断言其实就是宣示他的逻辑主义主张。

要证明所有的数学判断都是分析判断，对数学的对象与所有的数学概念都要给出它们的逻辑学定义。首先，需要把数与作为逻辑分析出发点的概念联系起来。在为逻辑主义奠基的《算术基础》中，弗雷格说"数的给出包含着对一个概念的陈述"，概念的陈述需要使用语言，所以逻主义一开始就要考虑语言的表述问题,需要考虑哪一种说法更好,在各种类似的说法中哪一种说法严格和没有异议等,需要反复论证与考量。弗雷格认为,"n 是一个数"与"存在这样一个概念,n 是属于它的这个数"两个表达具有相同的意义。每个数都是独立的对象,都属于一个概念,或者说在一个概念之下,这一表达是可判断的内容的普遍形式。弗雷格认为,要获得数的概念,必须先确定数相等的意义,因为在我们获得一种把握一个确定的数和重新认出它是相同的数的手段之后,才能够把一个数词赋予这个数作为它的专名。两数相等的观念建立在"等数"(一一对应的逻辑关系)的基础上,适合 F 这个概念的数就定义为"与 F 这个概念等数的"这个概念的外延。弗雷格对个别数的定义从 0 开始。0 的逻辑学定义是它属于"与自身不相等"这个概念,因为在"与自身不相等"这个概念下不存在任何东西,所以 0 是适合"与自身不相等"这个概念的数。借助相邻的概念,可以在 0 的定义后定义自然数。弗雷格把相邻数的概念建立在以下假定基础上:"n 在自然数序列中紧跟 m"意味着"存在一个概念 F 与处于它之下的这样一个对象 x,使得属于 F 这个概念的数是 n,而属于'处于 F 之下但不等于 x'这个概念的数是 m"。例如,为了得到 1 这个数,需要说明存在某种东西,它紧跟 0。1 的定义是: 1 是属于"与 0 相等"这个概念的这个数。解释如下:

属于"与 0 相等"这个概念的这个数与属于"与 0 相等"这个概念的这个数相等;

属于"与 0 相等但不与 0 相等"这个概念的这个数是 0;

依据弗雷格关于相邻数概念的假定,属于"与 0 相等"这个概念的这个数在自然数序列中紧跟 0;

所以,如果定义 1 是属于"与 0 相等"这个概念的这个数,那么这意味着 1 在自然数序列中紧跟 0。

弗雷格对 1 的定义,是要撇开任何观察事实,而使 1 具有客观合理性。除 0 之外，每个自然数 n 都紧跟着一个数，紧跟着 n 的是 $n+1$，对后一个自然数所属的概念，弗雷格选择"属于以 n 结束的自然序列的项"这一概念。通过这样的定义，就可把 n 到 $n+1$ 这个表面上数学固有的推理方式化为普通的逻辑规律。弗雷格在其《算术原理》的结论中宣称，他已经大致说明了算术定律是分析判断，因而是先验的；算术是扩展的逻辑，每个算术句子都可导出一条逻辑定律，计算就成为推理。

在弗雷格那里，适合 F 这个概念的数是"与 F 这个概念等数的"这个概念的外延，所以适合 F 这个概念的数包含了它所有的"等数"，相当于数学中的集合概念，或逻辑学中类的概念。弗雷格说"数的给出包含着对一个概念的陈述"，在"概念陈述"的另一个说法中，数与集合或类的联系更为明显。所谓"概念陈述"的另一个说法，就是命题函项 $f(x)$，当指定主项 x 时，命题函项就确定一个命题。命题可真可假，使命题为真的主项的选择范围称为意义域。意义域其实就是集合或类。因此，弗雷格其实也是用集合的概念来定义数。当罗素把他发现的集合论悖论告诉这位同道者时，弗雷格感到十分震惊与沮丧，不仅对数学逻辑化的前景失去信心，而且对自己已经做过的研究也产生疑虑，认为算术唯一可能的基础似乎消失了，甚至痛感自己在人生中"误入歧途"，从此结束了他逻辑主义先驱者的使命，开始 180° 的转向，投身几何学的"先天综合判断"研究。

罗素一向追求用分析方法来解决哲学问题，秉承分析哲学中中世纪以来流行的所谓奥卡姆剃刀原理，热衷于在数学哲学的研究中用逻辑学的词语去消减意义不明确的术语与未经证明的命题的数目。奥卡姆剃刀原理是说理论中尽量"剃"掉不必要的假设，或者说把假设减少到最低限度。在这一方面，罗素与弗雷格可以说志同道合，罗素肯定弗雷格对自然数的解释本质上是正确的。在其《数学原理》所提出的数学逻辑体系中，罗素也把数视为逻辑概念的属性，即数被视为某一个类的数，而一个类的数是所有与之相似的类的类，这与弗雷格的定义在本质上是一致的。但他不同意弗雷格对逻辑主义的悲观论调。罗素认为，集合论悖论所暴露的问题主要是在逻辑学方面。自亚里士多德以来，无论哪一学派的逻辑学家，从他们所公认的前提出发似乎总可以推出一些矛盾。因此，他不认为逻辑主义仅仅是把数学翻译成逻辑，而应该是通过对逻辑的改造，使数学建立在被改造的逻辑基础上。

在罗素之前，人们在关于最大基数与最大序数是否存在的问题上已经发现了集合论悖论，罗素的集合论悖论也是在他看到康托尔关于没有最大基数的证明时，在关于集合是否应该包含自身的思考中发现的。罗素想到的消除这一悖论最简单的办法，就是对集合的概念加以限制，不允许"不包含自身的集合的集合"这样的概念，以及不允许"包含自身的集合是否包含自身"成为有意义的命题。这样的处理方案导致了罗素的类型论。

罗素的类型论包括简单类型论与分支类型论。简单类型论是消除罗素悖论的初步方案。罗素的简单类型论区分了个体、个体的类、类的类的这些不同层次的类型，指出一个类与它的元素不属于同一类型。一个命题函项的意义域必须限于某一类型。这样，包含自身的集合，与包含自身的集合的集合 S 不属于同一类型，从而命题"集合 S 是否包含自身"是个没有意义的命题。这样罗素悖论就被消除了。所以，类型论被视为不同于通过集合论公理化来消除悖论的另一方案。但简单类型论不足以排除一些语义学的悖论，如说谎者悖论是一个古老的悖论，当一个人说"我在说谎"时，这句话是否是谎话？如果说他说的是真话，那么这句话就是谎话；如果说这句话是谎话，那说自己说谎就成为真话。

罗素发现一切逻辑悖论里都有一种反身自指。罗素悖论始于构造一个不包含自身的集合的集合，反身自指是再问这样一个集合是否包含自身；在说谎者悖论中，当说谎者说"我在说谎"时，反身自指是问这句话是否是谎话。反身自指导致恶性循环，是悖论产生的根源。"如果我现在进而创立以那个总体来说明的新的值，这个总体好像就因此扩大了，而且与它有关的新的值也就因此和那个扩大了的总体有了关系。但是，因为新的值不能不包括在这个总体之中，这个总体就永远追不上这些新的值,这个过程就好像你想要跳到你的头的影子上。"①罗素为消除悖论而进一步提出的方案是对类型再做进一步的划分,以杜绝因"不合法总体"的出现而产生的恶性循环。罗素说:"使我们能够避免不合法总体的那个原则,可以陈述如下:'凡牵涉到一个汇集的全体者,它本身不能是该汇集的一分子';或者,反过来说,'如果假定某一汇集有一个总体,它便将含有一些只能用这个总体来定义的分子,那么这个汇集就没有总体'。我们把上述原则叫作'恶性循环原则',因为它能使我们避免那些由假定不合法的总体而产生的恶性循环。"②"恶性循环原则"其实是"反恶性循环原则"或"避免恶性循环原则",强调的是总体不能包含只有通过这个总体来定义的元素。符合这一原则的定义称直谓定义,违反这个原则的定义称非直谓定义。分支类型论是将类型进一步划分为阶,从而对命题函项做进一步分类,就是为了避免非直谓定义。因为只允许依次构成的各个阶的命题函项,又因为对于某个阶的函项,它所涉及的对象总体都有明确的限定,所以就能避免"所有命题""所有谓词"这种不合法的总体。例如,谎者悖论可以写成:"我断定 p,而 p 是假的"。如果 p 是 n 阶命题,那么 p 在其中作为约束变元出现的命题"我断定 p,而 p 是假的",就形成另一个命题 q,这个命题 q 为 $n+1$ 阶,即与 p 不是同一阶的命题。换句话说,如果 p 具有 n 阶的真或假,那么 q 就具有 $n+1$ 阶的真或假。可以认为,"我在某一时刻所说的所有一阶命题都是假的"这句话是真的,而不会引起悖论,因为这句话本身是二阶命题。所以,使用分支类型论,语义悖论得以消除。

但是,按照分支类型论,不能说一切个体与谓词如何,而必须分成阶,罗素意识到,这会导致自然数、有理数与无理数等处在不同的阶中,以至于不能再说所有实数如何,这样一来,实数理论中的许多重要定义和定理就不能进行逻辑分析与推导。为了克服实数阶的困难,罗素不得

---

① 罗素:《我的哲学发展》,温锡增译,商务印书馆,1985,第72—73页。
② 转引自张家龙:《罗素的逻辑主义及其在数理逻辑史上的地位》,《哲学研究》2007年第9期。

已增加了一条可化归性公理：在每个类型中，对每个类都存在一个直谓的类与它有相同的成员。这就允许罗素把"所有类"的用语限制为"所有直谓的类"，然后开始那些算术基本原理的推导。所以，没有可化归性公理的分支类型论不能推出全部数学。但是，可化归性公理并不是逻辑的公理，它的引入被人批评为极其"不自然"。不少人认为，可化归性公理也许在有穷情形下成立，就算它是真的，也只是偶然为真而非逻辑为真。罗素似乎也没有为自己做过多的辩护，在《数学原理》第二版里，罗素说："显然应该改进的一点是可化归性公理。这个公理只有一个纯乎是实用的理由作为根据：它导致所想望的结果，而无其他结果。但是它不是我们能满意的那类公理。但是，关于这一个问题，还不能说可以得到一个满意的解决。"①

罗素的逻辑主义体系所受到的批评，还包括他把集合论的无穷公理与选择公理引入自己的体系。无穷公理承认宇宙间个体的数量是无穷的，没有这条公理，连最简单的自然数也无法构成。选择公理是与无穷有关的断定，即保证选择类存在的假定。无穷公理和选择公理被认为是非逻辑公理，因为它们断定了某物的存在性，而逻辑不具备这样的能力。批评者所说的不是这些公理本身有什么问题，而是这些公理不是逻辑主义体系分析的结果，有悖于逻辑主义主张的初衷。还有人认为这意味着罗素没有实现数学的逻辑化，而只是对集合论作了逻辑化的处理。

罗素的逻辑主义体系最完整地体现在他与他的老师怀特海（Alfred Whitehead，1861—1947）合著的《数学原理》三大卷中。这套书的主要目标是说明纯粹数学是从逻辑推导出来的，并且只使用以逻辑术语说明的概念。罗素的《数学原理》以很少有人读而著称。很少有人读可能有两个原因。第一个原因是叙述与推导非常曲折冗长。罗素认为在哲学中证明某种东西为伪是可能的，但要证明什么东西为真是万万做不到的。所以，他认为"论证在性质上不是证明，而是劝说"，哲学的论证不外

---

① 罗素：《我的哲学发展》，温锡增译，商务印书馆，1985，第109页。

乎"劝说"。为了"劝说",他需要用种种通俗的例子来说明他的思想,似乎一直在考虑"如果那样说不能说服你,也许这样说会使你相信"。人们注意到《数学原理》中直到第 363 页才定义出"1",而"1+1"直到第 379 页才有答案。庞加莱挖苦罗素费这么大的力气来定义的"1","这是一个可钦可佩的定义,它献给那些从来不知道 1 的人"。第二个原因就是这套书艰深难懂,为避免使用散漫粗疏的普通语言,特别用了平常用语中很少用或不用的符号表达,而且论证复杂,哲理高深。难解是高深最明显的特点。罗素曾说世界上只有六人读过《数学原理》,其中有三个波兰人还被希特勒杀害了。但是在很少的读者中,却有一个人从中得到重要发现,此人就是著名逻辑学家与哲学家哥德尔(Kurt Friedrich Gödel, 1906—1978),他在 1931 年发表了一篇划时代的论文《论〈数学原理〉及相关体系中的形式上不可判定命题》,这篇论文给出了著名的哥德尔不完全性定理,这个定理表明像《数学原理》那样的体系必然是不完备的,即存在一些无法证明的真命题。如果说可化归性公理面临的还只是自明不自明、漂亮不漂亮的问题,那么哥德尔不完全性定理对《数学原理》的冲击可就是致命性了。这一发现使罗素很不爽,他斥之为"德国偏见",并表示了失望。

卡尔纳普(Rudolf Carnap,1891—1970)对弗雷格-罗素的逻辑主义的表述是:数学概念能通过明确的定义从逻辑概念中导出,数学定理能通过纯粹的逻辑演绎从逻辑公理中推导出来。他们显然没有完成这个任务,但是证明一个哲学问题无法解决就是解决了这个哲学问题。罗素与怀特海合著的《数学原理》三大卷是对逻辑主义最系统、最完整的呈现,它揭示了数学与逻辑的实质性联系,表明数学中的一些主要概念可以化归为纯逻辑的概念,并且逻辑演算是各门数学形式化的基础,应用逻辑学的定义与概念可以推导出大部分数学内容;但另一方面,应用逻辑无法推导出所有的数学,而必须引入不属于逻辑学的内容,如可归化性公理,以及无穷公理与选择公理这些纯数学公理。因此,可以说罗素与怀特海以自己的实践宣告逻辑主义的纲领是一个不可能完成的任务,而哥德尔的定理则从理论上对这个不可能性作出了证明。

罗素认为,科学在任何时候都不会是十分正确的,但也很少是十分错误的,并且常常比非科学学说有更多的机会是正确的。这是这位获得诺贝尔文学奖的哲学家的经典语录之一,我们显然也应以这样公允的态度来对待他本人,更何况罗素在构建逻辑主义体系中所发展的数理逻辑,开发了许多在数理逻辑和哲学领域中使用的工具和概念,也已成为经典。

3. 形式主义

希尔伯特是19世纪末20世纪初最负盛名的哥丁根数学学派的代表,几乎在数学的所有领域都有非凡的成就,同时他对数学基础的问题也有长期的关注。希尔伯特对任何纯粹以哲学或意识形态为基础限制数学实践的尝试持批评态度,明确认为确定正确的数学实践的任务在于数学界。作为一个伟大的数学家,他有自己的哲学信念。有人说过,一个好的哲学家,至少是半个数学家,而一个好的数学家,至少是半个哲学家。也许形式主义更符合希尔伯特自身实践的体悟,反映了他对数学本性与方法的独到见解,可以说是希尔伯特的实践哲学。但与直观主义与逻辑主义的代表人物从一开始就打出自己的旗号不同,希尔伯特本人并没有宣称自己是形式主义者,他的学生甚至否认他们是形式主义者。希尔伯特形式主义的名号可能是直观主义与逻辑主义数学家送予的,反映了他们对希尔伯特解决数学危机的方案的批判性看法。

希尔伯特与罗素都视传统数学为人类精神的宝贵财富,但两人的思想路线有所不同。罗素在弗雷格的基础上致力于数学的逻辑化,希尔伯特认为,在我们提到传统逻辑时就已经用到某些基本的算术概念,再把数学归化为逻辑会陷入循环论证。希尔伯特认为数学是基于公理的演绎系统,公理中既有逻辑公理,也有非逻辑公理。数学的公理体系应有完备性,使每个数学命题都能有肯定或否定的结论;公理体系应有相容性,这是指不能从中推导出相互矛盾的命题;公理体系还应具有独立性,即每个公理都是相互独立的,不存在某个公理可以从其他公理导出。按照希尔伯特的观点,每一种数学理论都应建立在严格的公理基础上。一个公理系统事实上给出了系统中诸概念隐含的定义,如公理"两点决定一条直线"并非对于空间中客观存在的点、直线的陈述,相反,这一命题表明,直线正是那个被定义为由两个点决定的东西。一套公理系统是一套关于关系结构的条件的系统。基于这种观念,希尔伯特重构了欧几里得几何的公理体系,去除了《几何原本》中那些包含直观与经验的定义与说明,认为那些内容并不是数学的一部分。在希尔伯特所提出的被公认为样板的更严谨的几何公理化体系中,任何东西都可以扮演点、线、面等未定义的初始词项的角色,只要公理被满足。所以,数学对象不被视为独立的存在,它们是在公理所规定的关系中被定义的,对象自身只是形式符号,没有任何具体意义;如果要追问它们有什么意义,这是数学"外部"的问题,不属于数学内部问题。所以在希尔伯特看来,像罗素那样用大量篇幅去定义和说明数的概念,更是没有意义的。有人认为这是一种关于数学对象的唯名论立场,但也有人认为承认公理所规定的关系的存在性,应有别于反实在论,表现的是一种中立的立场,也就是形式主义立场。

在布劳威尔看来,希尔伯特与罗素或许没有什么本质的不同,因为两者都强调经典逻辑的重要性,并要在经典逻辑基础上发展符号逻辑,为的是证明数学对象特别是实无穷在语言上的存在,维护传统数学。事实上,如果逻辑主义者能将每条数学真理都表示为逻辑命题,那么也就意味着所有数学可从逻辑公理推导出来。但在布劳威尔看来,希尔伯特和罗素都没有触及逻辑学本身的问题。

希尔伯特与直观主义的根本分歧,在于希尔伯特要维护传统数学。作为数学家,希尔伯特不可能完全无视直观主义对传统数学与逻辑的批判。在希尔伯特心目中,传统数学中有涉及实无穷、具有理想成分的"理想数学",也有以有穷为基础的"真实数学"。直观主义对传统数学的批判,涉及的是"理想数学"的问题。希尔伯特认为,直观主义担心无穷性是不可靠的,坚持只有在有穷的基础上的可构造性才是真实可信的观点,在"真实数学"中是可以接受的。但希尔伯特同时认为,在"理想数学"中,数学的基本概念和经典逻辑的推理原则,特别是那些与实无穷有关的概念和方法,以及排中律在无穷集上的使用等,都应当维持,而不应从根本上抛弃它们。为此,希尔伯特酝酿了一个通过无矛盾性证明来证明传统数学合理性的计划。他认为,只要证明了数学公理系统的无矛盾性,就意味着在该系统中可导出的任何通用算术语句实际上都是正确的。

关于公理系统的无矛盾性问题即相容性的讨论本来是由非欧几何的出现引起的,两个几何公理系统包含着互相矛盾的平行公理,那么数学的真理性体现在何处呢?人们认可"如果这些公理是真的,那么由它们演绎出来的定理成立",那么在对立的平行公理中,哪个为真?形式主义者在这场争论中所形成的基本观点,就是几何的真理性体现在几何系统的无矛盾性上。其实非欧几何学系统是否无矛盾,包括欧几里得几何学是否无矛盾,人们都不知道。但人们可以确认非欧几何是否无矛盾可化归到欧几里得几何是否无矛盾。就是说,如果欧几里得几何是无矛盾的,那么非欧几何也是无矛盾的。希尔伯特进一步把几何的无矛盾性化归到实数算术公理的无矛盾性。这是一种相对的证明方法。希尔伯特要证明整个传统数学的无矛盾性,用这种"相对"的方法是不合适的,他希望给出"绝对"的证明,特别是给出算术理论无矛盾性的绝对证明。希尔伯特旨在通过这样的证明来解决数学基础问题。

为了实现这一目标,对希尔伯特来说,关键的一点是要把数学系统框架内部问题与对数学系统框架的外部评价区分开来。就是说,在数学的内部层面上,我们可以自由地引用抽象的数学对象和结构,包括无限的对象和结构,而不必担心它们的意义。但无矛盾性证明是要从外部的角度对这个数学系统框架作一个评估,这在性质上截然不同。数学无矛盾性的"绝对"的证明属于后者。

进一步说,数学公理化系统的无矛盾性问题,不是这个系统内部的数学命题,而是涉及这个数学系统的整体特征。所以,数学系统的无矛盾性证明是从系统外部对系统特征的证明，是属于这个系统之外的一个证明。就是说，这个证明未必是一个数学证明，至少不同于数学系统内部的那些证明。但是，希尔伯特试图把这个证明"数学化"，使之成为一个非正式的数学证明。这样做的一个前提是，必须把有待证明无矛盾性的那个数学公理化系统，作为另一个数学范畴的研究对象，为此就需要把公理化的数学与以公理化数学为研究对象的研究区分开来。这也意味着，需要把公理化数学系统内部的证明方法与关于这个系统的无矛盾性的外部证明的方法区别开来。这个外部证明虽然是一个非正式的数学证明，但必须是毫无争议的，特别是要避免数学系统内部证明中有争议的那些方法。如若在这样的证明中使用了那些遭到非议的方法（如反证法或排中律），那么所给出的无矛盾性证明就会引起争议，不被普遍接受，也就失去了意义。这种把公理化数学理论体系本身作为研究对象，而且使用特殊的数学方法的另一个数学范畴，构成一种"数学的数学"，被称为"元数学"或"超数学"（metamathematics），希尔伯特称之为证明论（proof theory）。元数学与作为它研究对象的数学理论，双方相互都有要求。作为元数学的研究对象的任何理论，元数学只能考虑数学理论中的"语法"结构，而不考虑它们本来的"语义"。换句话说，就是只考虑这些数学研究对象的形式问题，把这些对象看作无意义的某种符号，把它们的意义或内容放在一边。这意味着，任何数学理论，一旦进入元数学的视野，成为它的研究对象，那么这种数学理论就成为直观主义攻击形式主义时所说的那种"符号的游戏"。对于元数学，它要证明任何数学理论的无矛盾性，也就是证明形式化系统的无矛盾性，所应用的方法应该是绝对可靠、毫无争议的。

希尔伯特解决数学基础问题的目标，就是实施他的证明论规划。其基本思路是，首先通过形式化方法把具有直观内容的公理系统变成可以舍去其内容的严密的形式系统，然后以这种形式系统为对象，通过元数学或证明论的研究，即应用无可争议的可靠方法证明这个对象系统的无矛盾性，以此作为它的模型（原先的数学理论）无矛盾性的保证。这一宏伟规划包含两个关键。

第一个关键是数学的形式化。传统数学只不过是一个公理和规则的系统,它没有任何不能纯粹用代表它的形式系统来解释的内容或特征。在传统数学公理化基础上,进一步使之成为严密的形式系统,即将所有的符号、公理、公式、命题都视为形式的,在未加解释之前都是没有内容和意义的,而经解释后才是原来的公理化的数学模型。形式化的数学对象只是形式化的符号,这些符号完全脱离数学对象概念的内容,内容作为无关紧要的东西被放在了一边。这样,数学只是处理一套符号,它们符合严格可判定的标准,数学公式表现为符号的排列组合及符号串,公式变换按照规定的法则执行,数学推理表现为符号串的变换。这意味着传统数学可通过形式演绎系统充分建模。

这样的形式系统作为一个整体成为元数学研究的对象。形式化系统可使数学对象的关系及数学命题表述得足够清楚与严格,仅靠形式就可判定怎样的符号组合构成一个证明系列,从而使一门数学理论整体地成为一个确定的可用数学方法来研究的对象。形式系统的结构特征借助符号的排列组合来表述,系统的无矛盾性问题只涉及一些字符串集合能不能根据规则变换和生成某些特定的字符串的问题,这就使得传统数学的无矛盾性问题得以清晰和精确表达。

第二个关键是有穷主义原则,即在证明论中,数学证明的可靠性以有限步是否推出矛盾为判别标准。在形式系统中,有穷主义原则意味着总能在有限机械步骤之内验证系统内的一串公式是否为一个证明。有穷主义原则要求证明论中使用的数学方法必须是公认可靠、无可争议的,因此应避免被直觉主义诟病的无穷的推断与排中律的应用,所以人们认为希尔伯特的"有穷主义"实质上认同直觉主义的主张,甚至有过之而无不及。

有穷主义被认为是人类逻辑思维的前提,这一原则可以保证数学证明的直观性、可靠性,避免出现循环论证。希尔伯特对证明论中的方法论作如此严格的限制,是因为证明论的宗旨是要使用更具体的无可争议的方法来证明原来理想数学中那些抽象方法的合理性。证明论以形式系统为研究对象,它所体现的有穷主义表明它自身的研究不是形式化的,而是直观的。也就是说,它的研究对象就是具体的符号、公式与证明,可以通过数学符号操作来分析、推理和证明,其结构关系是清晰的和直接可识别的,这些符号与公式是被赋予内容的,可以对语言进行符号建模,并且可以明确地描述推理规则,所进行的推理可根据内容来判断真伪。

希尔伯特希望通过这个规划给传统数学的无矛盾性一个绝对性证明,达到维护传统数学的目的;但这同时也意味着用一种统一的严格形式化的语言,使用一套严格的规则来改造传统数学。数学基础研究的重点是自然数与算术中的问题,希尔伯特想通过这个计划首先证明算术系统的无矛盾性。1931年,他在《初等数论基础》中宣称他的目标是"使用纯粹数学方法对所有基础问题获得最终解"[①]。

希尔伯特的规划吸引了不少数学家的参与,数学家哥德尔也是其中之一,但是他在实践中发现这是不可实现的。1931年,他发表了不完全性定理,使逻辑主义与形式主义都受到打击,但是受到打击更重的一方还是形式主义。哥德尔的方法就是希尔伯特倡导的证明论,他重申希尔伯特的形式主义观点,即数学证明除了是一个公式的有限系列之外什么都不是。哥德尔在证明中也遵循有穷主义原则,其技术手段在于用自然数对形式符号编码,一个公式就是一个自然数的有限系列,一个特定的证明模式就是一个自然数有限系列的有限系列,从而元数学的概念和命题也就成为有关自然数或者它们的系列的概念与命题。形式语言的命题被转化为数的命题,即"G命题在系统中不可证明"这类命题就可被写作一个数的等式,证明这个等式成立就意味着证明"G命题在系统中不可证明"。用这种办法,哥德尔证明了算术的形式系统的不完全性,即存在着在这个系统中既不能肯定也不能否定的命题;同时他还证明,这个系统的无矛盾性问题在这个系统内也是不可证明的。

---

① 刘晓力:《一个理性主义者的精神历程——哥德尔的哲学观》,《哲学研究》1998年第3期。

哥德尔不完全性定理宣布了希尔伯特建立证明论的初衷是不可实现的。希尔伯特对此深感震惊，但认为把有穷主义原则扩充，他的宏伟规划仍有希望。1936 年，根岑（Gerhard Gentzen，1909—1945）在降低了希尔伯特要求的条件下，使用超穷归纳法证明了算术公理系统的无矛盾性。但对坚持无可辩驳地给出数学无矛盾性证明的希尔伯特来说，他的宏伟规划还是以失败告终了。

哥德尔不完全性定理无疑是希尔伯特所开创的证明论研究领域最重要的成果。作为数学研究的一个重要方向，证明论后来的应用已不再局限于无矛盾性证明，数学证明中的结构、证明的复杂性、数学中的不可判定问题等都是它的重要课题，在计算机科学、哲学、逻辑学甚至法学等领域也都有广泛应用。

数学哲学的反思：
哥德尔、维特根斯坦与奎因

三大流派虽然都表现出明确的哲学倾向，但与柏拉图、康德等仅仅站在纯哲学立场上对数学的本体论与认识论进行论述不同，作为数学家与逻辑学家，布劳威尔、弗雷格、罗素、希尔伯特都各自发展了一套专门的数学与逻辑技术与方法，试图建立符合自己哲学信念的数学与逻辑体系。他们是理论与实践结合的模范执行者。作为柏拉图主义或康德主义的追随者，只要读他们的书，遵循他们的思路去思考问题就行了，但要做一个直观主义者、逻辑主义者或者形式主义者，仅有哲学信仰还不够，还必须掌握他们所倡导的数学与逻辑技能，包括构造性逻辑与技能，命题演算、谓词演算等数理逻辑技能，以及公理化与证明论的技能等。这正是三大流派区别于一般哲学的共同特征，因此，不少人把三大流派作为数学哲学的标签，提起数学哲学，言必称三大流派。还有人认为，哲学关于数学本体论与认识论的讨论只能被广义地认可为数学哲学，真正的数学哲学或狭义的数学哲学是由三个流派所代表的；所以从第三次数学危机爆发，到 1931 年哥德尔证明不完全性定理，这一时期又被称为数学哲学的"黄金时代"。

但"黄金时代"过后就会有"悲观停滞"。在哥德尔的不完全性定理发表之后,三大流派对数学基础的研究就陷入了卡尔马(László Kalmár,1905—1976)所说的"悲观停滞"阶段。"悲观停滞"的原因当然还包括引起数学基础危机的悖论问题已通过集合论公理化与罗素的类型论等途径得到基本解决,虽然没有证明不会再出悖论,但至少没有再发现庞加莱所说的"狼"。但是数学哲学并没有因此终止,而是开始了深入反思,并带来了数学哲学新的发展方向。

数学哲学的反思并不否定三大流派在数学与逻辑学方面的研究。事实上,直观主义开创的构造性数学与逻辑,罗素发展的数理逻辑,希尔伯特的证明论,这些都是有价值的数学研究,并在之后都构成了数学新的研究分支。数学哲学的反思也没有完全否定将这些数学方法与工具应用于哲学研究的可能,但是需要明确其具有的局限性。哥德尔对希尔伯特的规划从参与到怀疑再到证明不完全性定理,就是从这方面作出的深入反思。不仅如此,哥德尔还通过自己的哲学著作阐述不完全性定理的意义,对三大流派从哲学上予以反思。哥德尔认为,不完全性定理还包含着这样的意思,那就是任何一个数学形式系统中都存在着既不可证明也不可证伪的命题,从而任何一个数学形式系统都是不完备的或不完全的;如果用添加公理的办法使原来不可证明的命题得到证明,新的系统也仍然存在不可证明也不可证伪的命题。这表明,任何数学形式系统都是不完全的,而且是不可完全的。由此得到的一个推论是,无论数学理论如何发展,都存在着不可判定的数学命题,或许还存在着绝对不可判定的数学命题,因此,认为所有的真理都能从数学上与逻辑上得到证明是错误的,因而逻辑主义与形式主义的信仰是根本错误的。

哥德尔认为,不完全性定理还包含对直观主义的批判。因为在哥德尔看来,不完全性定理意味着数学系统是不完全的而且是不可完全的,其哲学意义是:数学对象和数学事实是独立于我们的精神活动和意愿而客观存在的,因此,我们必须接受由数学基础的现代发展获得支持的某种形式的柏拉图主义或数学实在论立场。作为一个立场坚定、旗帜鲜明的实在论者,哥德尔对直观主义关于数学对象与真理存在于人的头脑里的观点持反对态度。他认为"数学描述了一种非感性的实在,它的存在不依赖于人类心智的活动和意愿,它只能被人类心智所感知,而且这种感知恐怕还是不完全的"①。

当年康德在论证一向被认为以理性思维为基本特征的数学是如何成为可能的时候,先对理性作了一番"批判",从而与唯理论的独断论思想划清了界限。哥德尔不完全性定理蕴涵着对人们认识世界的可能与限制的探讨,他的反思也包含着对独断论思想的批判。三个流派都执着于各自对数学基础的理念,并且发展了专门的数学工具与方法,所形成的数学基础理论在哲学上都带有明显的独断论色彩。

哥德尔不完全性定理揭示的只是数学方法的局限性,这不意味着人的心智也具有这样的局限性。有穷主义原则下的数学证明可以被视为机器思维的代表,存在着不能证明的数学真理,对于形式系统实例化的计算机来说意味着存在着"盲点",可使任何算法都陷入困境。但哥德尔认为,人的心智会突破机器思维的局限性,认识到这是在计算机上不能证明的真理,不存在人类心智不可判定的问题。所以,哥德尔认为人的心智与机器思维有根本性的差别。

哥德尔的哲学反思实际上是从20世纪初由集合论悖论引起的那场危机开始的。哥德尔认为,危机从一开始就被哲学人为地夸大了。哥德尔把哲学流派划分为左右两方,左方是怀疑论、唯物主义、经验主义、实证主义和悲观主义;右方是唯灵论、唯心主义、先验主义、神学和乐观主义。他认为自文艺复兴以来,哲学的发展整体上是从右倾立场转向了左倾立场,但数学是一门先验科学,与文艺复兴以来的时代精神,与经验主义、实证主义的左倾立场相背离;同时,它虽然"高度抽象",但其基础却具有确定性,因而也远离怀疑论。20世纪初由集合论悖论引起的所谓

---

① 刘晓力:《数学是不可完全的——哥德尔的哲学手稿》,《自然辩证法研究》1998年第4期。

"数学危机"显然被经验论者和怀疑论者夸大了,并且"拿来作为左倾膨胀的借口",认为悖论的出现表明数学内部出现了矛盾。其实,"这些矛盾远离数学而更具哲学意义,同时任何一个了解数学的人都清楚地知道,我们已经以完全令人满意的方式解决了它们"①。但哥德尔也并非完全排斥左倾立场,他相信真理应当介乎左右倾之间或是二者的有机结合,因为按照右倾哲学观,数学代表一种完全的真理体系,它每一个精确表述的是或否的问题必定有一个确切答案,然而不完全性定理表明真理体系不可能诉诸公理集和形式推理规则而获得其完全性。同时,按照左倾哲学观,作为出发点的数学公理的真理性不可能由经验证实,因而由它们得出的结论只具有假说意义,推理只能被看作按照某种规则所做的一种符号游戏,但是不完全性定理表明,仅仅使用处理符号组合的工具不可能实施数学系统无矛盾性的证明。因此哥德尔主张,不能无视现代数学的新进展、背弃信仰去迎合时代潮流,而应当一方面坚持数学知识的确定性,另一方面坚信理性提出的问题理性自身能够清晰地予以解答。

但总体来说,哥德尔对数学基础研究与三大主义的批判性反思,都是基于不完全性定理及其哲学含义,集中在数学基础的范畴之内。与此不同,20世纪著名的哲学家维特根斯坦(Ludwig Josef Johann Wittgenstein,1889—1951)的批判性反思有新的视角。

按照哥德尔关于哲学家左右两方的划分,维特根斯坦属于与哥德尔对立的一方。维特根斯坦对哥德尔不完全性定理有引起争议的理解。实际上,维特根斯坦并没有对哥德尔定理进行过直接的批评与反驳,他在阐述自己的哲学思想时提到哥德尔定理,是为了说明他的哲学观点与这个定理存在不一致,表明他反思的立场或视野与哥德尔不同。维特根斯坦早期主要受罗素与弗雷格的著作影响,并由此开始走向哲学,后又受直觉主义代表人物布劳威尔的影响,关注数学哲学。数学哲学是维特

---

① 刘晓力:《数学是不可完全的——哥德尔的哲学手稿》,《自然辩证法研究》1998年第4期。

根斯坦哲学体系的根基。维特根斯坦对三大主义的批判性反思,主要集中在三大主义都是强调数学内在的思维与精神建构来建立数学的可靠性与真理性。三大主义都试图回答纯粹数学知识如何成为可靠的,包含他们对数学知识本质的理解,以及对纯粹数学真理性的理解。在他们看来,数学的可靠性与真理性不是从外部得到的保证,他们追求的都是内部保证。直观主义强调构造性思维,把数学证明视为可构造的内在精神过程,把对一个数学命题的理解视为在精神上沉思一幅图像。维特根斯坦认为这很荒谬,他认为一个数学命题成为定理的条件,并非与某种精神图像吻合,而是可以公开证明,证明的结果可供人检查。只有通过外在的对于语言的公开使用,人们才能证明一个数学命题的真理性。理解数学命题的意义不在于我们在精神上获得一些图像,而在于我们能外在地、正确地应用它。维特根斯坦同样从数学应用的角度批判形式主义,认为形式主义把数学视为符号及其规则,没有看到数学最终的意义在于人类对这些符号的应用,这些应用才是推理的基础。维特根斯坦认为,数学不是无意义的符号游戏,而是有重要应用的语言游戏,数学的推理与证明必须通过数学家共同体的数学实践来检验。

维特根斯坦曾师从罗素,他早期对逻辑主义的批判主要是技术性的,罗素也把这些批评意见视为来自"内部"的,以明显地区别于来自直观主义与形式主义的攻击。但在后期,维特根斯坦从根本上否定逻辑是数学的基础,认为逻辑也没有促进数学的发现,甚至认为逻辑对数学有"灾难性入侵","逻辑记号吞没了结构"。逻辑技术只是数学中的辅助性技术,不应让逻辑干涉数学命题的具体应用,而要让数学如其所是。维特根斯坦认为数学不需要什么基础,基础的数学问题不是数学的基础,"正如画出的岩石不是画出的城堡的基础一样"[①]。唯一需要的是对数学命题的"语法"作出说明。

维特根斯坦的哲学思想是现代经验论的代表,认为逻辑的分析必须

---

① 肖朗:《维特根斯坦对现代科学文化的反思》,《自然辩证法研究》2006年第9期。

直面语言,哲学不可能为自己创造一套严格的可以表述哲学的语言,而只能用日常生活的语言来解决哲学问题;主张哲学的基础和源泉是日常生活,在"游戏"中理解哲学。维特根斯坦认为语言的逻辑结构与世界同构,所以他消解了哲学的形而上学问题,在他看来,所有的数学命题根本不指涉任何数学实体,仅仅表达了一种语义结构。数学是在我们的生活中约定俗成的语言游戏,每当有一种数学知识产生,就意味着一种新的语言游戏的产生。接受一条数学定理就是接受一条新的语言规则,正是通过逻辑训练与不断学习,这些语言规则被承袭与传播并得到更大认同。语法规则的获得是通过一定范围的应用来实现的。一种语法规则本来可被视为一种任意象征符号,但是规则一旦建立,就不是随意的了;对于什么能做、什么不能做,都有相应的规定。所以,维特根斯坦认为数学这种语言游戏嵌套在人们的生活形式之中,与生活现实紧密相连,特别是与数学家共同体的实践活动密切相关。这种所谓语言游戏的规则本身也是生活方式的一种语义学表达。也就是说,在维特根斯坦看来,人们通常把数学研究视为用一支笔、一张纸可以单打独斗的活动,但实际上最终都离不开数学实践的生活形式。

维特根斯坦是个反实在论者,但是他对数学基础研究以及对三大主义的批判性反思把人们探视数学的确定性与真理性的注意力从数学内部引向外部的应用,引向人们的生活实践。在数学哲学的发展中,他的观点与哥德尔的发现一样,也是具有革命性的。

美国哲学家奎因(又译"蒯因",Willard Van Orman Quine, 1908—2000)把19世纪末到20世纪30年代数学基础三大主义的大辩论活动视为中世纪关于共相争论的延续。他认为,逻辑主义是实在论的代表,形式主义是唯名论的代表,直观主义是概念论的代表。奎因这一历史比较分析,是一个哲学家对数学基础研究哲学倾向的反思,表明他的反思基于哲学的立场,表明哲学家的兴趣还是集中于本体论与认识论这些最基本的问题,所关心的数学哲学还是纯粹的关于数学陈述真理性和数学对象实在性的传统问题。

奎因认为,哲学家的基本任务之一是用科学语言的逻辑分析来揭示或澄清自己的本体论立场。奎因对本体论提出了新的见解,认为本体论讨论包括两个问题:一个是何物实际存在的问题,即本体论的事实;另一个是我们对何物存在的表达,即语言使用中的本体论承诺问题。奎因感兴趣的是第二个问题,因为他是自然主义哲学家,承认在科学中而不是在先的哲学中对实在的辨认与描述。所以在他看来,一个学说或理论就是一个语言架构,一个理论的实在论承诺,就是按照那种理论有何物存在。一个理论通过什么语言手段对本体论作出承诺?不是通过个别词语,而是通过逻辑命题分析,即利用命题函项中的"约束变项",或"量化变项",后者是指带有量词、有量的约束的变项,量词包括特称量词"存在一个""至少存在一个"等,以及全称量词如"每一个""所有"等。假定一个存在物,"纯粹只是被看作一个变项的值","我们必须把所谓被假定的东西看作是在我们的变项所涉及的东西范围之内,才能确信一个特殊的本体论的假设"[①]。对于实在论来说,变项容许抽象物为值,这些抽象物是指一般的东西,即共相,如性质、类等;而对于唯名论来说,这是不容许的。唯名论的变项值只容许具体的对象与个体为值,因而只容许个体对象的专名代换变项。概念论承认共相的存在,但是认为它是人造的。作为概念论的直观主义,是在限制条件下容许使用以抽象物为值的变项,这个限制条件是这些抽象物有预先指明的诸成分,并且都可以个别地构造出来。

奎因认为,约束变项的使用是我们卷入本体论承诺的唯一途径,通过这一途径我们才能据以判定某个理论承诺的是什么本体论。本体论承诺只是告诉我们这个理论向我们承诺了何物存在。任何理论都要对何物存在作某种承诺,但并非任何理论作出的任何承诺都是正确的。问题是,我们如何在不同的本体论中判断哪一个是正确的呢?奎因否认有什么客观标准,主张只能以宽容原则与实验精神来对待。但他同时又认

---

① 威拉德·蒯因:《从逻辑的观点看》,江天骥、宋文淦、张家龙、陈启伟译,上海译文出版社,1987,第12—13页。

为,包含直接经验的对象的所谓"印象主义框架"具有认识论上的优先权。事实上,奎因早期曾是罗素的逻辑主义追随者。但奎因本人的数学本体论事实立场似乎难以确定。他曾是逻辑主义者,坚信数学实在论,但是又不满于"逻辑主义允许人们不加区别地使用约束变项来指称已知的和未知的、可指明的和不可指明的抽象物"[①]。对于形式主义在所谓"有穷主义原则"下接近直观主义的立场,他的评价是直观主义在策略上是三者中"最强有力"的,唯名论者"精疲力竭",在"强烈的诱惑"之下陷入概念论"那条更轻松的路"[②]。奎因的哲学立场似乎游移不定的表现,还要加上他与古德曼(Henry Nelson Goodman,1906—1998)一起鼓吹"走向一种建设性的唯名论",这篇论文被人称为现代唯名论的经典。

哲学家对某些问题认识的改变是可以理解的,更何况奎因认为本体论承诺中,"我们注意约束变项不是为了知道什么东西存在,而是为了知道我们的或别人的某个陈述或学说说什么东西存在,这几乎完全是同语言有关的问题。而关于什么东西存在的问题则是另一个问题"[③]。因此,本体论承诺取决于选择哪个概念系统与语言架构更好、更有效、更方便,接受一个本体论近似于接受一种科学理论。也许这就是奎因数学本体论的立场游移不定的原因。作为一个哲学家,虽然有自己的立场与观点,但也不可能不受不同理论的影响与诱惑。但由此就说奎因关于数学的本体论没有自己确定的立场似乎也是不妥当的。事实上,奎因是20世纪重要的哲学家,以逻辑实用主义著称,他开创的新的哲学理论要求哲学尊重现代科学的方法论和成果,并将自身自然化。奎因所提出的自然主义的科技哲学体系包含着数学的本体论承诺。

奎因是个经验论者,但他不同意同为经验论的逻辑实证主义的两个

---

① 威拉德·蒯因:《从逻辑的观点看》,江天骥、宋文淦、张家龙、陈启伟译,上海译文出版社,1987,第13页。
② 威拉德·蒯因:《从逻辑的观点看》,江天骥、宋文淦、张家龙、陈启伟译,上海译文出版社,1987,第119页。
③ 威拉德·蒯因:《从逻辑的观点看》,江天骥、宋文淦、张家龙、陈启伟译,上海译文出版社,1987,第15页。

经验论教条。第一个教条是关于分析与综合的区分,因为他认为这个区分的界限是不清楚的;第二个教条是意义证实的还原论,即相信每一个有意义的陈述都等值(还原)于某种以指称直接经验的名词为基础的逻辑构造。奎因指出,逻辑实证主义实际上是以"逻辑证实"来支持第一个教条。也就是说,逻辑实证主义信奉的教条可以归结为还原论。实际上,逻辑实证主义是把科学分解为一个个孤立的陈述,而每个陈述都还原于直接经验的判断。

逻辑实证主义与逻辑主义具有一脉相承的关系。逻辑主义是罗素在数学哲学中的立场,罗素生活在具有经验论传统的英国,所以自然接受经验论,罗素在一般哲学上的立场可以说就是逻辑分析加经验验证,罗素也把自己的哲学称为逻辑实证主义。奎因批判的逻辑实证主义是维也纳学派,这个学派是在罗素及其学生维特根斯坦的影响下发展起来的,在方法论与知识论方面和还原论保持着一致性。

奎因对逻辑实证主义的批判包含着对数学哲学更深刻的反思,实际上,还原论是数学基础中三大主义的共同特征,直观主义把数学基础"还原"到"时间直观",逻辑主义把数学基础"还原"到逻辑,形式主义把数学基础"还原"到符号游戏。进一步还可以说,在当初寻求微积分基础的分析化过程中,先使用了无限小量作为基本概念,之后为无限小量找到更基本的极限概念,极限概念又被归结为实数的算术化形式,并被建立于集合论的基础上,这正是在还原论群体意识驱使下的数学实践。还原论不仅是数学家根深蒂固的意识,在哲学、科学、文学等各个学科领域都有深厚的思想根基。

我们看到,与哥德尔集中在数学基础范畴之内的反思不同,奎因的反思以及前述维特根斯坦的反思已经超越了数学基础,甚至超越了数学知识的范畴。维特根斯坦把数学说成"语言的游戏",把对数学的关注引向相关的生活形式与数学实践活动。奎因则深刻反思数学基础研究还原论,认为科学作为整体,同时依赖语言与经验,孤立地谈个别陈述中的语言成分与事实成分都是"胡说",而且是"胡说的根源";每一个陈述都是作为科学总体的一部分而与科学总体一起接受经验的检验。这代表了奎因的整体论知识观。维特根斯坦与奎因在反思中表现出的新思想，其缘由应该与 20 世纪以来自然科学与数学发展实践的大趋势有关。

哲学对数学本体论、认识论的再认识与数学哲学的革命

进入 20 世纪以后，数学与自然科学、社会科学和哲学的相互联系不断往广度与深度发展，各门学科的理论与方法日益朝着数学化和形式化的方向演变，实现从定性描述到定量描述的转化，人类的知识越来越显示出综合的知识集合体的特征。计算机的诞生无疑是这一趋势发展的支持因素，而信息处理、信息传输与交流，以及近年出现的大数据分析与人工智能的机器学习，需要用数学提供新的工具与思路，实现数据挖掘、模式识别、神经网络、自然语言处理等，不断地为知识集合体增加新的分支与研究方向。

面对自然科学、数学知识与实践发展的这些特点，以敏锐与深邃著称的哲学家维特根斯坦与奎因把数学哲学置于人类的知识与行为体系中加以考察，应该是可以理解的。

知识研究视角与行为体系研究视角实际上代表着数学哲学中不同的研究方向。奎因的研究是前者的代表。奎因在批判还原论的基础上提出的知识整体论认为，知识总体是人造的结构，与经验的关系包括两个方面：其一，知识总体中有些部分与经验紧密接触，处于总体边缘或离边缘较近，有些部分离边缘较远，如数学与逻辑，但总体中的每个陈述都是互相联系的，都要接受经验的检验。其二，知识总体在经验冲击面前不纯然消极地适应检验和被迫做个别修改，而是可以"对整个系统的各个可供选择的部分作任何可供选择的修改"[1]。可以用"最好的科学理论"来代表这个知识总体，所谓"最好的科学理论"，是指在知识总体中人们普遍接受的、主流的、对解释世界最有效力的理论。根据本体论承诺，

---

[1] 威拉德·蒯因：《从逻辑的观点看》，江天骥、宋文淦、张家龙、陈启伟译，上海译文出版社，1987，第 41 页。

"最好的科学理论"中不可或缺的对象的实体都是存在的,而数学在"最好的科学理论"中有不可或缺的应用,数学的本体论是被"最好的科学理论"承诺了的,所以数学的对象是实在的。这意味着奎因把数学的本体论与数学的广泛应用性联系了起来。奎因在自然主义的"本体论承诺"与知识整体论的框架下对数学实在性的论证,被称为"不可或缺性论证",具有如下基本形式:

大前提(P1):我们应该在本体论上承认"最好的科学理论"中不可或缺的实体,并且只承认这些实体。

小前提(P2):对"最好的科学理论"而言,数学理论是不可或缺的。

结论(C):数学实体存在。

奎因"不可或缺性论证"利用了数学在经验科学中的广泛应用,用科学总体对数学理论的不可或缺性来保证数学对象的存在性,数学命题被视为最终由与经验科学组成的整体的经验证据来检验,这导致一种经验主义的数学哲学,与依靠严谨推理证明、具有先验性与不可修改性的主流数学观是不协调的。奎因哲学因其复杂性与内部矛盾引导着数学本体论与认识论不同观点的讨论,这也包括对"不可或缺性论证"的争议。争议主要表现为对两个前提的质疑,也就是对 P1 与 P2 的质疑。对 P1 的质疑涉及科学的本体论问题,反驳的意见指出,在科学理论中有些概念只是一种虚构,具有工具性,如物理学中的"质点""理想气体""光滑的平面"等,并不表现为实在。对于唯名论者,P1 是完全不能接受的。对于 P2,唯名论可以作出不同的论证,例如,有人发起各种数学唯名化计划,被称为数学虚构主义,其宗旨是说明科学可以在没有数学的条件下成立。为此,唯名论的任务是构造一种不指称抽象对象的唯名化语言,来重新表达传统数学或至少科学中所使用的那部分数学,提供一套唯名论的科学理论,说明数学对象和数学命题真值的实在论立场对于科学是不必要的。虚构主义者菲尔德（Hartry Field）曾证明用这样方法能够满足科学理论如牛顿力学的需要，发展了关于牛顿的引力理论的一套唯名论版本，被称为菲尔德物理学，作为解释数学虚构主义如何应用于科学的一个范例。

当今活跃的数学哲学家尽管有不同的立场与观点，但绝大多数都试图保持与自然主义精神的协调一致。自然主义作为一种古老的传统哲学思想，最早体现在自然哲学中，其核心是"自然至上"。就哲学与科学的关系而言，自然主义哲学认为自然科学是认识世界最可靠、最有效的方法，哲学既不能高高在上地指导科学，也不能为科学提供基础，而应该尊重科学，从科学中寻找自己研究的问题与答案，用奎因的话说就是哲学与科学保持连续性，科学哲学就是全部哲学。

奎因的科学哲学就是他的知识整体理论。但科学哲学产生巨大影响，是在科学哲学转向维特根斯坦所指出的方向，即转向科学行为体系的研究之后。

科学哲学作为现代哲学，开始于逻辑实证主义对科学理论的逻辑分析；但作为一门独立科学，得益于人们对逻辑实证主义的批判与推进，以及实践中科学整体化和综合化的发展趋势、科学与社会日益密切的结合。为了解决逻辑实证主义在科学哲学研究中的局限性，更好地解释科学的发展，美国科学哲学家库恩（Thomas Samuel Kuhn，1922—1996）在科学哲学研究中引入历史主义观念与方法，创立了历史主义学派的科学哲学。他最吸引人的科学哲学著作《科学革命的结构》告诉人们，对科学的认识不能仅仅看到它静态的整体性结构，还应看到它的动态发展，即科学是在人的科学实践活动中形成与发展的。库恩的著作代表了科学哲学研究的转向，即把科学看作人类历史的活动，更重视科学的时代性或历史性，更强调科学与其他文化的联系，更关注科学活动中人们的价值取向及其作用。库恩科学哲学的核心概念是"范式"（paradigm）。所谓范式，就是指那些重大的科学成就所形成的科学内在机制和社会条件，以及由此构成的思想和信念，它们在一定时期内规定着科学发展的范围与方向。但科学研究必须不断地揭示新的现象,当原有范式遇到解决不了的难题,产生危机,就会出现新的范式,这就是科学革命。所以,科学的发展具有革命性,表现为"前科学时期—常规科学—反常与危机—科学革命—新的常规科学"这样一个动态的发展过程。库恩的科学哲学理论重视科学实践活动,其见解与维特根斯坦数学哲学中对"语言游戏"与"生活形式"的强调如出一辙。事实上,库恩对作为核心概念的范式并没有清晰的定义,而用维特根斯坦的概念来说明科学哲学的范式概念。

从知识整体论的视角看,数学哲学也应被包括在科学哲学的范畴之内。人们意识到处于"悲观停滞"阶段的数学哲学应该从蓬勃发展的科学哲学那里汲取相关理念与方法。美国数学哲学家基切尔(Philip Stuart Kitcher)试图吸收库恩的科学哲学观念,把这些观念应用于数学哲学研究。但他分析了数学变化与科学变化的相似性与差异性,抛弃了库恩的范式概念,而尝试通过数学实践(mathematical practice)概念来理解数学知识的增长。基切尔的数学实践概念包括五个方面,分别是语言、公认的元数学观念、公认的重要问题集、公认的推理集和公认的命题集,分别表示为语言 L(languages)、元数学 M(metamathematical views)、问题 Q(questions)、推理 R(reasonings)和命题 S(statements),简称数学实践五元组⟨L,M,Q,R,S⟩。数学实践的组成部分永远不会彼此完全和谐,而对和谐的追求就产生数学的变化,即从旧的不平衡的数学实践转移到新的数学实践。解释数学知识增长的问题变成了理解是什么导致了从实践⟨L,M,Q,R,S⟩到紧随其后的实践⟨L′,M′,Q′,R′,S′⟩的合理过渡。新的实践也可能保留原来实践中的某些部分,如元数学观念没有改变,M′还等于 M。数学知识就是通过对数学实践的合理修改而发展起来的。数学知识改变的途径与方式可能从某一特定的实践开始,这一特定的实践可能是数学共同体接受新的语言(L 的改变),或者是增加新的问题或减少以前认可的问题(Q 的改变),又或是增加新的命题以支持新答案的推理(S 的改变),还可能是增加新的推理以用于以前没有使用的语言（R 的改变），等等。数学实践活动的动态以及数学知识转化的途径与方式受社会历史条件的影响。基切尔用模式（pattern）概念来描述数学知识转化的途径与方式。数学实践活动的重要特点是它的社会性，即以数学家共同体的研究活动为特征，每个数学家都作为这个共同体的一员而自觉或不自觉地处于一定的数学研究传统中。数学研究的模式是在这种数学研究共同体中形成的，有了为数学共同体一致接受的概念、方法、问题、语言，以及对如何进行数学研究的共同认识，才能形成真正合理的模式。

基切尔的哲学立场明显是经验论。他认为数学哲学的传统观点是数学家具有公理与定义的基本先验知识，但问题是数学家知道这些公理与定义，是因为他们系统化了先前接受的问题解决方案。他在《数学知识的本质》的结语中写道[①]：

> 微积分的历史，并不是从原始数学知识一路带到我们目前的知识状况。不难看出故事是如何进行的。牛顿和莱布尼茨继承的实践如何可以追溯到希腊人和他们的前辈的数学，以及魏尔斯特拉斯和戴德金的实践如何遗赠给布尔巴基以及后来的数学。此外，历史产生了一个普遍的道德：我所识别的变化类型，在连续发生时可能会导致一种与引发序列的实践截然不同的实践。借用牛顿的著名比喻，当巨人不断站在巨人的肩膀上时，有幸坐在巨人的肩膀上的人就能看到非常遥远的路。

基切尔等人对数学实践与数学知识转化模式的研究，开阔了数学哲学的视野，使数学哲学有了新的视角，产生了新的观念，形成新的研究方向，推进了数学哲学研究的转向。人们认识到，数学哲学不应只是往后看，即只关心基础问题，而是更应该注意往前看，更应该关心数学实践，

[①] Philip Kitcher, *The Nature of Mathematical Knowledge*, Oxford University Press, 1984, p.271.

关心数学在实践中如何获得新的进展。维特根斯坦当年提出把数学作为人的"生活形式""语言游戏""数学家共同体的实践",在现实中已发展到一个新的阶段。正是在这样的背景条件下,我国数学哲学家徐利治(1920—2019)、郑毓信、李国伟教授对数学哲学的实践开始了深入的研究。他们发现,相对于基础主义,新的数学哲学的研究立场、研究方法、研究问题和主要观念都已发生了质的变化,可以明确地断言:在数学哲学的发展中已经发生了革命性的变化。

研究立场的变化是说与原来脱离数学研究实际活动的基础研究不同,在新方向上工作的数学哲学家普遍认为数学哲学应当成为实际数学工作者的"活的哲学",应当真实地反映当我们使用、讲授、发现或发明数学时所做的事。这意味着,数学哲学不再被视为实际数学工作者必须遵循的某些先验的、绝对的教条。

研究方法的变化是指对于数学史的高度重视。对于逻辑主义等学派来说,数学的真实历史与数学的哲学分析是完全不相干的,因而不具有任何重要性,所以数学哲学家重视的是逻辑分析方法。但在新方向上工作的数学哲学家则普遍地给予了数学史高度的重视,人们逐步确立了这样的认识:"缺少了哲学指引的数学史就会是盲目的;不理会数学史上最迷人现象的数学哲学就会是空洞的。"[①]

研究问题的转移是指,逻辑主义等学派基础研究工作的共同出发点是已有的数学理论和方法的可靠性问题,现代的数学哲学认为数学的可靠性问题是数学工作者实际态度的直接反映,不再是数学哲学关心的问题,数学哲学研究的核心问题是如何对数学(活动)作出合理的解释。

主要观念上的变化是指,逻辑主义等学派都希望能通过自己的工作为数学奠定一个"永恒的、可靠的基础",这是一种静态的、绝对主义的数学观,而新的研究方向把重点移向实际的数学实践活动。作为人类的一种创造性活动,数学发展显然是一个包含猜测、错误和尝试、证明和反

[①] 朱一文:《再论数学史与数学哲学的关系》,《自然辩证法研究》2019 年第 11 期。

驳、检验与改进的复杂过程,并依赖个体与群体的共同努力,这种动态、经验和拟经验的数学观逐渐取代了传统的静态和绝对主义的数学观,并在这一领域中占据了主导的地位。所谓拟经验的数学观,是说数学有自己特殊的价值标准,就是承认新的研究只要有利于原有问题的解决与方法的改进,都是有价值的。

可以说,徐、郑、李三位教授赋予数学哲学以新的内涵,意味着提出了数学哲学实践的模式理论,这一模式认为数学哲学实践包含研究立场、方法、问题和观念四个重要方面。三位教授对数学哲学研究现状的深入分析表明,根植于数学深度与广度发展的数学哲学,与具有现代社会与文化意义的数学实践活动有着日益紧密的联系,相对于原来以数学基础为中心的研究模式,这的确是数学哲学的革命。可以发现,这样的数学哲学实践新模式始于科学哲学的影响与渗入,而现在正得到越来越多的认同。

主要参考文献

1. 林夏水:《柏拉图的数学哲学》,《哲学研究》1996 年第 1 期。
2. 邓晓芒,赵林:《西方哲学史》,高等教育出版社,2014。
3. 康德:《纯粹理性批判》,邓晓芒译,人民出版社,2017。
4. 斯特罗伊克:《数学简史》,胡滨译,高等教育出版社,2018。
5. "Intuitionism in the Philosophy of Mathematics," Stanford Encyclopedia of Philosophy, subtantive revision June 11, 2019, https://plato.stanford.edu/entries/instuitionism.
6. "Philosophy of Mathematics," Stanford Encyclopedia of Philosophy, substantive revision January 25, 2022, https://plato.stanford.edu/entries/philosophy-mathematics.
6. 弗雷格:《算术基础》,奥斯汀译,崇文书局,2022。
7. 罗素:《数理哲学导论》,晏成书译,商务印书馆,1982。
8. 罗素:《我的哲学的发展》,温锡增译,商务印书馆,1982。
9. Jeremy Avigad and Erich H. Reck, "Clarifying the nature of the infinite: the development of metamathematics and proof theory," December 11, 2001, https://www.andrew.cmu.edu/user/avigad/papers.html.
10. 樊岳红:《维特根斯坦数学哲学思想研究》,科学出版社,2017。
11. 徐弢:《论维特根斯坦对传统数学哲学思想的批判》,《自然辩证法研究》2014 年第 2 期。

12. 蒯因:《从逻辑的观点看》,陈启伟、江天骥、张家龙、宋文淦译,中国人民大学出版社,2007。
13. 托马斯·库恩:《科学革命的结构》,金吾伦、胡新和译,北京大学出版社,2004。
14. Phillip Kitcher, *The Nature of Mathematical Knowledge*, Oxford University Press, 1984.

企业家精神哲学

——基于对改革开放以来民营企业的观察

~~~~~ 引言 ~~~~~

中国改革开放以来发生的重要变化之一,是一大批企业家的涌现。这一群体备受关注,他们中有的被奉为时代英雄、道德楷模,也有的被斥没有诚信、缺乏商业伦理,还有的甚至沦为罪犯。即使对同一个企业家,人们看到不同的侧面,评价也大相径庭。

企业家的个性表现千差万别,但作为一个群体,其区别于其他群体的共性是他们的企业家精神。他们经营的产品服务、积累的财富、对社会的贡献不同,个性表现也各有不同,但企业家精神却是这个群体共同的精神指向。企业家群体是不断发展壮大的,企业家精神也是不断发展的,而且其发展具有内在的规律性。黑格尔认为,人的精神的发展总是前进向上的,其前进向上的性质并不因一时的退步而有所改变。这话也适合企业家精神。

企业家精神的概念广泛出现在经济学、社会学与哲学等文献中,但探讨企业家精神的发展规律既不属于经济学,也不完全属于社会学,而主要属于哲学,特别是精神哲学。

精神哲学有两个进向。

一是以德国哲学家黑格尔为代表。黑格尔认为世界的本源是绝对精神或绝对观念,属于唯心主义哲学,但他在阐述精神哲学作为绝对观念在人的体现时,把人的精神问题置于各种社会关系的历史发展中加以探讨,认为精神不仅表现为个人意识的成长、心灵的内在机制,也表现于人类社会,构成法权、道德、伦理和国家制度及其历史。他甚至认为,人类的历史就是精神发展的历史。

二是与崇尚思辨与逻辑推理、具有思辨特色的黑格尔精神哲学不同,我国哲学家徐梵澄(1909—2000)的研究代表着精神哲学的另一进向,他主张精神哲学应"双摄近代哲学与宗教原理",突出人的精神修为与精神经验。他认为这其实是中国、西方和印度三大文明发展共通的精神指向。徐梵澄晚年代表作《陆王学述》对陆九渊、王阳明的"心学"作了精神哲学的诠释。

两种精神哲学主张有不同的研究视角、观点与方法,但并不是对立的,而是具有互补性。黑格尔博大精深的精神研究中所展示的辩证法,尤其是把人的精神置于各种社会关系的历史发展中加以探讨,以及历史与逻辑统一的研究方法,是精神哲学中最有价值的内容。徐梵澄倡导的精神哲学体现了对印度与中国传统精神哲学的融汇,所用语汇与方法虽未诉诸现代科学与逻辑,但所涉及的人的精神状态与生命机体复杂而微妙的相互作用,是黑格尔哲学中缺少的。徐梵澄生前研究的旨趣是探微古代人的精神世界,包含着神秘的精神经验,但这些研究中透露出的对人生与生命的积极态度,对精神修为的关注,关于"躬行实践,内外交修,求其实证"与"转化人生,改善个人和社会"的主张,应是精神哲学探讨的重点。

探讨企业家精神的发展,应从两种精神哲学中吸取有价值的成分。这要求我们把企业家精神视为由各种社会关系所形成的环境以及企业家个人的精神修为共同塑造的结果,并表现为随着所处环境和社会关系的变动,以及企业家的意识与心灵的内在机制而不断发展与演进的过程。在这一过程中,企业家精神展现的不是某个单一方面,而是精神、智慧与伦理道德观念的交互体系。

探讨改革开放以来中国企业家精神的发展,必须将其置于改革开放这一伟大的社会实践背景之下。坚持社会实践论,意味着既摒弃精神哲学中的唯心主义立场,也避免把精神修炼实践狭义地理解为单纯的身心修炼,如印度的瑜伽、佛教的禅修、基督教的默想祷告等。坚持社会实践论,意味着不应把企业家精神的逻辑分析建立在臆断猜想的基础上,而必须使之与社会变革的实际观察相一致。本文对企业家精神哲学的诠释,基于对改革开放以来民营企业发展的观察。

人的物欲与经济制度伦理

人的精神与人的天性有某种联系。追求物质利益与财富的天性是企业家精神的起点,也是企业家行为的源泉。欲望、热情与兴趣等隐藏在人们心中,而行为是其外在的表现。行为受精神环境的影响。精神环境是指影响精神表现的一切因素,包括制度、社会习俗、伦理道德观念等。

改革开放之前的计划经济体制没有给企业家精神的表现留下余地。计划经济体制将整个国民经济置于中央计划管理系统的控制之下,国家通过这一系统将规定的生产任务下达给各生产单位,并配置完成这些任务所需要的生产资料,生产的产品再根据计划分配给消费者与使用单位。计划经济中只有工厂,没有真正意义上的企业,所以也不需要企业家,更不要说企业家精神了。

计划经济体制下没有产生企业家精神还有更深刻的原因。计划经济的伦理基础是集体主义,企业和个人必须绝对服从国家计划的指标与集体的利益,而不应有计划范围之外的目标与行为。当时意识形态所宣传的价值观念,是所谓"大河有水小河满,大河无水小河干"。大河是指国家与集体利益,小河是指个人或个体,小河的水来自大河,而不是相反。

计划经济体制刚建立初期有不错的表现,这归因于新制度刚刚建立时人民因当家作主的责任感激发出了积极性。但这种主人翁意识难以持久,而新的一代则完全没有这一意识,所以计划经济渐因人们积极性的缺失而失去动力。为计划经济恢复动力的措施是允许一定范围的自由市场与实施物质刺激,这等于鼓励在计划经济的"体制内"可以名正言顺地追求个人或团体利益。波兰学者布鲁斯(W.Brus,1921—2007)认为这等于在计划经济中引进"特洛伊木马",为计划经济体制走向瓦解埋下了伏兵。

挽救计划经济体制的行为直接违背计划经济体制的制度伦理,表明这种制度伦理本身就应该改变。所以,试图改变这一制度伦理的措施与行为应被视为具有先锋意识。但具有这种先锋意识的人在当时却要面对较大的社会压力与风险,因为有违于仍占主导地位的计划经济体制伦理,也有的人为此受到制裁和惩罚。安徽凤阳小岗村村民为了吃饱饭私下分田承包集体土地,就冒了巨大的风险。

对中国经济制度与社会伦理变革具有决定性推动作用的是中国共产党实行改革开放的决定,这是中国共产党历经计划经济和20余年的社会发展之后顺应时代潮流的"伟大觉醒"。党通过一系列改革政策与措施主导了变革的方向、进程、路径和目标,领导和引导着先锋意识的健康发展,并使之成为主导的社会意识。改革的目标是建立市场经济制度。市场经济的制度伦理基础不同于计划经济的"大河有水小河满",而是认可"涓涓小流,汇成江河",即个人与集体创造的财富可以汇聚成国家的财富。

市场经济伦理对个体利益的尊重与保护,包含着对个人主动性与首创精神的尊重与鼓励。党的领导人在改革之初提出"让一部分人先富起来",并不意味着改变中国共产党"共同富裕"的初衷,而是允许与鼓励一些具有商业头脑、善于捕捉机会的人行动起来,成为"先富起来"的人。"先富"带动与影响"后富",个体或集体经商蔚然成风。社会的变革对人们思想观念的影响,特别典型地表现在财富观念被赋予与以往迥然不同的内涵。在计划经济时代被讳莫如深的"恭喜发财",成为人们问候与祝福的流行语。财富成为人生成功的标志和社会地位的象征。这一切表明,人们的意识与行为、社会风尚、价值观与整个社会伦理都发生了重大变化,预示着社会经济生活中将会见证新的精神力量。

机会与企业家精神

改革开放后最引人注意的新现象是经商潮流的出现,经商的人迅速形成新的社会群体。经商不可能获取固定的工资收入,商人的成功要靠机会,而机会能给他们带来的收入是不确定的。但改革开放初期的"万元户"都出自这一阶层,所以也吸引着"体制内"对收入与财富有渴求的人辞掉原来的工作加入这一阶层,称为"下海经商"。

机会可给经商的人带来收益与财富,所以也叫"商机"。对经商的人来说,机会有如下的含义:首先,它是带有偶然性的客观存在;其次,它需要及时地识别和发现,如不能发现就无所谓机会;最后,发现后还要采取行动,如不采取行动或行动不及时也将失去机会。机会的偶然性和时间性可用"时机"这一概念来形容,机不可失,时不再来。

改革初期,一些人发现不同地区同类商品价格有差别,通过"跑单帮"贱买贵卖就能赚钱。中国改革开放从南方率先开始,不少人就把质量与价格具有优势的南方产品带到全国其他地区销售,也包括其他地区还没有的新产品。

利用价格差贱卖贵卖,这样的机会很明显,容易发现,也容易抓住。明显的机会还包括当某些货源供应紧张时,能自己生产就有钱可赚,倘若有人发现自己能以较低的成本生产出来,便会投资建厂,选择创业,就有了更大的追求。改革开放以来的第一批企业家就是从这些人中涌现出来的。在胡润连续发布的富豪榜中,我国企业家的财富增长速度是惊人的。例如,1999 年榜单上第 50 名富豪的财富为 5 000 万元人民币,而 2010 年榜单上第 50 名富豪的财富为 155 亿元人民币。同一个名次,财富数字在 12 年间增长了 300 多倍,而这 12 年间,中国的 GDP 增长不足 4 倍。

但市场有变化,企业家并没有把握总能赚钱,所谓"赔本的买卖不能做"只是意愿。所以,经商需要见多识广,眼观六路、耳听八方,练就灵活机敏的商业头脑。管理学者德鲁克(Peter F. Drucker,1909—2005)将企业家定义为"寻找变化，积极响应，并将其作为充分利用变化的机会"的人。

明显的机会犹如露天的煤矿，可以直接发现，但更多的机会需要勘探和深挖。通过实践经验的积累，企业家识别与把握机会的能力不断提升，特别是对某些不明显的机会的预见性也不断增强。例如，随着生活水平的提高，人们对衣食住行有了更多更高的新要求，一大批民营企业就是由于创业者们敏锐地把握住了这样的机会而创办起来的。浙江省中小企业群体的涌现具有代表性，时称浙江模式。它们采取私人与家族企业形式，生产的产品主要是纺织品、服装、食品饮料和各种小商品，首先满足当地的需要，然后销往全国和国外。

与此形成对照的是苏南模式。苏南模式利用来自上海等大城市的国有企业改革给中小企业带来的机会。上海市与苏南城市群集中了许多大型国有企业，国有企业改革导致其内部的经营体制与经营模式发生了重要变化，对外提出了配套生产与服务的需求。这一地区的中小企业就利用这一机会，以乡镇企业的形式迅猛发展起来。苏南地区的中小企业与浙江地区的相比，其发展速度更快，企业规模也都较大，这与企业家遇到的机会不同有关。这一机会的特殊性包括靠近上海的地区优势、"星期天工程师"的帮助、当地政府的积极支持与主动配合等。在后来的发展中，不少苏南企业延续这一特点，借助浦东开发开放的机会与国外资本合作，走向国际代工之路。

从明显的机会到可预见的机会，都是利用事态发展出现的状态与趋势，因势利导地加以利用。企业家对机会的敏感，以及所表现出的实践精神，已成为企业家群体不同于其他群体的特征。

但更能反映企业家本质特征的是对机会的创造。就是说这种机会不是来自事态的自然发展，而是由于人的积极参与，在人的行为能动的干预之下出现的。中国改革开放后引进了许多国外的先进技术，大大缩小了本国企业与国外的技术差距，通过吸收消化学习，使它们在中国生根，而且经过自己的努力，还能有所改进与发展。

英国哲学家培根说过，聪明人所创造的机会比他所发现的机会更多。企业家都是这样聪明的人。企业家的机会在很多情况下是靠自己创造出来的。特别典型的是应用新技术和生产新产品，有些新产品可能还是前所未有的，新的市场也是企业家创造出来的。

他们能创造新机会，往往是基于技术发展的可能性和对社会潜在需求的识别，并能使潜在的需求转变为现实的需求。有些需求也是企业家创造出来的，如许多互联网企业所开发的新应用被社会接受，从而形成新的社会需求。中国互联网购物平台以及网上支付平台等，就经历了需求从无到有的过程，被潜在用户学习后逐渐接受，成为他们生活中的必需，并形成新的生活方式。

所以，企业家群体区别于其他群体的更本质的特征，是在发现商业机会或创造商业机会时表现出的洞察力。发现商机需要有"慧眼"，创造商业机会需要有预见性，"慧眼"与预见性都是洞察力的体现，经济学家柯兹纳（Israel Kirzner）称之为"警觉"（alertness）。柯兹纳认为企业家所拥有的特殊的智慧与才能代表着企业家的精神特征，表现在能发现和利用"被忽视的机会"，或发现"未被发现的机会"，并认为"发现"就是"创造"。

企业家的特殊才能被经济学家概括为企业家精神。人们对这一概念耳熟能详，源于经济学家熊彼特（Joseph Alois Schumpeter，1883—1950）的研究。熊彼特关注的是企业家精神的外在表现。与以前的经济学家主要关注企业家承担风险的表现不同，熊彼特关注企业家的创新行为，认为创新所展示的创造性的破坏更能反映企业家精神的本质。按照熊彼特的归纳，企业家的创新表现为生产出新的产品、发现新的市场、获得新的原材料、提出新的生产方法、建立新的组织等。熊彼特的经济发展理论就建立在创新概念的基础之上。

创新作为企业家精神的表现方式，是推动经济和社会发展的动力。中国从一个相对落后的国家一跃而成为世界第二大经济体，与改革开放所唤起的企业家精神和涌现出的成千上万的企业家是分不开的。

企业家精神所表达的应是企业家特有的商业智慧与精神,体现企业家的本质特征。基于上述简要的分析,可以概括出企业家精神的两个方面。

第一,企业家精神表现为企业家所具有的特殊才能,主要体现在创新时对商业机会的识别与洞察力。

第二,企业家精神是一种主动积极的实践精神,敢于做别人没有做过的事。有了这种精神,企业家的才能才可以得到充分发挥,并能产生奇迹般的效果。

对于企业家精神的上述两个方面,人们对其外在表现方式特别是企业家的创新行为有更多的关注,而对于企业家精神的内涵及其发展,还有待透过现象看本质,结合其外部表现方式作出进一步诠释。

企业家精神配置与制度安排

社会的变革总能给企业家带来机会。但企业家发现与利用的"机会",有可能只是财富的转移与收入的再分配,而不是社会财富增加和经济增长。例如,股份制改革是国有企业改革的一个重要方向,改革的目的本来是增强国有企业的活力,促进国有企业的发展与创新。但在国有资产流失的许多案例中,都发现有企业家与充当国有资产"看门人"的官员相互勾连,借助"股权交易"之机侵吞私分国有资产的收益。官商勾结滋生腐败,对经济与社会造成了极大的危害。

这种并不增加社会财富的行为经常出现在制度体系建设中存在缺陷的地方。改革是摸着石头过河,要经历试错,制度体系有逐步建立与完善的过程。制度体系的缺陷为某些企业家寻租提供了机会,例如:利用国家出口退税政策,通过虚假的出口交易骗取巨额国家税收;利用资本市场制度的漏洞与监管官员勾结,操纵期货、股票市场,获取暴利。企业家的这些行为以及所有的寻租行为都是非生产性的,都是为了实现人为的财富转移和收入再分配,没有物质财富的增加,只有资源的浪费以及对经济与社会的破坏。

在平常用语中，上述行为会被认为与创新毫无关联，不可与创新混为一谈，人们也总是用另外的词语加以描述。但如果把企业家精神不同的外在表现看成缺乏联系、相互孤立的现象，就难以对企业家精神的本质作更深入的分析。

美国经济学家鲍莫尔（William Jack Baumol，1922—2017）在企业家精神研究中就把企业家的才能与智慧视为经济学意义上最重要的资源，把企业家不同的表现视为企业家精神资源的不同配置。根据企业家的行为是否生产创造财富，鲍莫尔区分了生产性企业家精神与非生产性企业家精神。生产性企业家发现与利用创新机会创造财富，推动经济增长和繁荣；非生产性企业家的寻租、犯罪和其他非生产性活动不仅不创造财富，还可能破坏经济的增长与繁荣，表现为破坏性的企业家精神。

经济学的这一视角道出了生产性企业家精神与非生产性企业家精神是相对的，不是绝对的。两者有对立的一面，当企业家将才能与智慧用于寻租和非生产性活动时，就不会关心和顾及生产性的创新。但同时这一视角也包含对两者同一性的认可，即它们都源于企业家精神，是企业家精神的两种不同表现方式或存在方式。资源配置是可以调整与改变的，企业家精神的表现方式在一定条件下也可以相互转化。

在鲍莫尔看来，企业家精神如何配置完全取决于一定社会制度下相对报酬的游戏规则。也就是说，企业家采取什么方式进行创新，完全是由制度安排决定的，只有改变制度下的游戏规则才能改变企业家精神的配置。从历史上来看，企业家精神的表现方式是随着社会历史条件的变化而不断发展的。鲍莫尔与一些经济史学家曾对企业家精神做过历史的考查，发现在人类历史的大多数时期，并不能保证生产性企业家都能得到回报，而非生产性企业家反而更容易积累财富。历史上的企业家精神存在着大量的非生产性和破坏性，最典型的方式是通过战争和有组织的暴力行为抢掠物质财富，企业家精神被用于创造新的武器、技术和新的武装组织。

不同历史时期企业家精神的不同表现，可以归因于这些背景下的社会文化与制度对创新创业的激励约束机制的影响。寻找历史上的生产性企业家精神的目的，是以史为鉴，探讨如何为企业家精神的顺利发展提供合适的文化和制度体系。文化的范畴非常广泛，包含宗教信仰、社会风俗等，带有区域与民族特色，它们的改变要经历潜移默化的历史过程，所以建立有利于生产性企业家精神的制度应是主要的目标，这些制度包括财产权制度、专利制度、银行体系、反垄断法规等。

因此，为有利于生产性企业家精神的发挥，应使游戏规则有所改变，消除那些不合理的制度性影响，增强有利的制度性影响。中国的改革围绕着建立与完善社会主义市场经济制度体系推进，包括补充制度上的短板，并纠正与改善不合理、不完善的部分。经济制度体系应支撑有良好的商业伦理的社会，不能任由非生产性企业家精神大行其道，要弘扬生产性企业家精神。在企业家精神表现出破坏性时，应有事后的治理机制和道义谴责，体现对企业家精神的救赎，促使有过失的企业家重新站起、再创辉煌。

人们相信，不断完善的制度体系将会减少破坏性的企业家精神和社会腐败现象的发生，这一信念支持着人们在制度建设方面不断努力。但真实的情况是否如此，其实需要更多确凿的事实依据。企业家精神是不断发展的，"完善的制度体系"永远是一个目标，政策法规的完善能为生产性企业家精神提供有利条件，但也很难完全避免非生产性企业家精神。例如，鼓励和保护生产性创新的专利制度与知识产权保护政策，也可能为非生产性企业家精神提供机会。专利制度给予专利持有人排除他人使用发明与商业化的权利，也就给予专利持有人强化垄断和阻碍后续创新的机会。专利可能被用于垄断性定价、用作打击竞争对手的战略性手段，使专利持有人借此谋利。这样做虽然并不创造社会价值，但专利被侵犯时通过专利诉讼可以得到补偿，从而成为某些持有专利的企业家的非生产性营利手段，这种寄生生存方式被称为"专利流氓"行为。

生产性企业家精神与非生产性企业家精神的共存现象似乎是难以避免的，但放弃在制度建设中的努力显然是不足取的。例如，在专利保护与知识产权保护政策体系中,专利的范围、期限如何规定,专利与知识产权保护环节如何更严密、更具灵活性,执行环节如何把握分寸等方面,都影响着企业家精神的表现,这些细微处的改进与完善仍需要不懈的努力。

创造社会价值的创新与企业家人格

我们肯定了企业家精神的表现受制度安排的影响,但改革中的政策不是为非生产性企业家精神而设,而是为了防范非生产性企业家精神而鼓励生产性企业家精神,但有些企业家却总能从中觅得非生产性活动的机会。所以,认为制度安排可决定一切是不现实的。特别是,同一制度体系之下,有些企业家把创新才能用于寻租,有些则致力于生产性创新,表明企业家精神的表现方式并不完全取决于制度条件,还与企业家个人的主观因素有关。

这种主观因素并不是指企业家千差万别的个人性格与品性,而是创新价值实现的逻辑所塑造的共同特征。创新价值实现的逻辑是,企业家通过创新获得自身利益,是以创新能给消费者和社会带来新的价值为条件的。就是说,先要实现消费者与社会的价值,然后才会有企业家自己的收益。企业家的创新如果不能给消费者与社会带来价值,企业家自己也无法获得价值。换言之,这种创新能够创造的价值是由企业家与消费者或用户以及社会共同分享的,因而可以得到市场的认可与社会的支持。这样的创新,我们有理由称之为创造社会价值的创新。

创造社会价值的创新要求企业家在发现、创造与利用创新机会时,不但要考虑自己的利益,而且要考虑给消费者或用户乃至社会带来的利益。不仅应有这样的动机,还要努力争取实现这样的效果。换言之,创造社会价值的创新要求企业家不仅考虑利己,还要考虑利人,而且动机与效果必须统一。创造价值的创新要求企业家有这样的特质。

不是所有的创新都能创造社会价值。鲍莫尔所指出的非生产性创新并不创造社会价值,某些生产性创新也不等于创造社会价值的创新,如用某些"黑科技"生产假冒伪劣产品、含有三聚氰胺的毒奶粉等,不仅没有创造社会财富,反而还使消费者与社会遭受巨大危害,是破坏性企业家精神的典型表现。这种创新只为创新者自己谋利,而且这种谋利建立在别人利益受损的基础上,是损人利己的行为。这样的创新可被称为攫取财富的创新。

在某些学者看来,创造社会价值的创新与攫取财富的创新都因为包含着利己的动机而没有道德价值。例如,德国哲学家康德认为商人的童叟无欺并无道德价值,因为这是出于自己利益的动机。英国经济学家亚当·斯密(Adam Smith,1723—1790)认为面包师让人吃到可口的面包也不是仁慈,因为这也包含着面包师利己的动机。他们对道德只看动机不看行为效果的严苛定义,不适用于分析创造社会价值的创新与攫取财富的创新。动机与效果应该具有统一性。应当承认,从事社会价值创新的企业家至少有不损害别人与社会这一道德底线,而攫取财富的创新没有道德价值,因为从动机到效果都是损人利己的。选择创造社会价值的创新还是攫取财富的创新源于企业家人格上的不同。

人们在追求物质财富时面临的考验是伦理道德的核心问题。中国传统哲学一向主张做事与做人联系在一起,认为做事要从做人开始。所谓做人,就是人的品性的培养或人格的设定。古训"君子爱财,取之有道",将人格与获取财富的途径联系起来。中国传统上的人格区分是"君子"与"小人"。"君子喻于义,小人喻于利",孔子之言道出了人格的不同导致对义与利关系的不同处理,同时强调了义与利对立的一面。但义与利还有统一的一面。见利忘义是小人,而见利思义、先义后利可为君子。攫取财富的创新并不能创造价值,企业家的获利若建立在使消费者蒙受损失或危害的基础上,便是旁门邪道、小人之举。创造社会价值的创新则在企业家自己获利的同时,能给消费者与社会带来切实的利益,应属于君子的取财之道。

关于义利关系的人格理论在西方也有类似的论述。弗洛伊德(Sigmund Freud,1856—1939)应用现代心理学与精神分析学对人格的阐释,可视为义利关系人格理论的翻版。他认为人的"自我"行为总是处在体现本能的"本我"与体现社会规范、道德准则和法律约束的"超我"之间的协调纠结中,既要根据现实条件满足本我的欲望,又要考虑不违反超我的规范与规则。

在弗洛伊德的理论中,只有自我是责任主体。作为责任主体,自我既有社会伦理道德、法律等规定的责任,又有自身赋予的责任。人格的这种责任机制,为企业家精神配置提供了一条不同于制度安排解决方案的新思路。

攫取财富的创新把追求财富或赚钱作为唯一目标,意味着追求本能欲望的满足,放纵自我,不择手段,其行为就可能因触犯法律与社会伦理的底线而被追责。在胡润富豪榜上榜的企业家中,不断有问题富豪被揭露出来。这些问题富豪出事,大多是由于在财富积累与聚敛阶段不择手段,所谓"出事",意味着道德法律对他们的事后追责。实行事后追责,应该是治理攫取财富的创新行为的主要途径。

创造社会价值的创新所体现的企业家人格责任是自我赋予或设定、自我履行的责任,具有未来导向和内在的目的性,是事先的责任。企业家面对机会,在付诸行动之前就要充分考虑这一行为是否符合社会伦理道德规范与准则,考虑行为给消费者与社会带来的利害得失,这就是企业家人格责任的体现。

对于企业家来说,首要的责任是经济责任。企业家的经济责任既是自我赋予的,也是企业的股东们赋予和要求的,但主要是企业家自我赋予的。企业家在人格上首先是经济人。经济人的责任可简单表述为赚取利润。对企业家来说,赚取利润既是目的,又是手段。企业不断创新出新的产品,做大做强,目的是赚取更多的利润。但赚取利润又是企业家的手段,只有赚取利润,企业家才能生存下去,保证研发的投入和创新的持续,从而保证企业的生存与发展。一个企业家能赚取多少利润,也是企业家人格责任和能力的体现。

企业家的经济责任其实也是一种社会责任。特别是当社会需求不能被满足,多数人感到无奈时,企业家出于经济责任用创新的方式来满足这些需求,这体现了一种社会责任。当企业家创新不仅要满足当前的社会需求,还要发现新的需求、发掘潜在的需求,甚至创造新的需求时,就更是这样。

但社会责任作为企业家的人格责任又是超越经济责任的。社会的进步与发展表现为社会需求的发展,新的社会需求发展并不总在企业家的经济责任范围之内。承担这样的社会责任需要企业家人格的提升。

人格责任是在人的世界观与价值观的引导下,通过教育、社会影响以及对实践的反思而形成与提高的。许多哲学家都认为,人的精神境界可以划分为不同的层次,存在类似生物界中物种那样的差别和进化序列。中国传统哲学认为,从低层次上升到高层次的"进化"可以通过修炼实现,外在修行,内在修心。外在修行,用现在的话说,也就是对实践中行为的反思与修正。内在修心,指心灵的修炼,包括传统人文主义的熏陶与影响,以及企业家自身的精神需求,如自我实现的需求。

对不少企业家来说,超越经济责任的社会责任是一种外在的约束,并非一开始就能成为他们的人格责任。企业家所承担的社会责任,包括对内善待企业员工,对外善待消费者与合作伙伴,参与社会公益与慈善,等等。这些活动多半超出企业经营活动的范围,企业承担相应的社会责任,是因为公众有对企业家承担社会责任的期望与诉求,不承担这些责任可能会失去市场。还有的企业家把承担社会责任作为一种战略性手段,借助这一手段可提高自己与企业的社会声誉与社会形象,实现对自己经营有利的效果。

企业家出于长远发展的考虑,以及创新活动实践中的反思和觉悟,加上传统人文精神的熏陶,有可能从被动、消极的社会责任承担者转变为主动、积极的社会责任承担者。当企业家把创造性地解决社会问题纳入自己的经营范围时,这样的社会责任是内在的。内在社会责任的表现是不以营利为目的,通过所创造的产品与服务来解决社会焦点问题或未被满足的社会需求,如通过社会创业实现弱势群体就业,帮助欠发达地区"脱贫",免费或低价为特殊人群提供专用产品等。这样的企业家在人格上转变为"社会人",因而被称为社会企业家。

人类活动引起的生态危机所唤起的生态责任,一开始是作为社会责任的延伸而被提出的。生态责任是社会责任,因为生态危机不仅影响人们当下的生活环境,还会殃及子孙后代的代际公平正义。但生态责任又超越社会责任。社会责任体现人文关怀,源于人类文明史中人文主义关于人类自身价值的观念,这种观念以人为中心,视人的需要为最终目的,自然界不过是工具性的存在。这正是造成生态危机的根源,需要人类在观念上和实践中加以矫正。具有生态意识并自觉承担生态责任的人通常被称为绿色和平人士,杜维明称之为"生态人",赋予他们人格责任的含义。作为生态人的企业家是环境保护的切实实践者,他们用创新的方式来解决生态环境面临的问题,所创造的生态价值表现在对自然的保护、对自然界生态平衡的维护,以及对自然界各种生物和谐生存与发展的促进。

企业家精神践行与企业伦理实体建设

企业家精神是一种实践精神,不是任何学说或理论。企业家精神的践行,注定需要在顺应社会伦理的基础上为自己开辟道路。

德国社会学家韦伯(Max Weber,1864—1920)的名著《新教伦理与资本主义精神》曾揭示资本主义精神与宗教改革中出现的新教伦理的关联。所谓资本主义精神,他解释为清教徒所表现出来的以赚钱为天职而又过着清教徒节欲生活的精神。韦伯的著作发表于一百多年前,他的用语与我们现在字面上的理解不完全一致。"资本主义"不包含制度的含义,而是指经济的增长、发展与繁荣。"资本主义精神"也不是马克思所谴责的那种通过剥削贪婪地攫取利润的冒险精神,而是理性地追逐利润的精神。不少人认为,韦伯的资本主义精神就是企业家精神。

韦伯这一名著在西方备受重视,甚至把他与马克思相提并论,但认为他们的哲学倾向不同。按照马克思的哲学观点,人的意识包括精神与伦理观念都是由社会存在决定的。韦伯其实并没有探究资本主义精神的来源,出于学者的谨慎,他甚至没有清晰地点明新教伦理是资本主义精神的原因,而只说两者相伴出现。

人的精神的发展有两个方面:一是传统精神的传承,二是在现实的社会实践中的发展。但这并不意味着人的精神发展有两个源泉,借用毛泽东关于文艺作品的"流"与"源"的说法①,前者是"流",后者是"源"。

中国改革开放以来企业家群体的出现不是由于宗教,中国传统宗教几经历史的洗刷,在人们社会生活中的影响已较微弱,更不用说西方宗教的影响。但中华民族的传统精神,特别是最具代表性的儒家思想,历经两千多年的历史,源远流长,在人民群众中的影响根深蒂固,一直融合在中国的世俗伦理中,作为"流",它深刻影响着中国的企业家精神。但企业家精神的"源"是社会实践,它根植于社会实践,在社会实践中发展,本质上是一种时代精神,包含着对传统精神的超越。

儒家思想是精神哲学,是关于伦理道德的行为规范与规则。企业家践行创新责任,从一开始就会蹈入世俗伦理中的这些规则。企业家创新所需的物质基础与精神支柱中,来自家庭的物资与精神支持常常是首位的。在儒家思想体系中,"家国情怀"是一个核心。"家国情怀"强调重视亲情,家国同构,心怀天下。家庭建立在血缘关系上,以亲情和特殊伦理维系着,血浓于水。家庭伦理的核心是亲情之爱和无条件相互支持的责任,是最可靠的社会关系。所谓"打虎亲兄弟,上阵父子兵",企业家创办企业,也要创造一个"有家的感觉"的伦理实体,使得在创新中能得到家庭般的全方位支持。企业还是企业家的精神家园,创新过程中的焦虑与企盼可以在这个家园里得到精神方面的支持、理解与抚慰,使创新的人感到踏实与安宁。

考虑问题先从自身和最亲近的关系开始是中国人传统的思维方式。创业者把家庭关系移植到企业,可以带动一个家族共同创业。中国很多

---

① 毛泽东:《毛泽东选集(第三卷)》,人民出版社,1991,第860页。

民营企业都是家族性企业。志同道合的同学、战友、朋友仅次于血缘关系。所谓"在家靠父母,出门靠朋友",不具有血缘关系,通过"结义""拜把子"可建立名义上的血缘关系,彼此兄弟相称,这也是传统文化。如果大家都是自己人,不是外人,甚至亲如家人,完全可以信赖,就可以得到家人般的认可、支持与鼓励。

费孝通(1910—2005)把这种伦理观念称为熟人社会,把这种传统伦理秩序叫作差序格局。在企业里,企业家处于中心位置,从内到外,犹如把石子丢入水中,引起波纹一圈圈推出去的同心圆,愈推愈远,也愈推愈薄。最靠近中心的同心圆构成核心圈,核心圈是由熟人伦理聚合而成的群体,类似一个家庭。创业过程中,员工的招聘也往往是一个从最亲近的关系开始由内而外不断扩展的过程。新的员工进入,陌生人会变成熟人,但要进入核心圈,还必须变成"自己人"。

如此建立起来的企业确保了企业家的中心地位,企业家的价值观得到普遍认可,并成为企业的价值观。企业家个人的主体性即企业的主体性。企业保证企业家的决定被有效执行,基础是每个成员相当程度上必须放弃自己的独立性和主体性而处于服从地位,否则就必须离开。忠诚的员工选择留下,从所承担的责任与义务中获得个人的价值,企业从而变得日益稳定和有秩序。

这样的企业家具有英雄情结与献身精神,承担着创新的全部责任,相信自己有优越于别人的智慧与才能,因而创新是一种个人英雄主义行为。但是,一直处在熟人圈包围中,将会缺乏接触新知识的机会和新的创新源泉,固守内向性的企业也会缺乏广阔的视野,容易故步自封。企业家如果意识到这一点,就需要进行重要的改变。

创新意味着破旧立新,这也包括企业家要不断改变自己、突破自我。要改变单打独斗式的创新局面,就应去发现和利用一些具有创新意识和创新才能的员工,包括引进新的员工,让他们给企业带来新的创新机会。同时通过管理的创新,激发和鼓励员工参与企业创新、提出创新设想,甚至鼓励有创业意愿的员工留在企业内部创业。这样一来,企业家创新就转变为众多员工参与的群体创新,变成企业创新。这种使企业走向新生的重要创新之举,无异于第二次创业,意味着企业家精神发展到新的境界。

要做到这样,员工与企业家就不应是那种从属关系,而是建立在双方独立平等关系基础上的契约关系。契约关系也称合同关系,员工与企业家作为两个主体通过明确的合同确定彼此的权利与义务,即一方所享有的权利是另一方所负有的义务,反之亦然。企业中的员工保持独立的人格和自己的主体性,按照合同所约定的在企业中的身份、角色、权利与义务,发挥他们的主动性、积极性与创造性。

契约关系处理的是员工与企业或企业家之间的关系,是实现从企业家创新到企业创新的必要条件。但仅有这一条是不够的,企业内部行为关系的规范、规则与秩序是一个更为重要的问题。

企业内部行为关系的规则与规范就是企业的伦理。企业家希望员工充分发挥积极性、创造性,仅仅诉诸个体员工对企业的忠诚与个人的品德是不切实际的。伦理是道德存在的前提,是道德的承担者。解决个体的道德问题,先要解决伦理问题,而不是相反。

不仅如此,企业伦理还是企业秩序的保障。要发挥员工的积极性与创造性,企业需要保持一定的秩序与和谐,才有可能把个体的活动整合起来,产生群体效应。企业伦理表达企业对个体成员处理各种关系的"行为应当"要求,包含每个个体都明确且认同自己在企业中的特殊身份与角色,领悟符合自己身份与角色的应当行为,从而使所有员工的行为保持和谐与一致性。

企业伦理表现为企业内部行为关系的惯例、价值观与文化,依赖行为训练和习惯养成。建设怎样的伦理,通过怎样的方式和应用什么工具建设企业伦理,企业家们是根据自己的人格特点并基于企业的实际情况而定的。

华为的创始人任正非曾经这样描述二次创业中的企业状况:

"我是听任各地'游击队长'们自由发挥的。其实,我也领导不了他们。前十年几乎没有开过办公会类似的会议,总是飞到各地去,听取他们的汇报,他们说怎么办就怎么办,理解他们,支持他们;听听研发人员的发散思维,乱成一团的所谓研发,当时简直不可能有清晰的方向,像玻璃窗上的苍蝇,乱碰乱撞,听客户一点点改进的要求,就奋力去找机会……"

"公司内部的思想混乱,主义林立,各路诸侯都显示出他们的实力,公司往何处去,不得要领。"

从1996年年初开始,华为在总结公司成功管理经验的基础上,请来几位中国人民大学的教授,帮助起草反映华为二次创业的观念、战略、方针和基本政策的《华为基本法》,构筑公司未来发展的宏伟架构。基本法起草的目的不是简单地形成一个文件,重要的是过程。通过这个过程集合一下大家发散的思维,几上几下的讨论使基本法逐渐被员工认可,形成共识。

任正非认为:"基本法通过之时,也就是基本法作废之时。"这是因为基本法已经融入华为人的血脉,成为员工共同的"心灵契约"。

(根据任正非的文章《一江春水向东流》以及关于《华为基本法》的网络资料摘编)

企业伦理建设并不意味着把企业规章制度与行为规范放在网站上、贴在办公室的墙面上或发放到员工手中。企业伦理是无形的,工具性的存在并不代表企业的伦理。规章制度与行为规范只有被员工认可,成为他们的共识或心灵契约,成为他们自觉的行为与习惯,才能形成企业伦理。这样,企业才能作为一个整体成为创新的主体,企业才能成为企业家精神的化身,企业家的内心世界才能变为企业的现实。

迈向社会化的创新与社会创新

在较长的时间里,企业创新被认为是企业内部的事,特别是企业内某一特定部门的事。为了保持创新的持续性，企业需要不断有创新投入，而且这一投入还有逐渐增加的趋势，致使企业研发部门的规模不断扩大，研发人才与研究经费不断增加。企业创新的这一模式具有封闭性特点，因为创新活动主要在企业内部开展，增加创新投入被视为获取创新竞争优势的唯一途径。但创新投入的不断高企最终可能使得一些企业的创新难以为继，因而迫切需要寻求新的更有效的模式。

打开封闭式创新的大门，实施企业创新模式的创新，只能依靠企业家精神。企业家精神的英文是"entrepreneurship"，这个词对应的中文意思还有创业，表明企业的创新与创业是有关联的。在频繁的创业活动中，许多小企业就是利用大企业变革创新模式的机会而涌现出来的，它们又以自己的专业化发展成为大企业的外部合作伙伴。通过合作，大企业完成了从封闭式创新向开放式创新模式的转换，而小企业获得了进一步发展的机会。合作关系得到维护和加强，并稳定地发展，就会形成企业间的创新组织。

从封闭式创新到开放式创新，是企业迈向社会化创新的第一步。这一变化离不开信息与互联网技术迅速发展的影响与推动。互联网本来是电脑之间用信息技术联结成的网络，这一技术的发展与应用主要是通过企业家们的创业与创新活动推动的。信息技术与网络的应用被推广到人类生活的各个方面，不仅促成一个崭新的产业蓬勃发展，而且使社会构成增加了新的成分，人们把这一新的成分称为信息化社会、数字化社会或网络化社会。这一新的成分是现实社会的数字化，它使人们不仅生活在现实的空间，还生活在有网络构架的虚拟社会空间。这种用信息与网络技术构建的虚拟现实空间是人类的"第二个"社会存在，成为人们生存方式的新基础。在网络化的社会，人们的生活方式与企业的经营发生了革命性的变化，个人与群体、企业与社会、企业间的关系与活动都有了新的设定。

网络化社会对企业经营环境的影响，表现为众多专业化的知识密集型服务机构通过创新与创业活动大量涌现，企业间的交易特别是技术交易变得简便易行，为企业的创新提供越来越多的技术外包与合作机会。大量的科技知识、技术信息在大学、研究所与企业间传播与流动，使企业外部有越来越多的创新机遇。企业以开阔的视野看待创新，创新的源泉可以从企业内部延伸到企业外部，在获取技术和创意、利用新技术实现盈利，以及在创新各个环节整合资源，特别是利用外部关系与资源方面，可以有更多的选择。企业在创新时如何综合利用外部资源与企业内部资源，越来越成为提高创新成效、获取更多的创新成果与可观的创新收益的关键。

一种以自我为中心的网络模式成为企业开放式创新的进一步发展。自我中心网络模式强化了企业内部和外部网络的联系。企业对内强调各职能部门集成的并行发展，对外充分利用网络关系进行广泛的横向联合，与外部合作伙伴建立包括技术、信息与通信各方面的紧密联系，在研究开发、生产、销售诸环节开展广泛的合作，共同解决创新中的困难问题。自我中心网络模式使企业创新的社会化前进了一大步，创新过程变得更有效率、更为迅速，也更具有灵活性。

复杂的技术创新与产品创新往往不是一个企业能完成的，特别是高新技术产品的形成需要集成和整合不同领域的知识与技术。为了实施创新，就需要应用信息与网络技术建立包含相关专业领域行为主体的创新网络。多元创新主体之间稳定的关系意味着创新网络可形成一种新的"组织"，企业是这个"组织"的成员，企业的自我中心网络也只是这个更大的创新网络的局部。

创新网络的行为主体可以理解为创新过程中的所有参与者与可能的参与者，包括企业、大学、科研院所、地方政府、中介机构、金融机构、消费者等，它们之间的关联围绕着新技术的开发与扩散，新产品的形成、开发、生产和销售展开。

创新网络中每个成员都是一个利益主体，各有自己独立的利益，但只有依靠创新网络才能实现各自的利益，而且个体获利以网络关系中的共创、共赢为前提。这意味着个体成员之间的关系是"人人为我，我为人人"。个体的决策与行动需要考虑对群体应负的责任,创新网络就是利益相关者构成的责任共同体。由于利益各自独立而又相关,所以成员间的交易既不同于企业内部的交易,也不同于纯粹的市场交易。这种网络化的交易能够适应创新中的交易与合作所具有的复杂性与不确定性。网络化交易与合作还包含新的内涵。网络中流动的信息是有质量差别的,成员之间的信息交换可能包括产品的早期研发信息、成本信息,共同讨论未来产品的发展计划以及合作制订预期的供给和需求,体现了优质信息共享和共享性知识开发。群体责任的基础是信任,相互信任的前提是每个成员都讲诚信。基于利益相关与相互信任的交流与沟通能促进企业间的协同或协作,建立采用协商、惯例、相互谅解等灵活的方法解决争端和共同解决问题的机制。

创新网络中的成员都是"平等"的,但各有适合自己角色定位的相对固定的规范,这种规范来自网络成员之间的互动。明确的角色定位有利于企业对创新目标方向与网络资源的利用方式作出正确的选择。网络中的成员仍存在竞合关系,合作导致共赢,但共赢不意味着每个成员有相同的得益。每个企业只有不断发挥自己的独特优势,选择创新的某一环节,通过与网络中其他成员的互动与协同,交换各种知识、信息和资源,促使创新要素整合、共享,才能保持和提高自身在网络中的地位。引领创新,为网络的创新作出贡献,并在网络中具有重要地位,仍是激发企业家精神的动力。网络中有些成员因与众多成员的广泛连接而处于"枢纽"节点的地位,在网络中发挥着特殊的作用。

所有的创新都源于生产者和用户之间的交互作用。用户创新一直是企业重要的创新来源,在数字化的社会,用户创新发展到网络社区创新。网络社区是具有共同兴趣或文化认同的人所形成的社会关系网络,他们借助电子网络空间聊天、交流,讨论新的生活、新的设想、新的需求,评价企业的产品与服务,还可以组团讨价还价。企业通过电子空间与这些网络社区联结,为企业与用户间的交易、沟通提供了极大的方便。借助网络社区,企业与用户群体可以分别从生产与用户体验的视角共同讨论新产品的改进,甚至可以共同设计新的产品。企业还可以利用公开的信息平台,广发"英雄帖",为企业创新中的难题征集解决方案。

社区与网络讨论与解决的问题不仅是企业创新问题,还包括社会创新问题。社会创新是用创新与创业方法来解决社会问题和生态环境问题,目标不是创造私人财富,而是增加公共财富或社会福祉。社会创新不是因为网络社会才开始的,实际上人类文明的发展与社会进步就是通过社会创新实现的。当年安徽凤阳小岗村农民为解决"吃饭"问题,提出并实施"包产到户",就是社会创新的一个范例。进入网络社会,人们关注的重点是生态环境问题与社会发展中的新问题,如应用循环经济模式解决生态环境问题、应用共享经济模式满足被忽略的社会需求等。在新的社会条件、技术条件下,具有社会责任的创新型企业与具有创新意识的公益组织主导的网络与社区,为用创新方法解决社会发展中出现的新问题提供了新的机制。

创新的社会化,以及从企业创新到社会创新的变化,体现了企业家精神的社会化发展。企业家精神并不只在企业家组织中蔓延,信息与网络也支持着它在人群中广泛传播,越来越融入人们的社会生活,融入民族精神,融入时代精神,推动着经济的发展,推动着社会的进步。

主要参考文献

1. 杨祖陶:《黑格尔〈精神哲学〉指要》,人民出版社,2017。
2. 徐梵澄:《陆王学述:一系精神哲学》,崇文书局,2017。
3. 威廉·鲍莫尔:《企业家精神》,孙智君等译,武汉大学出版社,2010。
4. 戴维·兰德斯,乔尔·莫克,威廉·鲍莫尔:《历史上的企业家精神》,姜井勇译,中信出版社,2015。
5. 西格蒙德·弗洛伊德:《自我与本我》,林尘、张唤民、陈伟奇译,上海译文出版社,2011。
6. 底特·本巴赫尔:《责任的哲学基础》,《齐鲁学刊》2005年第4期。
7. 杜维明:《企业家与精神性的人文主义》,《经济观察报》2013年11月11日。
8. 马克斯·韦伯:《新教伦理与资本主义精神》,李修建、张云江译,中国社会科学出版社,2009。
9. 费孝通:《乡土中国》,北京大学出版社,2012。

10. 司春林：《创新型企业研究：网络化环境、商业模式与成长路径》，清华大学出版社，2016。
11. Peter M. Senge and Goran Carstedt, "Innovating Our Way to the Next Industrial Revolution", *MIT Sloan Management Review* 42, No.2(2001): 24-38.

经济学篇

经济学、控制论与经济控制论

经济学中的调节理论：从自由放任到经济管理

政治经济学一出现，经济活动就被看作一种自动调节和控制的过程。关于经济过程的调节和控制理论，从来都是经济学的一个重要组成部分。英国古典政治经济学理论体系的完成者亚当·斯密曾经提出，在社会经济活动中存在着一种自然的客观规律，它的自发作用能够导致自然平衡。他在《国民财富的性质和原因的研究》中写道："各个人都不断地努力为他自己所能支配的资本找到最有利的用途。""在这场合，像在其他许多场合一样，他受着一只看不见的手的指导，去尽力达到一个并非他本意想要达到的目的。"[①]因此，一个国家最好的经济政策就是自由放任，即听命于"看不见的手"的指导。国家对经济活动的干预只会破坏经济和谐和它的自然秩序。斯密的这一理论，为工业资产阶级反对封建残余势力和重商主义的贸易政策，以及争取自由竞争、自由贸易提供了理论武器，对后来的经济理论和经济政策产生了重要影响。

所谓"看不见的手"的指导，实际上就是价值规律的作用，也就是市场价格波动对社会生产的调节作用。斯密在他的价值理论中指出：市场价格与"自然价格"（价值或生产价格）有时不一致，这是因为市场价格既受自然价格影响，又受市场上商品供给量与有效需求量之间比例的影响。如果市场上某种商品的供给量超过需求量，市场价格就会降到自然价格之下，生产者由于利润随价格下降而减少，就会缩小生产规模、减少供应，市场价

---

① 亚当·斯密：《国民财富的性质和原因的研究（下卷）》，郭大力、王亚南译，商务印书馆，1972，第25、27页。

格又回升到自然价格。相反,如果市场价格上升到自然价格之上,生产者由于自身的利益就会多生产、增加供给,其结果又会使市场价格下降,与自然价格趋于一致。因此,自然价格是中心价格,一切价格都受其吸引。斯密指出,正是市场价格围绕着中心价格波动,调节着社会生产。

但是,这里产生两个问题:第一,中心价格是怎样被决定的,它在经济系统中起什么作用?第二,价格波动的自发作用,究竟能否使经济系统达到和谐和稳定呢?以后的经济调节理论把这两个问题归结为均衡价格问题。所谓均衡价格,是说在这种价格之下,一切参加经济体系的人(生产者和消费者)都达到了最大效用,同时每种商品的供给都等于需求。数理学派创始人瓦尔拉斯(Léon Walras,1834—1910)提出的一般均衡论,新古典学派创始人马歇尔(Alfred Marshall,1842—1924)提出的局部均衡论,都企图对此作出说明。瓦尔拉斯曾经设想,均衡价格可以这样实现:在商品交易市场上,由一个"喊价人"先报出一个价格,如果与这个价格相应的需求与生产者愿意提供的数量不相适应,那么这一价格就不是均衡价格。当需求小于供给时,价格会下跌,表明报价超过均衡价格,市场竞争将迫使销售者降低要价,直到达到购销双方都接受的均衡价格。反之,如果"喊价人"的报价低于均衡价格,则在这一价格下需求大于供给,即有超额需求,超额需求使一部分人提高出价,从而迫使价格上升,直到市场上的供给量与需求量恰好相等为止。购销双方的讨价还价使价格不可能再有什么变动的时候,就达到均衡价格,市场也就实现了均衡。

由此可知,这里设想均衡状态通过市场的自动调节机制而实现,没有任何外来的干预。市场自动调节机制在资本主义的经济活动中始终是起主要作用的因素。即使对于社会主义经济,也需要这种自动机制,甚至还有必要通过经济体制改革来健全这种机制。但是,仅靠这种自动机制能否达到"均衡",实现经济的和谐与稳定呢?

早在斯密的学说刚刚在欧洲大陆产生重大影响,并由李嘉图(David Ricardo,1772—1823)发扬光大的时候,法国古典政治经济学的代表西斯蒙第(Jean Charles Léonard Simonde de Sismondi，1773—1842)就曾对斯密的自动调节理论表示怀疑。在他看来，听任价格波动的自发调节作用将会引起经济波动和循环，而且这种波动和循环是以消费不足为契机的。他指出，由于竞争，资本家更注意节约人力和成本，因而一方面减少职工，另一方面减少给工人的报酬，这会造成工人收入的相对减少，因此，工人不足以吸收他们为社会所创造的财富。同时，资本家为了争夺市场，盲目扩大再生产。这样，不可避免地出现消费不足。英国经济学家马尔萨斯(Thomas Robert Malthus，1766—1834)也从有效需求不足的角度说明生产过剩的必然性。不过，西斯蒙第与马尔萨斯的理论不同。西斯蒙第指出危机的必然性，是希望用国家干预的办法限制资本主义的自由发展，而建立理想的小生产宗法制度。马尔萨斯则站在贵族阶层的立场，论证由于有效需求不足，在社会上保留不生产的消费者阶级及其利益，对资本主义的顺利发展是必要的。

之后，资本主义的周期性经济危机成为不可避免的事实，表明"自由放任"并没有给资本主义带来经济和谐和均衡。因此，企图以自己的理论支持经济自由主义的瓦尔拉斯，一开始就把他的一般均衡论置于纯粹经济学的范围之内。他的继承者帕累托(Vilfredo Pareto，1848—1923)认为这种理论可能更适用于社会主义经济。马歇尔的局部均衡论与现实的距离也越来越大了。这些情况表明，资本主义的现实已经向传统的古典学派的经济自由主义提出了挑战，资本主义经济的调节理论面临着革命。

20世纪30年代，当空前规模的经济危机波及整个资本主义世界的时候，英国著名经济学家凯恩斯(John Maynard Keynes，1883—1946)提出了一种新的经济理论。凯恩斯也是从资本主义经济存在消费不足出发，接受并修订了马尔萨斯的有效需求概念，由此得出了宏观经济管理的思想。凯恩斯认为，影响消费需求的因素是收入，根据一定的边际消费倾向可以把收入分为消费与储蓄，而储蓄通常被用于投资。就业和国民收入都同消费水平和投资水平联系着。在一定的边际消费倾向之下,要有一定的收入与消费,就要有一定的投资。一定的投资水平可产生一个收入(就业)的均衡水平,并有与之相应的消费水平。那么投资如何决定呢?私人投资取决于资本的边际效率。影响投资的还有灵活偏好,即把自己的资产保持为流动形式,而放弃流动性的报酬率就是利息率。私人投资将进行到资本边际效率等于利息率的水平。凯恩斯认为,在经济发展中,边际消费倾向变弱,使消费相对于收入减少;资本的边际效率降低,致使私人投资减少。这两方面的情况造成了需求不足。因此,他主张,在经济萧条时应该增加政府投资,或者通过减税提高消费水平;同时,扩大货币发行,降低利息率,将有利于扩大私人投资。这种财政政策和货币政策将通过经济上的反馈联系即乘数原理来调节经济的发展。

凯恩斯的理论出现以后,曾经对资本主义各国的经济政策产生重要影响。在西方经济学界,它取得了权威地位。同时,这一理论也产生了间接影响,那就是各国对经济活动的干预和管理都加强了,研究和制订经济政策方案的工作受到了普遍重视,其标志是在许多国家政府周围出现了由大批经济学家组成的顾问组织,不论他们是不是凯恩斯主义者,都可以面对现实提出自己的主张。同时,一些资本主义国家的政府还制订公共工程计划或全国性计划(如法国和日本)。当然,资本主义的经济基础是生产资料私有制,这些计划对企业并没有约束力,因此,它的实现是没有保障的。

在越来越强化的管理之下,经济过程固有的自动机制受到抑制,也带来了一些恶果。例如,凯恩斯主义的国家干预直接导致了通货膨胀,还引发了通货膨胀与经济萧条的并发症,最终使凯恩斯主义者无计可施。过度的政府干预所造成的弊病,使得一批货币主义者和供给学派又转过来鼓吹经济自由主义。但他们的理论也不是反对一切国家干预,而是希望将其减少到一定限度。因此,他们与凯恩斯主义者的争论实质上是围绕着如何进行国家干预,又如何发挥经济系统自动调节功能的问题而展开的。

经济管理与信息

与资本主义经济不同,社会主义经济一出现就表现为高度集中控制下的经济,在整个国民经济范围内实行统一的计划。由于生产资料公有,广大人民群众利益具有一致性,国家可以按照使全体社会成员的物质和文化生活需要得到最大满足的方式安排经济计划,也就是根据长远利益和眼前利益、全局利益和局部利益统筹兼顾的原则,安排经济的进程和布局。社会主义计划经济避免了经济的盲目发展,避免了经济危机所造成的极大破坏,可以在优越于资本主义的条件下发展。20世纪30年代,当整个资本主义世界陷于危机之中的时候,唯独世界上第一个社会主义国家苏联的经济建设蒸蒸日上,就是一个明证。

但是,社会主义计划经济无论在理论上还是实践上,都是资本主义市场经济的直接对立面,因而社会主义一开始就被理解为一种高度集中的管理制度,整个国民经济听命于一个中心,也就是由中央计划机关下达各项指标,责令企业完成,生产出来的产品也由中央统一分配。整个社会不存在商品市场,没有真正意义上的价格,或者即使名义上有也仅仅是为了经济计算,并没有市场价格的功能,货币的作用也处于被取消的状态。总之,人们大体上把战时实行的供给制看作社会主义经济管理的基本形式。如果是这样,那么社会主义条件下还能进行合理的经济核算吗?还能做到资源的最优分配吗?还能够使企业具有超出资本主义自由竞争的效率吗?

20世纪30年代,一批新自由主义经济学家哈耶克(Friedrich August von Hayek,1899—1992)、米塞斯(Ludwig Heinrich Edler von Mises,1881—1973)和罗宾斯(Lionel Robbins,1898—1984)等,正是从这些方面来反对社会主义的。他们认为,社会主义与市场不相容。由于不可能有真正的价格信息,所以不可能贯彻"边际成本等于价格"的原则,从而不可能做到资源的最优利用。要做到资源的最优利用,就必须有市场价格机制。但一旦有了市场价格机制,经济信息的分散化将使得中央计划机关不可能得到完备的信息。因此,高度集中的社会主义经济没有自动调节功能。还有更重要的一点是,社会主义经济活动中缺乏内在的活力与动力。他们的结论是,社会主义计划经济在理论上是不存在的。

哈耶克等人反对社会主义,固然是为了维护资本主义的"合理性"和"永恒性",但也的确抓住了人们对社会主义经济的片面理解。它促使人们考虑社会主义能否做到资源的最优利用,这归结为社会主义条件下能否得到均衡价格,以及这一价格能否被中央机关掌握,并作为制订计划的依据。

哈耶克提出了经济调节与管理中的信息问题,这是自亚当·斯密以来一直没有引起重视的问题。经济社会中除劳动分工问题外,还有经济信息的分散化。所谓经济信息,是指有用的经济知识,这种知识不仅包括各种设计方案中的技术知识,还有人们的技能与经验。经济知识本来是分散在人们中间的,而不集中于一处。多数知识难以集中转移,或者转移中会失去价值,所以制订集中的计划难以最优地利用这些知识。哈耶克认为,在竞争的市场条件下,人们可以充分运用自己的知识,为了自己的经济利益而互相竞争。因此,市场制度可以充分利用信息,并与经济活动中的物质利益原则一致。

的确,经济信息是十分重要的。任何决策都以一定的信息为前提,而信息有分散的特点。例如,企业的决策就需要生产技术知识、市场的知识、会计知识,而这些知识散布在各部门专业人员中。制订国民经济计划,所需要的技术情报分散在各企业中。但是,不能因此就否定集中的必要性。在资本主义社会,资本家为什么不能按照市场的需要来生产而导致经济危机呢?这是因为,资本主义生产的无政府状态造成了经济信息的高度分散化,每个资本家既不了解市场变化的未来信息,也不了解其他生产者的情况。这样,经济过程所需要的客观比例和平衡条件无法得到保障,所以经济危机是不可避免的。这一后果在一定程度上可以事后补救,如在需求不足时由政府直接购买,或者通过税收政策和货币政策影响私人购买,这就是国家干预。也可以采用事前控制,也就是通过国家的公共工程计划和全国性计划,为企业提供未来发展的信息。对社会主义经济来说,制订计划、作出决策时,可以适当的方式组织知识的交流与传播,这也就是计划制定的程序问题。如果计划只是自上而下地下命令,自然无法利用分散在各部门人员中的知识;但如果计划程序有一个自上而下、自下而上的反复过程,人们的知识就可以得到充分交流和充分利用。

站出来捍卫社会主义的波兰著名经济学家兰格(Oskar Lange,1904—1965)等认为,社会主义可以利用市场的作用,也就是由中央机关来履行市场的功能。他借用了一般均衡论,说明可由中央机关代替市场来决定均衡价格。这就是利用"试错法"——一种反馈算法,即从一组价格出发,按照使生产者和消费者得到最大满足的方式来决定各种商品的供给与需求,其结果可能是有的商品供大于求,有的商品供不应求,这表明所给出的初始价格不是均衡价格。因此,需要对价格作出调整,直到所有的商品供给与需求相等。这种方法类似瓦尔拉斯的"喊价",但这种价格调整是在中央计划机关进行的,并不是在市场上进行的,它是对市场价格的模拟,避免了市场价格波动所造成的不利影响。由此决定的价格为计划管理提供了重要信息。兰格提出,在有消费者选择自由的条件下,计划机关制订生产计划时可根据均衡价格确定以下规则:一是最小成本原则,使每一货币单位投入要素的边际生产率相等;二是最优生产规模原则,使边际成本等于产品价格。这样,就实现了资源的最优分配。兰格认为,"试错法"有普遍性。在有消费者选择自由的情况下,由此决定的均衡价格以及资源分配反映了消费者的偏好。如果没有消费选择自由和职业自由,由"试错法"确定的价格是"计划"的,只不过经济计划反映的是中央政府的偏好。

兰格在阐述社会主义经济理论模式时,主要是应用自斯密以来所发展的自动调节原理。在他看来,虽然价格并没有现实性,是中央计划部门通过模拟得到的,却是中央计划机关决策的信息。不论是通过市场,还是通过模拟,只要能获得价格信息,就能进行有效的计划管理。但是,依靠这种市场模拟,究竟能不能达到计划目标呢?

计划目标在理论上的抽象,就是所谓帕累托最优状态。帕累托最优状态是经济达到均衡时的状态,也就是无论怎样变更资源的配置、技术的选择和产品的分配,都不能同时提高所有人的满足的状态。帕累托指出,在最优状态下,商品与资源的相对效用就是价格。帕累托曾经设想,由于求解成千上万个代数方程所组成的联立方程组很困难,所以得到价格的唯一解决办法是通过市场实践。正是在这一基础上,兰格提出了应用"试错法"来建立市场模拟的计划方法。但是,兰格并没有证明,应用市场模拟一定能达到最优计划方案。之后的数理经济学证明,要用兰格的方法逼近最优计划目标,只有在严格限定的环境条件下,即当规模的经济性、外部经济性、不确定性等技术环境条件不存在时,才是可能的。在现实中,由于这些技术条件存在,所以不能通过市场的模拟实现计划的目标。这些事实澄清以后,对计划理论的研究出现了两个方向:一个方向是兰格理论的发展,探讨在各种技术条件下依靠信息分散化的最优计划方法;另一个方向是通过修补市场机制(或寻找替代方法)达到最优的计划目标。值得一提的是,兰格等人的计划方法,都旨在寻找最优的计划价格,而匈牙利著名经济学家科尔奈(János Kornai,1928—2021)则通过通常的线性规划方法提出了一种数量指示的计划方法。他的设想是:中央计划当局根据国民经济整体目标,将作为约束的各种资源暂时地配置于下级部门,各下级部门在此基础上制订较小规模的计划,并把本部门分配到的资源对本部门目标的相对效用或计算价格报告中央计划当局。中央比较各部门报告的各种资源的价格之后修改上述资源配置,也就是将各种资源从相对效用低的部门转移到相对效用高的部门,以提高计划的总体目标,直到达到最优值为止。这里,中央计划部门自己不搞价格,只提示可供使用的资源数量。中央计划部门发出的信息应该是价格还是数量?计划理论的研究成果表明,在不同的技术环境条件下应分别予以回答。但一般来说,计划当局的数量指示是必不可少的。

上述各种计划管理方法都建立在一定的信息交流结构的基础上。可以说,它们的差别表现在信息交流结构有不同的设计。有一点可以肯定,要想通过市场或市场模拟来实现计划的目标,必须以复杂的信息交流组织和大量的信息交换量为前提。

经济管理中的物质利益与市场

经济调节与管理表现为一个信息调节过程,这一发现使一些经济学家特别是一些工程技术专家设想用一种物理系统或电子计算机来模拟经济过程,以此解决经济调节与管理问题。甚至兰格也曾设想社会主义的经济管理可以由电子计算机来实现。他去世前重提20世纪30年代的那场大辩论时,写道:"如果今天我重写我的论文,我的任务可能简单得多。我对哈耶克和罗宾斯的回答可能是:这有什么难处?让我们把联立方程放进一架电子计算机,我们将在一秒钟内得到它的解。市场过程连同它的烦琐的试验似乎过时了。现在可以把它看成前电子时代的一种计算装置。"[①] 诚然,这种模拟和计算对社会主义计划管理具有重大意义。但是,经济管理是否只要注意经济系统的信息结构就够了呢?不然。

社会主义经济发展所提出来的首要问题,还不是经济信息问题。我们知道,社会主义经济曾经被普遍认为是"自然经济"。在社会主义实践中,各国虽然保留了商品关系,但曾认为这是旧社会的残余,是社会主义所有制发展不完善造成的。例如,普遍流行的观点是社会主义商品货币关系存在的基本原因是存在着两种所有制,即全民所有制和集体所有制,在两种所有制单位之间进行产品交换必须是等价交换;而在全民所有制内部没有真正的商品关系,只是由于国家与集体间的商品关系才引起国营企业内部以价值形式来计算和确定所耗费的劳动。因此在国营企业内部,企业之间的关系被认为是行政关系,并应用行政办法进行管

---

① 奥斯卡·兰格:《社会主义经济理论》,王宏昌译,中国社会科学出版社,1981,第4页。

理。起初,社会主义各国都有一个经济恢复和建立工业基础的时期,采取行政办法对于消除旧社会遗留下来的失业和通货膨胀、进行重点工程建设、改变经济布局,是必要的和有效的。但随着社会主义建设的深化,这种管理就逐渐失去了效力。这主要是因为,在这种管理制度之下,企业不能根据自己所处的环境自主地经营,因而没有主动性;分配上"吃大锅饭",职工没有生产积极性。因此,企业经营没有活力,甚至谈不上经营。19 世纪 30 年代,哈耶克曾把社会主义企业描绘成一具"僵尸",虽属污蔑不实之词,但毕竟还是指出了问题。为了改变这种局面,人们曾经在管理的权限上作出新的划分和调整,如划分出许多"条条"(中央管)和"块块"(地方管),但这些尝试都没有产生什么效力。

实践使人们认识到,要使经济系统具有一定的活力,必须注意人们的物质利益。物质利益是经济活动的基础。在资本主义社会,资本家生产与经营的动机是取得最大利润,这是资本主义经济活动的基础。英国古典政治经济学最杰出的代表李嘉图曾经把边沁(Jeremy Bentham,1748—1832)的功利主义作为政治经济学的哲学基础,在他看来,经济活动的目标是"最大多数人的最大福利"。但他所谓"最大多数人的最大福利"实际上是工业资产阶级的利益,因为他认为工业资产阶级的利益与最大多数人的利益是天然一致的。对此,西斯蒙第曾提出批评。实际上,在资本主义社会,到处是利益的冲突。我们曾经指出,由于每个生产者都难以了解市场情况与其他生产者的情况,常常使资本主义经济过程所需要的比例和平衡条件得不到保障。如果再问一句,生产者对这种信息的了解难在何处?回答只能是,由于利益冲突,大家要相互保密、尔虞我诈,而且要千方百计搞垮对方。只有在社会主义社会,才有人民大众最广泛的一致利益。但社会主义的实践又表明,这种利益的一致性并非绝对的。必须承认,在社会主义条件下,各个企业和个人各有自己的利益和目标。在社会主义社会,实行按劳分配,劳动对大多数人还不是生活的第一需要,仍然是谋生的手段,因此,争取最大的物质利益仍是劳动的目标。在原来的那种管理制度之下,劳动群众利益的一致性被绝对化,国营企业内部、企业职工之间的物质利益关系受到忽视,形成了"干多干少一个样,干好干坏一个样"的局面。对于行政管理机构要求企业和职工必须完成的指标,企业与职工希望为此付出最少的劳动,因而不关心原材料的节约,不关心技术改造和使用新技术,同时某些指标(如总产值)的片面性反而阻碍了资源的节约、质量的提高与新技术的采用。

使经济系统具有一定动力、调动企业与职工积极性的最初的办法是搞物质刺激。这种刺激能激发一定的积极性,它是经济管理的重要原则之一。例如,当某些产品供应不足时,提高产量成为迫切的任务,实行超产奖励的办法是十分有效的。但在行政管理之下,为了得到超产奖励,企业总是希望产量指标定得低一点;为了得到较多的物资供应,则希望消耗指标定得高一点,所谓"头戴三尺帽,不怕砍一刀"。由于需求受到行政上的抑制,人们对缺货印象很深,所以超产奖励和鼓励是一个普遍实行的措施。这种刺激所引起的消极作用有两个方面:一方面,助长了只求数量不求质量的倾向(即使下达一些所谓的质量指标,但这种质量指标最终也只能归结为数量指标);另一方面,造成了忽视市场需求而盲目增产的倾向,由于统购包销,所以只要生产出来,哪怕存放在仓库里卖不出去,也能得到利润、奖金。所以,当职工作为生产者拿到超产奖金,再作为消费者来到市场上的时候,他们就发现了矛盾。这表明,在行政管理之下,经济系统内在动力的作用受到阻碍。

因此,要为发挥经济系统内在动力开辟道路,根本的办法是改变行政管理体制。在体现高度集中的行政管理体制之下,经济计划反映的仅仅是计划者的偏好,各项指标、指令、奖励原则都体现了这种偏好。这种偏好在名义上代表全体劳动者的利益和意志,但它不足以保证广大劳动者利益的平衡,不能保证与广大消费者的偏好相一致,因而也不能保证经济的顺利发展。

实践使人们认识到,必须抛弃关于计划经济与市场机制不相容的教条,承认商品经济是社会主义经济的基本特征。舍此就不能把人们的劳动同他们的利益联系起来,就不能把生产者适应市场需求的程度同他们的利益联系起来,就不能平衡劳动者的利益关系,就不能使经济系统具有一定的动力结构。

承认社会主义经济的商品性质,也就是要承认价值规律的自动调节作用。企业产品适应消费者需求,将得到较高的销售利润;不适应市场需要,收益将受到影响。因此,企业将从自己的物质利益出发主动地关心市场的变化,并灵活地作出反应,由此消费者偏好将通过市场影响生产。在市场上将有竞争,但竞争将使得企业更注意提高产品质量、降低成本。这也促使企业内部改进管理,建立健全各种规章制度,包括正确地贯彻物质刺激原则,因而企业的经营将更有生机与活力。

经济管理的一般理论:经济控制论

我们曾经提到,对于资本主义经济,在如何发挥经济系统自动调节功能、如何进行国家干预问题上,从李嘉图、西斯蒙第直到凯恩斯主义、货币主义与供应学派一直存在着争议。现在我们看到,本来以高度集中为特征的计划经济也需要实行分散控制,利用市场机制。对于如何实行分散控制、利用市场机制,也必然存在着不同的设计。用控制论的术语来说,上述问题涉及经济系统调节器的不同设计。

控制论作为一门独立的学科出现,是以1948年美国著名科学家维纳(Norbert Wiener,1894—1964)的《控制论》一书为标志的。维纳首先阐明了控制论的一般原理,发现了控制与通信的联系。我们知道,人类对技术中的控制过程的早期认识,主要包含在机器的伺服机构理论中,例如,蒸汽机中的瓦特离心调节器,它能控制机器保持设定的转速。但这类装置主要是实现力与能的转换,还谈不上与信息有什么联系。人们还不可能设想,瓦特离心调节器的调节过程与亚当·斯密关于市场价格调节社会生产的原理是一样的。但是在维纳提出控制论的那个年代,各种工艺过程的自动化技术有了很大发展,迫切需要提供新型的伺服机械,发展新的理论,而技术的发展也为新的伺服机械的发展准备了条件。维纳就曾亲自参与设计和制造一种电子自动装置,这种装置能够控制高射炮瞄准一定的目标。这样,信息问题凸显出来了,因为高射炮瞄准方向与目标的偏差,不是别的,而是信息。自动控制装置随时可接收这一信息,并经过处理和加工,产生控制信息,使高射炮及时调节它的瞄准方向。于是控制就与接收、处理、加工、传输信息的通信联系起来了。能够胜任这一工作的新型伺服机械即电子计算机也随即出现了。电子计算机被称为"电脑",因为它处理信息的功能与"人脑"相似。

信息是客观事物相互联系的一个重要方面。以往各个专门的自然科学都着重说明客体的物质结构和物质成分,以及客体中能的转换。这种研究在揭示自然界的奥秘方面具有重要作用,但对于那些机体中发生的某些比较复杂的过程尚不能作出满意的解释。生理学家发现,人脑活动的主导方面是信息调节,高级神经活动自动调节的重要方式是信息反馈。因此,信息的概念揭示了事物联系的新方面,开阔了人们的眼界。

对经济实行计划管理,必须考虑通信过程。通信过程由许多环节组成,分散的信息从各地区、各单位乃至各家庭通过复杂的途径传输到中央,中央对信息进行加工,作出决策,再回过头来把决策传输到各地方、各单位。在这个过程中,收集的信息可能不完备,在传输中可能失真。即使大量正确的信息传输到中央,中央加工信息的能力也有限,因此信息常常要排队等候加工。在这段时间内,地方上的事情可能发生了变化,但不能及时地得到控制信息。这样,本来意在集中控制,结果适得其反,自发过程反而增加。因此,从控制论的观点来看,经济系统的集中控制需要通过一定程度的分散控制来实现。

但是,我们还看到,仅仅考虑经济的信息过程还不能解决经济系统的管理问题,甚至还不能解决管理中的主要问题。经济系统还有动力结构,它以人们的物质利益为基础。我们知道,根据社会主义经济的商品特征,有必要使企业拥有经营的自主权,这必然导致集中计划管理之下的分散管理。仅仅从经济系统的信息结构上来看,分散控制也是必要的,但这只是实行分散控制的技术上的原因,可以说是一种被动性的原因。仅仅看到这一原因,如果不承认商品经济的现实性,就无法对所谓社会主义企业"没有动力"的责难提出有力的回答。现在我们知道，分散控制还有第二个原因，就是人们的利益关系——商品经济。这是必须分散控制的主动性原因，因为只有在这个基础上进行分散控制，经济系统才有动力，才有活力，才有主动性。所以，这第二个原因显然是更根本的原因。我国对农业基本上是实行分散控制的，过去以生产队或生产大队为核算单位，经过改革，实行家庭联产承包责任制，这一变革给我国农业带来的变化是巨大的。因此，社会主义的分散控制应根据人们的物质利益原则进行，而信息结构是根据这一原则决定的管理组织的表现形式。

因此，对经济系统调节器的设计研究就构成控制论的一个特殊分支——经济控制论。按照兰格的说法，政治经济学刚产生时所讨论的经济调节理论，就是经济学最早讨论的控制论课题。因此，我们有理由把经济控制论看作经济管理的一般理论。现在我们进一步讨论社会主义的经济调节问题。

在国民经济计划中，在物质利益原则得到尊重之后，能否减少信息交换量是一个关键因素。在我国经济管理体制改革中，有两种减少信息交换量的计划模式受到重视。

第一种是把国民经济划分为若干层次：最高的层次是中央计划管理机构，它将对国民经济进行集中管理；最低的层次是拥有自主权的企业，它是经济活动的基本单位。在这两端之间，还有若干层次。这些层次是根据物质利益关系和管理信息的一般原则划分的。每一层次各有自己的权责利，上一层次一般不能直接干涉下一层次，否则层次的划分就没有必要了。在同一层次以及不同层次之间需要一定的规范，需要一定的组织形式和法律、监督系统来保证。

在较低的层次上是微观经济活动。微观经济活动的汇总表现为宏观经济活动。这种汇总是通过管理信息系统来实现的。但宏观经济活动不能仅仅是这种汇总，否则宏观经济管理就是不必要的了。国民经济的宏观管理由中央计划管理机关实施，它是从总量上对社会产品、国民收入的生产、分配与使用进行管理，这包括预测和规划国民经济发展的目标、速度、方向，确定相应的宏观经济政策（财政政策与货币信贷政策）。由于宏观经济不能被简单地看作微观经济的汇总，所以不可能要求宏观控制与微观控制在一切细节上完全一致。我国经济学家刘国光等认为，宏观经济管理应该主要通过中长期计划来实现。

这样，宏观与微观的关系就只能如捷克著名经济学家奥塔·锡克（Ota Sik，1919—2004）所说，是一般与特殊的关系。也就是说，宏观经济计划为微观经济的经营管理规定了一般方向，企业的经营管理与这个一般方向的要求相符合，才能实现，否则将被纠正；微观经济活动是宏观经济活动的具体表现形式，体现集中控制的宏观经济计划要通过分散控制来实现。

但是，要使宏观经济目标不致落空，使微观经济活动服从宏观经济管理指出的一般方向，必须加强对微观经济的管理，并使之与宏观经济管理相互协调。这就要通过价格、税收、工资、利率等经济杠杆，影响企业的收入，影响市场，从而影响企业的经营方向，将之纳入国家计划的轨道，而这些经济杠杆本身又是宏观经济政策的具体化。这样，计划管理机构将自成一个系统，以便协调一致地进行整个国民经济的管理。在这种情况下，大量的信息交换是不可避免的。

现在再谈谈另一种方式，即把国民经济划分成两个相对独立的系统：一个系统涉及关系国计民生的一些重要产品或重要部门，将实行计划管理；另一个系统涉及一般商品的生产部门，主要由市场灵活地进行调节。对重要产品或重要部门的计划管理是通过指令性计划和指导性计划进行的。对重要产品或重要部门的集中控制有助于国民经济的稳定发展。但要保持一定的效力，必须注意价值规律的作用，必须注意应用经济杠杆。同时，经济杠杆的恰当应用还起到协调两个被分割开来的系统的作用。要做到这一点，就必须以一定的信息组织系统为前提。

总之，在考虑社会主义经济系统的调节器设计时，我们必须贯彻经济控制论的两条基本原理：

第一,要使经济有内在动力,就要遵照物质利益的原则,使经济系统能够最优地运行;

第二,计划与管理的程序、过程所需要的信息交换量尽可能地少,也就是说,调节器的设计要有信息效率。

我国目前正在进行的经济管理体制改革,从经济控制论的观点来看,就是经济系统调节器的重新设计与改造问题。如何应用经济控制论的原理来重新设计和改造我国国民经济系统的调节器,这正是我国的经济理论工作者和实际工作者正在探索的课题。

(原文发表于《复旦学报(社会科学版)》1985 年第 3 期)

关于经济控制论与经济体制改革的对话

关于经济控制系统

甲：请您谈谈经济控制论研究对经济体制改革有什么现实意义，好吗？

乙：按照控制论的思路，国民经济系统可划分为地位与作用不同的两部分，即受控系统（或实域）与控制系统（或控制域）。受控系统即国民经济再生产系统。传统经济学以再生产系统为研究对象，可以举出马克思再生产原理、投入产出经济学、哈罗德-多马理论、新古典学派增长理论、冯·诺依曼均衡增长理论等，它们都是再生产理论。经济控制论则是以经济控制系统为研究对象的。注意，在这里我没有提及凯恩斯理论。凯恩斯理论主张政府干预经济，有一套宏观经济政策理论，所以它不纯粹是对受控系统的研究。凯恩斯所创立的宏观经济学涉及控制域，为此，我同意说它是经济学中的革命。我们现在的改革也需要理论的革命，我认为经济控制论将经济控制系统作为研究对象对改革有重大的理论意义和实践意义。

甲：那么，您所说的经济控制系统包括什么内容呢？

乙：这里所说的经济控制系统，比凯恩斯所说的财政政策和货币政策广泛得多。当然凯恩斯所提出的有关概念我们可以借鉴，但结合我国国情有关内容便不同了，这一点理论界有共识。我所说的经济控制系统，包括国家财力、物力的直接分配，宏观财政、信贷政策，经济杠杆体系，行政措施，经济法规，等等。它们可被称为组成经济控制系统的控制手段或工具。各种控制手段协调一致地承担国民经济控制的功能。

甲：照您这么说，经济控制系统应是一个历史范畴，在不同时期包括的手段不同。比如传统体制，主要靠行政办法进行管理，那么传统体制下的经济控制系统就不包含经济杠杆、经济法规这些控制手段。

乙：说得对！经济控制手段是不断变动的，这就引起经济控制系统的变动。在经济控制中，人们常常因为缺乏合适的控制手段而达不到目的，所以新的控制手段的发现，其意义不在技术上的新发现、新发明之下。

甲：但是，我们设置新手段的原则是什么呢？否则，我们无法对各种改革方案作出评价。能否谈谈您的看法？

乙：经济控制系统作为控制手段的集合，应具备五条基本性质。性质1，充分性。这是说，经济控制系统所包括的控制手段对于我们的目标来说是充分的。换言之，控制手段对于我们的目标来说够用。充分性是相对于一定的目标而言的，所以它本身是个相对概念。当然，充分性不是经济控制系统的唯一规定性，改革经济控制系统还要注意其他性质。性质2，经济性。这是说，经济控制系统的所有控制手段都是必要的，没有多余。经济控制系统应具有经济性，是因为控制手段的设立往往需要成本。比如，制定某种税法，先要作调查，还要设置一定的组织机构加以执行。性质3，相容性。这是说各种控制手段在功能、作用方向、范围方面不能相互掣肘，而应当相互配合、相互提携。如果控制手段之间不相容，受控系统要么无法执行，要么各行其是，引起经济秩序混乱。性质4，可靠性。可靠性要求控制系统实现预定的目标而不实现另外的目标。某些地区推行的计划生育控制系统是对"超生"实行罚款、执行者"分成"的办法，其结果是"超生"罚款成为执法者"创收"的手段，这是一个典型的不具有可靠性的例子。要使这一系统具有可靠性，应使执法者承担责任。性质5，稳定性。控制系统的稳定性有两种含义：一是控制手段不变，始终如一；二是控制手段变化前后相容。稳定性的必要性在于不稳定性所造成的社会后果是难以弥补的。在改革时期，我们的某些政策变化太大所造成的不良后果以及人们"怕变"的心态我们都看到了。

甲：您这一说，我感到有必要将经济控制系统作为一个新概念加以接受。看来,我们现在的治理整顿、深化改革,也应当从经济控制系统建设的角度加以探讨。

乙:我想说的就是这个意思。

关于经济控制系统设计

甲:请谈谈经济控制论研究包括哪些内容,以及有什么意义?

乙:经济控制论所研究的就是经济控制系统设计的有关问题。具体说来,这些问题包括两个层次:第一层次是既定体制下的政策选择问题,即政策研究;第二层次是经济控制系统的设计与改造,即管理体制改革。先说第一层次。比如,对于我们面临的需求过旺,可以采用的控制手段有压缩基本建设投资、增税、紧缩银根、提高利率等,这是大家都知道的。但问题的复杂性在于抑制需求不是目标的全部,某些手段在抑制了需求的同时也抑制了有效供给,这就造成了对另一些目标的不利。所以,每一种政策都有自己固有的功能,对一些目标有"正作用",对另一些目标有"负作用"。因此,我们不仅需要具有"正作用"的政策,还需要能消除"负作用"的政策。这正如医生治病一样,各种药物必须相互搭配、相辅相成,这一点中医表现得更典型。有时,吃药还要配合其他治疗手段。

甲:资本主义经济系统的基本问题也是政策选择与组合问题。比如,政府的经济政策是实行凯恩斯主义还是供给学派的主张?对于失业问题,实行怎样的财政政策与货币政策?对于滞胀,采取怎样的微观经济政策?

乙:是的,凯恩斯主义是一种既定体制下的政策选择理论,供给学派是另一种理论,但是我不相信哪一个西方国家的政府会执行纯粹的凯恩斯主义或纯粹的供给学派的主张。所以我强调政策组合的重要性。一般地,人们在强调某种政策的必要性时,往往只宣扬它的"正作用",对"负作用"则有所隐讳,所以政府如果只听一面之词就难免发生偏颇。我认为,在确定政策问题时吸收各种意见,包括富有建设性的反对意见,开展民主协商,对于我们更周全地考虑问题有积极意义。

甲:如此说来,人们平常已经应用经济控制论的思想考虑和处理问题了。

乙:是的。最早倡导经济控制论的已故波兰著名经济学家兰格曾用莫里哀喜剧中一个人物"整天说的都是散文,但自己一点也不知道什么是散文"来说明这个问题。不过,提高这方面的自觉性我认为有重要意义,特别是当一个控制系统已不具有充分性,或者如刚才所说原来它的"正作用"是主要的,但随着情况变化其"负作用"变得不能容忍的时候,也就是需要改革我们的经济控制系统的时候,提高这种自觉性更有意义。这涉及经济控制系统设计的第二个层次,也是经济控制论研究最重要的任务。在这里我引述一段匈牙利著名经济学家科尔奈20世纪70年代关于当代经济学发展新趋势的论述:社会主义各国和第三世界普遍进行的经济改革表明,"在我们这个时代,历史已向经济学提出了一系列新问题:'应当如何安排'一个经济系统,应当如何塑造它的作用机制?对社会所有财货应当如何分配?为了保持平等,应当按照配给制分配,还是应当求助于市场力量和有能量的物质刺激?我们应当只计划主要的比例,还是应当计划详细的生产和消费资料?数以百计的这类疑问等待答案。而且如果科学不能用严格科学方法提供一个答案,实践将不得不找到某种答案并且将采用某种具体系统"。为此他呼吁建立一种适应改革的新经济理论,并称之为经济系统论。事实上,经济系统论构成了他经济学研究的基本主题。按照普遍接受的观点,我将把经济系统论视为经济控制论的同义语。

甲:我国理论界也先后提出了"计划调节与市场调节相结合""有计划的商品经济""国家调控市场,市场引导企业"等模式,包含着对我们改革的设想,这是否意味着您所说的"不自觉"呢?

乙:您所提到的这些模式为改革指明了方向,但是我认为这还代替不了经济控制论的研究,因为它们没有描绘出一个具体方案,或者说,它们还不具备可操作性。当然,不可否认,在这些改革方案的设计中都包含着经济控制论思想自觉或不自觉的应用,这表明经济控制论是适合经济改革研究的方法论。

甲:这是一个极有意义的而又十分复杂的大课题,请问如何着手呢?

乙:这问题的确复杂,需要引进一系列的概念,并把一些基本的控制机制搞清楚。

甲:您所说的基本的控制机制是指哪些?

乙:基本的控制机制包括集中的行政管理机制、市场机制、自主控制机制、自组织机制等。一般来说,这些控制并不单独承担国民经济控制的功能。实际的经济过程是这些基本控制机制的组合。

甲:对集中的行政式管理我们都很熟悉,市场机制在微观经济学中已有较充分的研究,自主控制与自组织机制带有明显的经济控制论的特色。

乙:自主控制是匈牙利经济学家科尔奈与控制论学者所发现的经济控制机制。他们受启发于人体中植物神经系统对基本生理功能的控制,即人的肠、胃、血液循环等是由植物神经系统控制的,而不是或主要不是由中枢神经系统控制的,所以又被称为植物性控制。他们发现,经济系统中最基本的控制过程与此类控制类似,其特征表现为分散控制、内省的数量信号、简单易行的控制规则,以及以人的责任感为基础。库存控制是其中的一种类型。仓库管理员忠于职责,见到缺货就进货,见到存货多了就停止进货,用不着经过上级负责机构,只要按照简单的规则自动进行。

甲:有道理。我认为这种控制机制是保持正常的经济秩序的条件。加强岗位责任制,其意义就在于发挥这种控制机制的作用。

乙:科尔奈等学者认为,植物性控制不能担负起所有的控制功能,但是它控制着实际经济(不论是社会主义经济还是资本主义经济)中最简单、最基本和最平常的调节过程。他们认为,基本的控制机制有市场机制、集中的行政管理机制和自主控制机制三类,并且认为任何一个实际的经济过程都不是某种纯粹的机制,都包含着这三种机制。我认为基本的控制中还应包括自组织，自组织是基本的经济组织单位（如企业）基于技术经济联系和经济利益联系而发生联合、分化、兼并，从而形成新的经济组织的过程。这个过程也是自动进行的，而不是由某一个中心预先加以设计的。横向经济联系就是在一定的历史条件下（打破原来的行政隶属关系之后）自组织的表现形式。当然，一定的政策和法则如责任制、股份制等，可以明显地影响自组织的动机和行为。

甲：可不可以说，自主控制与自组织不是由计划管理部门直接作出的安排，但是它们起作用需要一定的前提条件？

乙：可以这样说。所以设计经济控制系统应当先明确哪些应当直接安排，哪些可以间接地通过自动机制来实现。

信息-控制原理与经济利益原理

甲：到现在为止，您还没有谈到如何设计国民经济控制系统，您能否从基本原理上给予说明？

乙：我认为经济控制论的基本原理有两条，即信息-控制原理和经济利益原理。信息-控制原理可以说是控制论的基本原理。您知道，著名科学家维纳就是因为发现了动物和机器中控制与通信的联系而创立控制论的。但是维纳创立控制论之前，奥地利经济学家哈耶克就提出了经济信息问题，以他为首的新自由主义学派在20世纪30年代就社会主义经济（指传统的苏联体制）能否解决经济信息问题与兰格等人展开了意义深远的大辩论。不论哈耶克出于何种动机，应当承认，他对传统体制下信息效率与动力问题的批评，现在看来是应当肯定的。耐人寻味的是，兰格没有为传统体制辩护，而是提出一种"市场社会主义"模式来解决哈耶克等人所提出的价格信息问题，之后兰格还提出根据信息的集中-分散原理来解决社会主义计划管理信息问题。兰格的思想被当代著名经济学家阿罗（Kenneth Arrow，1921—2017）和赫维茨（Leonid Hurwicz，1917—2008）等发展了。

"市场社会主义"可以说是人们从信息-控制原理出发为社会主义经

济设计的第一个理论上的通信方式。其实,一种管理体制就是一种特定的通信方式。比如传统体制中,信息高度集中,自上而下传达计划指令,自下而上汇报完成情况,只有竖直方向上的信息传输。兰格设计的"市场社会主义"也是竖直的通信方式,但信息内容不同了,它是由上而下传输价格信号,由下而上传输需求与供给的数量信号。这是间接控制。市场机制则没有一个信息中心,只有横向的信息传输。怎样的信息传输方式和信息结构更有效,构成了计划理论和经济体制比较分析的重要内容。

甲:但是您不认为电子计算机和信息技术的发展将会影响和改变通信方式吗?

乙:当然,您所说的这种影响是应当肯定的。电子计算机和信息技术是20世纪最重要的新技术之一。我们正处在信息社会里,没有这种新技术是不可设想的。虽然如此,但是不能不看到,仅仅从信息方面考虑问题是不够的。如果计划管理仅仅是信息问题,那就有理由设想国民经济仅仅依靠信息技术的进步,依靠电子计算机就能进行有效的管理。这种设想被称为"电子计算机乌托邦"。我这样说并非企图否认电子计算机和信息技术对国民经济管理的重要意义,而是想说明经济利益问题是一个更为重要的深层问题。

甲:经济利益原理可以说是经济学最基本的原理,全部经济学都是在宣传功利主义。

乙:问题不仅在于承认这一原理的重要性,而且在于如何应用这一原理协调人们的利益。一种管理体制同时也是一种利益协调方式。大体上说来,原来的传统体制强调利益的一致性,忽视个别利益,其利益协调方式表现为"吃大锅饭"。之后引进的物质刺激在有些条件下能够协调人们的利益,但是存在有限性,在职工拿到超产奖金而在市场上买不到自己所需要的东西的时候表现得特别明显。波兰经济学家布鲁斯指出,引进物质刺激等于在传统的体制中拖进了"特洛伊木马"。到现在,人们重新发现商品经济才是协调人们利益的最好方式。大致说来,"大锅饭"、物质刺激和商品经济标志着我们对利益协调方式认识发展的三个阶段。

甲：我想，利益协调方式只有在符合实际的利益关系时才能发挥积极作用。例如，在传统体制下，企业与职工不可能不考虑自己的利益，但"吃大锅饭"导致企业和职工最符合自己利益的选择是"出力最小"。同样，在有"超产奖励"的情况下，企业会千方百计向计划部门施加压力，把计划指标定得低一些，以便容易超过。

乙：利益协调方式与实际利益关系是否一致，的确是利益协调方式是否适当的标准。但是传统体制并不是一开始就不适当，我认为中华人民共和国初期建立我国工业基础，通过集中控制方式调动有限的人力、物力、财力进行大规模经济建设，符合人民的根本利益，而刚刚获得主人翁地位的职工由于翻身感、自豪感和责任感也愿意把他们的个别利益放在服从的地位，因而这种体制为那时经济发展的目标服务得很好。但是，随着经济效率被认为越来越重要，以及产品结构越来越复杂，消费者选择的机会增加，主人翁观念逐渐淡漠，使人们对自己的利益日益关心，而为提高效率所采取的刺激手段也明显地强化了利益的多元化倾向，传统体制下的利益协调方式不能适应利益的多元化。

甲：一旦不适应，就会出现"上有政策，下有对策"的现象。

乙：所谓"上有政策，下有对策"，其实是经济利益原理的具体表现。利益协调方式直接影响着经济信息的正确性。一个自主权受到限制的企业常常要考虑向上级提供怎样的信息才最有利，所以搞"两本账"就成为一种普遍的"安全措施"和"明智之举"。

甲：看来信息-控制原理与经济利益原理应当统一。

乙：是的。我认为两者的关系是，经济利益原理是第一位重要的，信息-控制原理是实现经济控制的技术前提和必要条件。这两条原理并不导致二元论。当然，我也不反对研究某一条原理及其应用。在我看来，目前出版的经济控制论论著大部分都是对信息-控制原理及其应用的研究。但是随着研究的深入，必然会对经济利益原理给予更多的关心。

甲：我赞同您关于两个原理统一的观点，但能否对此作进一步阐述，比如用这种观点谈谈您对"国家-市场-企业"控制论模式的想法？

乙：研究这个大课题需要做艰苦的理论研究工作。为了不使您失望，我想根据基本原理提出四个要点。

第一，宏观经济计划管理将发挥重要作用。宏观管理从总体上规定了国民经济发展的速度、消费增长、经济稳定等目标，体现了人们一致的利益，同时总量概念也使得信息结构简化并易于管理。宏观管理从总体上保证经济发展的"计划性"。

第二，在微观经济活动中，市场调节起基本的作用。市场调节对于分散的经济信息的利用与处理，对于人们利益的协调和平衡通常是有效的。市场调节将使日常经济活动具有活力与动力，是"搞活经济"必不可少的条件。

第三，宏观计划管理与市场调节在信息调节与利益协调方面各有相对独立的活动范围和内容。宏观计划管理具有一般性与长期性，市场调节具有个别性和短期性。

第四，宏观与微观活动之间的协调通过结构控制来实现。结构控制为宏观经济控制提供保证，对市场机制给予指导，对某些市场类型如垄断加以限制。产业政策是结构控制的重要内容。

甲：您提到的"结构控制"是不是一个新概念？

乙：可能您常常听到微观经济政策以及产业政策、产业结构这些概念，我所说的"结构控制"包括这些内容。提出这个概念一是因为重要，二是为了避免使用"宏观""微观"概念时产生混乱。您知道，"宏观"意味着从"总量"考察，"微观"意味着从"个量"考察，它们不是根据问题覆盖的范围来划分的。但是，我国理论界不少人认为只要是涉及全国的、大范围的问题，就是"宏观"问题，其实产业结构、产业政策更接近"微观"的本意。基于这一情况，我不愿被人误解，所以用了"结构控制"。这一概念在有些文献中也被使用过。

甲：那么，可不可以说，在您看来，计划调节表现为两方面，一是宏观经济计划管理，二是结构控制？

乙：是的，而且结构控制是我所说的模式的核心。

新的研究课题

甲：以上所说属于目标体制研究，但我们面临的现实问题是如何从现状过渡到目标状态，以及在这个"过渡阶段"，应按照什么规则进行。

乙：对！现在人们通常把改革划分为两个问题，一个是目标问题，另一个是怎样实现目标的问题。很难说根据什么原理一定要这样划分，计量经济学创始人弗里希（Ragnar Frisch，1895—1973）对计划问题也说过这个意思，他解释说这是出于"方便"的考虑。这样处理问题在控制论中也常见。但是不论怎样，我们所面临的"如何过渡"问题是不能回避的。如科尔奈所说，如果理论上不能解决，实践也要采取一个具体方案。

甲：您认为"摸着石头过河"是否是我们行为的基本准则？

乙：从控制论的观点来看，"摸着石头过河"是一种反馈控制规则。当人们对受控系统的信息不清楚，或者说不掌握事前信息时，必然采取反馈控制；在掌握事前信息的条件下则采取前馈控制。例如，一个没有经验的烧汤人是靠不断尝试（信息反馈）才能把盐放得恰如其分，而有经验（事前信息）的厨师一下子就能完成这个过程。这表明，控制方式取决于信息条件。这也是信息-控制原理的重要内容。

甲：在改革过程中，人们难免处于没有经验的烧汤人的位置，所以反馈控制是不可避免的。"治理整顿"就包含着对已采用的改革措施的检讨、修正。其实改革就是靠闯，靠尝试，也就是靠"反馈"。

乙：但是人们在实践中并不满足于反馈控制，而总是千方百计地争取前馈控制。没有经验可以积累，不了解情况可以调查、预测。在计划管理中，人们通过预测、预报、调查取得事前信息，就是争取实现前馈控制的努力。为此付出的劳动就是取得事前信息的成本。我想，争取实现前馈控制其实是人的主观能动性的表现。所以，对于您把反馈控制说成我们行为的基本准则,我是有所保留的。我们看到的实际控制过程,多半是先通过前馈控制将系统调整到某一"适定点",然后再应用反馈规则加以"微调"。

甲:照您的说法,我们也应该争取前馈控制,即明确我们的过渡模式,而不能"走到哪里算哪里"。

乙:是的。过渡模式的选择其实是一个特殊的经济控制问题。从现状出发,如何达到目标,有许多可供选择的路径,我们应当根据我们的价值观念选择一条最优的路径。

甲:既然您把它归结为经济控制问题,就必须遵守经济利益原理与信息-控制原理。

乙:当然。价值观念就包含着经济利益观念,而事前信息的获得依靠两种途径。一是集思广益,即吸收理论界关于过渡模式选择的各种主张。事实上,我国理论界在这方面已有较深入的研究。您不会不知道厉以宁(1930—2023)先生关于从股份制和改善企业经营机制着手的方案,以及吴敬琏先生关于从物价改革和建立、完善市场机制着手的方案。这些方案无疑应包括在我们的"可选集"里。另一个信息来源是参考外国的经验,进行国际比较。各国改革都有自己的特殊性,但又有共性,通过比较研究会对我们掌握改革的事前信息、扩大我们的"可选集"有所帮助。这里的"可选集"是指各种可能的过渡模式或路径。从不同的角度出发,可作出不同的分解。比如,一种最简单的分解是根据"时间"概念作出的,包括快模式、慢模式和中间模式。对中间模式可作进一步分解。这种分解未免过于简单了。如果按照"着眼点"分解,"可选集"包括从所有制改革(股份制)着手,从价格改革着手,以及其他模式。总之,它表明我们可选择的过渡模式的集合,是根据我们所说的两个信息来源建立起来的。

甲:但是还需要根据您所说的价值观念提出有关的利益比较分析准则,否则无从判别优劣。

乙:是的。改革要实现的是"宏观"目标,所以这一准则应体现社会利益与人民利益的一致性。这不意味着否认利益的多元性,而是将多元的利益反映在社会利益里。我想我在说明宏观经济计划管理时说过的话在这里也适用。社会利益表现为社会收益与社会成本的比较,这里所说的收益与成本是在整个过渡时期加以计算的。社会收益包括社会环境安定、人民生活水平提高,以及社会财富的积累与增长。社会成本包括:设置成本,即增设国家机器所需成本;清理成本,即废除旧机器的"善后"成本;社会震动成本,即改革引起的社会震动所造成的间接成本。

甲:要对所有可选择模式作出收益-成本分析将是困难的。

乙:是的,但是可以应用"序数效用"的观点,即不必给出所有的收益与成本的具体数目(基数),事实上也无法给出;我们只要对可选择模式的收益与成本进行排序,进而确定它们的优先次序。也许一些新的分析方法如"层次分析法"等可以提供帮助。

甲:看来这会构成经济控制论研究的新的领域。

乙:一些具有远见卓识的经济学家早就提出了"大计划"概念,就是指社会的变革应当有计划地进行。

(原文发表于《数量经济技术经济研究》1989 年第 12 期)

经济自组织、优化组合与经济联合事务所

复杂系统的发展一般不是由外部力量直接安排的结果,而是在其内部规律支配下的自身发展,即随着环境条件的变化而不断自行改变自己的存在方式,特别是它的组织结构。如生命机体,从胚胎发育到幼年,再到成年,这是生命机体自身发展、自我完善的过程。这类现象在系统科学与控制论中被称为自组织。经济组织系统也有自组织功能。实际上,经济组织系统中一些重要方面不可能靠中央计划管理机构直接作出安排,而要靠经济自组织。例如,增强企业活力,提高企业竞争能力,必须依靠企业自身的发展、分化与组合(联合、联营、兼并等)。如何创造适当的环境,培育和发挥经济组织系统的自组织作用,应是"治理经济环境,整顿经济秩序,深化体制改革"的一个重要方面。

本文试图揭示经济自组织机制,用以分析现状与困境,最后提出在目前情况下利用组合优化模型和建立相应的经济联合事务所来促进经济自组织,改善并建立新的经济秩序。

一

我们首先从"系统"这个概念说起。"系统"是一个被多门学科共同使用的基本概念。系统 S 可以一般地描述为如下形式:

$$S=\{A,R\}$$

这里 A 和 R 都是集合符号,A 是要素集,R 是关系集。上述公式抓住了系统的本质,高度抽象,广泛适用。从抽象世界到现实社会,都可以

用这一公式说明。例如,A 是数集,R 是数量关系,即函数、方程、不等式等,那么 S 就描述了一个数学系统。A 代表人群、社会团体,R 代表社会关系,如民主平等或专制独裁等,那么 S 就构成一种社会系统。要素构成系统,全靠关系维系。数学家利用数量关系,展开数学的丰富内容。在人类社会中,社会关系的变动意味着变革,即形成另一种社会系统。

在经济组织系统中,A 代表生产、流通、分配中各部门、各环节中的要素,R 代表这些要素间的关系,我们称之为经济联系。出于不同的分析目的,可以对经济联系作不同的划分。从经济联系的性质来看,基本的联系是技术经济联系与经济利益联系。

经济组织系统之间与系统内部存在着普遍的技术经济联系。轧钢之前先炼钢,炼钢之前先炼铁,而且轧钢消耗钢,炼钢消耗铁,都服从生产工艺技术所决定的比例关系,这就是钢铁联合企业内部的技术经济联系。技术经济联系取决于生产工艺技术。技术类型不同,技术经济联系就不同。技术上的革新、创新、引进等都会引起技术经济联系的变化。

比起技术经济联系,经济利益联系更复杂。一般来说,一个经济组织系统总有一个统一的目标,表现所有成员一致的利益。但是,各成员间又存在着各自的利益。一个经济组织就是各种利益复杂的统一体。企业内部的核算、激励等就是企业内部协调利益的方式。

在经济组织系统中,这两种联系是同时存在、同时起作用的。一个联合或联营企业,既是技术联合,又是利益联合。利益联合是目的和前提,没有共同利益,不会有技术联合。技术联合又是基础,没有技术上的联合,就不存在利益上的联合。由于技术联系特点不同,利益联合的表现方式也可能是不同的。例如,许多联合企业的原则是利益均沾,独立核算,共负盈亏;与此不同,宝山钢铁总厂与各分厂之间就没有这种独立性,这是现代化钢铁生产的特点决定的,而共同的经济利益也要求这一点。

技术经济联系与经济利益联系的共同作用使得经济组织系统具有一定的经济功能。经济功能是经济组织系统将投入转换为产出的能力。

一个自行车企业的经济功能就是将原材料、动力、零部件、固定资产(通过折旧)转为自行车。同样的投入转换为更高的目标,如增加产量、提高质量、提供新品种,就意味着经济功能的提高。

经济组织系统要提高经济功能,必然要通过改进技术经济联系和经济利益联系两种途径来实现。要改进技术,可以搞技术革新,试制新产品,引进先进技术。要改进经济利益联系,可以推行物质刺激,加强内部核算,调整利益分配。最常见、最重要的一种方式是通过经济组织系统之间的经济联系来实现,这就是本文一开始就指出的经济自组织。

二

在此,我们提出一个基本命题:不断提高经济功能是一切经济组织系统的自然本能。或许有人会说,古典厂商理论认为厂商的目标是利润最大化,而现代管理厂商理论则认为厂商的目标是市场占有率、自身的扩展等。但是,不管是要争取最大利润,还是要提高市场占有率、不断扩张,它们都要增加产量、提高质量、增加新品种、提高竞争力,这也就是提高经济功能。

现在我们用一个具体模型或例子来说明经济组织系统如何在其自然本能的驱使下,采用适当的方式改进技术经济联系和经济利益联系,提高自己的经济功能。

假如我们考察的是甲、乙、丙三个自行车厂,其中:甲厂技术先进,生产名牌自行车,但产品供不应求,其生产规模亟待扩大;乙厂是军工转民用,近年才开始生产自行车,有相当的规模与生产能力,但质量不过关,产品滞销;丙厂实际上是一些乡镇企业组成的工厂群体,生产一种"杂牌"自行车,其市场主要在农村,但随着农民生活水平的提高和市场饱和,销路逐渐消失。乙厂和丙厂为了求生存,可以通过一个比较简单的方式即技术转让方式提高它们的经济功能,即引进甲厂的技术,联合生产名牌自行车。为简单计并为了以后的分析比较,我们把自行车生产归结为主件生产、配件生产与装配,并假定每辆自行车需要 1 个主件、20 个配件。三个厂技术协作的情况如表 1 所示。

表 1 三厂技术协作情况

	主件生产(万件)	配件生产(万件)	装配(万辆)
甲	20	300	15
乙	9.8	196	9.8
丙	0	100	5

这种技术协作必然伴随着一定的经济利益联系——有偿技术转让。设每辆自行车 200 元,乙厂和丙厂每生产一辆自行车支付甲厂 20 元,那么三个厂的收益分配情况如表 2 所示。

表 2 三厂收益分配情况

	销售收入(万元)	转移支付(万元)	收益(万元)
甲	3 000		3 296
乙	1 960	196	1 764
丙	1 000	100	900

这里,三个企业是三个独立的实体,并没有形成一个统一的经济组织。但是三个厂发现,如果它们搞经济联合,如成立一个自行车联合公司,可以造就新的技术经济联系和经济利益联系,从而具有比三个独立的实体更高的经济功能,这就是所谓的联合优势。联合优势是经济联合的纽带,是经济组织系统之间的内聚力、促协力或引力。

新的经济组织系统所进行的优化组合模式如图 1 所示。

给出具体的目标函数和约束条件,模型Ⅰ构成一个数学规划问题。三个厂可以凭直观经验解这个问题,也可以提请有关专家利用电子计算机进行优化设计。

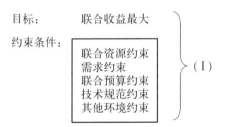

图1　经济组织系统优化组合模式

回到具体的例子,我们假定自行车联合公司所选择的优化组合方案表现为如表3所示的技术经济联系。

表3　三厂优化组合方案的技术经济联系

	主件生产(万件)	配件生产(万件)	装配(万辆)
甲	15	0	25
乙	20	50	10
丙	0	650	0

由此看出,在这个联合公司里,三个厂不必自我配套,只要总体上符合技术规范约束就行了。这种分工协作使自行车产量比原来三个厂产量的总和要多:

$$(25+10)-(15+9.8+5)=5.2(万辆)$$

5.2万辆给出了联合优势的数量测度。

但是,经济联合显然不仅是技术联系上的优化组合问题。事实上,没有与新技术经济联系相适应的经济利益联系,就不会有经济联合,联合优势就不能成为现实。技术上的优化组合以联合收益最大为目标,而每个企业所要考虑的是自己的收益,所以没有合理的收益分配是不可行的。

每个企业都希望有一个有利于自己的合作方案,企业是否参与联合的准则是损益原则,即参与联合的前提是有增益或至少不吃亏。因此,经济联合本身又是复杂的合作对策问题,可以用如图 2 所示的模式来描述经济组织的对策行为。

图 2　经济组织的对策行为模式

将模型Ⅱ用于我们的例子,三个厂是三个利益主体,它们"三足鼎立",但联合意味着"三位一体",所以利益协调就归结为自行车生产中的内部核算价格问题。议定核算价格必定是一个"讨价还价"的对策过程。我们有理由假定甲厂总是处于主动的地位,乙厂与丙厂处于被动的地位。只有当甲采取适当策略时,三方都受益,这时联合才是可能的。

模型Ⅰ和模型Ⅱ的联合构成了我们所说的优化组合模型。优化组合模型揭示了经济自组织机制,它表明经济系统固有的技术经济联系中存在着联合优势,当人们认识到联合收益所在并找到合适的利益协调方案时,就会出现经济联合,产生新的经济组织系统。新的经济组织系统具有新的技术经济联系和经济利益联系,因而具有更好的经济功能。

以上所述仅是经济联合的一种形式,经济联合还有其他的形式。例如,兼并或产权转让就是近年频繁出现的一种联合形式。兼并过程也必然遵循我们所描述的组合优化模型,即在有联合优势(或称兼并优势)的情况下通过适当的利益协调方案来实现。

经济自组织不仅是经济联合,还包含着相反的趋势——经济分化。经济分化也是经济联系作用的结果,特别是经济组织系统内部组合优化的结果。农村的联产承包、农村专业户,以家庭工厂为特征的温州模式,都是原有系统分化的结果。

总之,我们围绕着经济自组织所作的分析表明:

第一,经济自组织是经济联系综合作用下的经济行为,这种行为导致经济系统结构与组织的变化;

第二,经济自组织是经济系统自身的运动,它的动因不是来自长官意志、行政命令或其他外部力量。

三

国民经济中存在着经济自组织的契机,是因为国民经济中存在着普遍的技术经济联系。投入产出经济学证明,所有产业之间存在着广泛的直接消耗和间接消耗关系,一个产业需要多个产业的投入,同时一个产业也影响到多个产业甚至所有产业,这表现了各经济组织系统之间的技术经济联系。市场,经济杠杆体系调节着各经济组织之间的经济利益,体现了它们的经济利益联系。这些经济联系的共同作用决定了经济自组织将成为常见的、普遍的经济现象。

但是,经济自组织毕竟需要一定的环境条件。根据我们对经济自组织机制的揭示,我们认为以下四个条件是必要的。

第一,经济动机。我们之前提出的基本命题,即经济组织的自然本能是不断提高经济功能,是经济自组织的基本前提。这一基本命题假定经济组织具有追求自己物质利益的经济动机。亚当·斯密曾经指出,人们为了自私的目的比仁慈更能给社会带来利益。他所强调的正是经济动机的作用。

经营者的本能可以在一定程度上保证经济组织的经济动机。科尔奈曾经指出,社会主义企业经理具有使自己与企业连成一体的本能,即把关心企业的命运、保持正常生产秩序视为自己的义务。在我国,我们可以看到企业经理们更基本的动机是自己能够干下去,使企业收入和职工奖金收入增加,以免挨骂或下台。

体制改革的一个重要方面是加强经济组织的经济动机,使经济组织具有搞好经营管理的动力。其基本途径是使经营者与经济组织在利益上挂起钩来,这就是推行租赁制、承包制、股份制等的实质。

第二,经济信息。一个企业欲与其他企业联合,必须先了解有关企业的信息,这要求企业必须有适当的信息渠道。企业可以建立自己的信息网络,也可以依靠专门的信息服务机构不断索取有关的信息。

第三，利益认识。经营者必须有洞察力，精于算计各种组合、分化方案给本系统带来的利益。

根据查理斯·塔威尔（Charles Tavel）的《企业的生存战略》一书中的说法，善于从战略的角度认识企业的利益是我们所处的工业时代对企业家的要求。塔威尔对欧、美、亚众多的工业企业作了长期考察，对主要的工业化国家企业的现状、问题和发展作了分析。他认为，工业发展可以划分为三个时代：第一工业时代以企业家为特征，企业有明显的开拓性质；第二工业时代以管理者为特征，是系统管理的时代；第三工业时代是战略家的时代，是我们所处的时代，总经理所考虑的不仅包括公司的内部工作，而且包括对公司发生作用的所有外部因素，不仅要了解当前的全貌，而且要了解那些外部因素的驱动力，以及这些驱动力会把形势引向何处。也就是说，总经理必须洞察各种机会给企业带来的利益并善于抓住这些机会。

第四，不存在行政障碍。如果经济组织的发展、组合、分化受制于行政，处处都必须经过行政上的许可，那无疑是对经济自组织的抑制、扼杀。

四

现实的经济系统与我们上述讨论的纯粹的经济组织系统不同，它们除了受我们所指出的经济联系的作用之外，还受到来自行政系统的作用。如果行政干预成为一种支配力量，这样的系统我们称之为行政-经济系统。

行政-经济系统容易忽视技术经济联系。在计划工作中，留有缺口，搞长线平衡，就是不尊重技术经济联系的典型表现。其结果往往是计划目标不能实现，经济发展不协调，产业结构不合理。

对技术经济联系的忽视还表现为组织结构变动的主观随意性。某些企业行政隶属关系的频繁变动证明了这一点。

在行政-经济系统中更容易被忽视的是经济利益联系。不尊重价值规律,不讲经济核算,"吃大锅饭",是其典型表现。一个行政经济系统甚至没有明确的经济目标,唯长官意志是从,"只算政治账,不算经济账"。经济功能退化,效率低下,是忽视经济利益联系的必然结果。

摆脱这种局面的关键是解除行政束缚,变行政-经济系统为经济自组织系统。解除行政束缚,使企业独立核算,自负盈亏,它们就自然会关心自己的利益,千方百计地提高产品产量和质量,占领市场,创名牌。为了扩大规模,就要扩建厂房,或者与其他企业联合。联合就意味着打破原来的行政关系,这就叫横向联系。

横向联系是一定历史条件下的特有现象。如果真正做到政企分开,企业不再从属于任何行政系统,也就无所谓横向联系了,但自组织行为还存在。所以,横向联系其实是经济自组织的一种特殊表现形式。

在发展横向联系时,一种信息咨询服务机构可以有所作为。这种信息咨询服务机构,不妨称之为经济联合事务所,其职能是为企业的组合、分化提供信息服务,并牵线搭桥。

经济联合事务所的工作可以围绕着我们提出的优化组合模型的应用而开展。具体说来,应当开展以下四个方面的工作。

第一,充分掌握有关企业的技术经济信息,并建立可资查询的档案。

第二,根据经济形势的发展选择某些类型的企业,利用所掌握的企业信息设计新的经济组织系统,也就是应用模型Ⅰ评估所设计的新组织可具有的技术组合与联合优势。

第三,参照市场信息和经济杠杆系统的管理信息,利用模型Ⅱ设计合作对策方案,即设计保证技术上的优化组合方案可实现的经济利益协调方案。

第四,在有关企业之间牵线搭桥,帮助它们认识自己的利益所在,并组织它们直接洽谈。

经济联合事务所的业绩可以用它所促成的经济联合所实现的联合优势来评估,它也理所当然地从联合收益中取得报酬,这可以保障联合事务所的存在。

目前建立这样的联合事务所既是必要的,也是可能的。事实上,各个地方政府所设立的协作办公室(通常简称协作办)具有我们所设想的经济联合事务所的某些功能。但是,协作办的作用往往意味着行政力量的介入。如果变官办的协作办为民办的经济联合事务所,将会更适应经济自组织的需要,同时也可以克服官办的各种弊端。

主要参考文献

1. 司春林:《经济控制论——国民经济计划与组织》,中国展望出版社,1988。
2. Robert Dorfman, Paul A. Samuelson, and Robert M. Solow, *Linear Programming and Economic Analysis*, McGraw-Hill Book Company, 1958.

(原文发表于《复旦学报(社会科学版)》1990年第4期,与汪洁合撰)

经济发展与区域合作新论

——从技术转移和产业结构调整角度所作的考察

中国自实行改革开放以来,一直是世界上经济增长最快的国家之一,而中国所处的亚太地区自 20 世纪 70 年代以来也是世界经济最活跃的区域之一。中国的经济发展表现出怎样的特征？中国经济的增长效应在未来将怎样维持？亚太地区为什么能长期保持高于世界平均水平的增长率？这一系列的问题曾引起多方面的研究。本文拟就这些问题考察技术转移与结构调整在经济发展和区域合作中的作用。

基本模型：技术转移与产业结构调整

技术转移发生在技术的转让方与接受方之间。其发生的前提,第一是双方在技术水平上有明显的差距,第二是双方的目标和利益能够达到均衡。

我们把技术接受国经济划分为两个部门,第一类为引进技术的产业部门,第二类为其他产业部门,它们的技术水平分别用 A_1 与 A_2 表示,资本分别用 K_1 与 K_2 表示。对于技术转移的接受方,我们假定：

假定 1：A_1 有一个外生给定的提升速度；

假定 2：存在着 A_1 对 A_2 的溢出效应(spill-over)；

假定 3：K_1 与 K_2 的相对变化与 A_1 与 A_2 的相对变化相关。

上述假定 1 意味着技术引进的直接影响是引进新的生产方式。假定 2 与假定 3 描述了技术引进在两个方面的间接影响。假定 2 说明,第一类产业引进的技术,通过传播、扩散,将促使第二类产业技术提升。通常可以用阿罗提出的"传染病"模型来描述这种影响,即 A_1 与 A_2 差距越大,A_2 就越容易被"传染"或提升速度就越快。根据假定3,资源将从第二类流向第一类,这种资源配置的改变即意味着资本结构或产业结构的变动。随着 A_1 与 A_2 的差距逐渐缩小,资本的流动将逐渐减少。

从转让方来看,对外投资与技术转移往往是由于国内的结构调整,发展重点转向技术水平更高的产业,从而把相对落后的产业与技术转移国外。跨国公司为了开发国外市场,谋求全球发展战略,实行对外直接投资和转移技术,也是资本、技术的国际性流动和产业结构调整的组成部分。

技术转让方的产业与技术也可以划分为两类,第一类为发展的重点,第二类包括打算转移出去的产业与技术。它们的技术水平与资本分别用 A_3,A_4,K_3,K_4 表示。基本假定是:

假定4:存在着 K_4 向 K_3 的流动;

假定5:A_3 的提升与资本结构相关,即和 K_3 与 K_4 的比率成正比;

假定6:A_3 与 A_4 的差距越小,A_3 提升的速度就越快。

这里,K_4 向 K_3 的流动是结构调整的直接结果。假定5蕴含着 A_3 的提升依赖技术创新,而技术创新取决于研究与开发的投资。假定6描述了一种赶超压力,即转让国将具有 A_4 水平的技术转移国外时,由于担心被追赶而加快提升 A_3。

技术转移接受方与转让方模型的差别在于:对于接受方,是技术的变化导致结构的变动;而对于转让方,结构的调整在很大程度上决定了技术的提升。

技术转移的发生有赖于双方合作。在国际技术转移中,接受方一般是发展中国家,它们由于改革加快了发展,增加了对外国资本与技术的需求,为技术转让国提供了机会。发达国家的结构调整也构成了发展中国家的机遇。不仅如此,双方还将相互促进。例如,发展中国家积极改善投资环境,调整政策,吸引外国资本与技术,就意味着技术转让国会输出更多更高水平的技术,而赶超压力则会促使其做出新的调整和发展新的技术。

经济发展阶段论

现代经济增长与发展理论普遍使用"平衡增长"的假设。这个假设是指所有的宏观经济变量都有一个共同的常数增长率。这样的假设无疑是为了将问题简化。不仅如此,现代经济增长与发展理论证明,在考虑长期经济增长时,"平衡增长路径"在大部分时间里都是"最优增长路径"最好的近似。因此,我们也使用这一假设。

图1的斜直线表示两个变量平衡增长中的关系。例如,I_1 表示 A_1 与 A_2 有共同的常数增长率,J_1 表示 K_1 与 K_2 有共同的常数增长率。斜直线之间的曲线表明两个变量增长率改变时的关系。

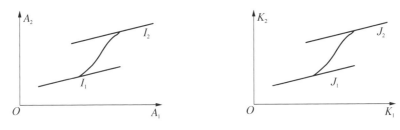

图1 变量的平衡增长与增长率改变

新古典学派经济增长理论的一个重要贡献,就是区分了水平效应与增长效应。水平效应意味着平衡增长路径的改变,而增长效应意味着增长率的改变。由于有增长效应,经济系统才能从一条平衡增长路径"跳"到另一条平衡增长路径。

在实行改革开放之前,中国在产业技术上大大落后于世界先进水平,再加上产业结构的不合理,可以说中国经济一直在低水平的平衡增长路径上运行。实行改革开放的一个直接动机,就是通过引进外国先进技术来提高本国的技术水平,改变产业结构的落后状况。自20世纪80年代以来,中国政府采取了一系列积极措施,引进了大量的外国资金与技术。它们对中国经济带来的影响可以用增长效应来概括。

这里,第一类部门应包括独资企业、合资企业和合作生产部门。这

一类部门的资本 K_1 包括来自国外的投资。同时,由于我国重视利用外国资金与技术对国有企业进行技术改造,从而这些企业的资本就直接与引进的先进技术联系起来。乡镇企业异军突起之后,很快也在引进外国资金与技术方面扮演了重要角色。

技术引进意味着第一类部门的技术水平 A_1 有一个"外生的"变化。它与 A_2 的差距越大,其溢出效应就越显著。A_1 与 A_2 的相对变化,以及由此引起的资本结构的重构,就表现为从 I_1 和 J_1 出发的曲线所描述的增长效应。

分析一下中国经济 20 世纪 80 年代的发展历程,可以对这种增长效应加深理解。20 世纪 80 年代初期,中国主要依靠国际贷款和外汇储备购买技术,其途径包括:(1) 技术许可证贸易;(2) 技术咨询、服务;(3) 合作生产;(4) 进口关键设备;(5) 进口成套设备。前两种属于"软件"引进,最后两种属于"硬件"引进。合作生产既涉及软件,也涉及硬件。20 世纪 80 年代,中国以引进成套设备为主。大量引进成套设备对于填补国内空白、迅速改变中国工业设备的落后状况、迅速扩大生产能力非常有效。但是只引进设备,不引进制造技术,使得进口替代战略难以贯彻,因此,对国民经济发展的作用受到限制。同时,又由于购买过多,直接造成外汇平衡困难。

增长效应得以维持,主要有赖于技术引进方式的改变。20 世纪 80 年代,中国成套设备的进口通常占技术进口总额的 90% 以上。到了 1990 年,中国成套设备的进口额降到技术引进总协议额的 31%,技术许可证贸易上升到 17.82%,合作生产占 42.23%,表明中国开始注重"软件"的引进。引进"软件"对技术转移接受方的吸收消化能力有较高的要求,因为技术转移与一般的商品转移不同,它通常不能简单地从一个地方"搬"到另一个地方,而是表现为接受方学习、制造和实践的过程。

值得一提的是,当一项技术刚刚被引进,并经过吸收、消化之后,往往有明显的溢出效应,甚至表现出一定的宏观经济效应。但是,这种作用最终将逐渐减弱,以至于它的"潜能"被耗尽。这是值得注意的问题。

经济发展与区域合作新论 ※

中国经济在 20 世纪 90 年代保持高速度增长,其重要原因之一是不断扩大对外开放。特别是进入 90 年代中期后,中国经济发展中的一个重要变化就是外国直接投资成为引进外资和外国技术的主要形式。据世界银行统计,1993 年外资流入中国达 270 亿美元,中国已成为世界上最大的外资流入国之一。这一变化对中国在 20 世纪 90 年代继续保持高速发展起了不可忽视的作用。

一国经济在经历了增长率的变化之后,进入稳定增长时期,这意味着开始了新的平衡增长路径。至此,我们可以认为经济发展完成了第一阶段,下一步将进入第二阶段。事实上,在亚太地区,日本在 20 世纪 60 年代,"亚洲四小龙"(指中国香港、中国台湾、新加坡、韩国)在 20 世纪 70 年代,东盟各国(除新加坡外)从 20 世纪 80 年代到现在,都有这样类似的经历。

第一阶段的基本特征可以总结如下:主要依靠技术引进产生增长效应,并通过扩大开放开始新的平衡增长。因此在这一阶段,外国资本与技术引进的规模有不断扩张的趋势。在中国,甚至出现了片面追求数量的现象。例如,人们常常把引进多少美元外资、引进多少项目、成立多少家三资企业等作为目标,而对引进的技术效果和经济效果重视不够。引进的技术多半是发达国家急于出手的衰退期技术和成熟期技术,并且主要集中于一般加工工业和劳动密集工业。除了追求数量之外,选择外国技术的能力较低,以及吸收消化外国技术的能力较弱,也是造成上述状况的原因。

在第二阶段,新的增长效应将主要来源于结构调整。结构调整是指经济发展的重点移向技术水平较高的产业,又叫作产业结构的高度化。技术引进仍然是提高技术水平的重要途径。同时,由于第一阶段的积累,吸收消化国外先进技术的能力增强,技术改进乃至发明创新逐渐增多,自主研究开发显示出重要性。如果我们把着重发展的技术与产业称为第一类,其余的称为第二类,那么,第一类的提升将依赖技术引进和研究开发两种因素,而第二类则包含着将要被转移出去的技术与产业。因此，第二阶段的经济扮演着我们之前描述的转让方与接受方双重角色。这一发展阶段的特点如图2所示。

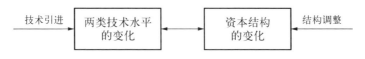

图2 经济发展第二阶段的双重变化

图2给出的模型是技术转移的接受国模型与转让国模型的混合。一方面，技术引进影响着技术的提升，并导致资本流动与结构变化，如接受国模型所描述的；另一方面，结构调整导致资本结构变化，进而影响着两类技术的提升速度。这样，新的增长效应就必然表现出来。如果接受国模型表现出主要作用，意味着技术提升以引进为主，对应着第二阶段的前期。如果转让国模型起主要作用，意味着技术提升以自主开发为主，对应着第二阶段后期。

20世纪90年代，中国某些局部的发展已呈现出第二阶段前期的端倪。在改革开放之初，中国曾实行沿海发展战略，即首先在工业基础较好的沿海地区对外开放，引进外资和技术。这些地区成为中国经济发展中最活跃的部分，对中国经济的高速增长有重要贡献。目前这些地区大都完成了第一阶段，正要通过结构调整谋求新的发展。国家实行的发展战略转移，即由原来的地区倾斜转向产业倾斜，有助于它们确定新的发展目标。许多对外开放较早的地区都明确提出发展的重点是技术密集产业，包括一些高新技术及其产业。新的发展要求技术引进与研究开发结合起来，但引进的作用表现为主要的。这些地区发展的另一特征是，某些技术水平较低的产业开始大量转移内地。

日本从20世纪50年代后期开始大量引进外国技术，经过60年代的发展，实现"重化工业化"，完成了第一阶段。60年代末70年代初，由于重化工业遇到污染危害加重、进口原料成本高、劳动力匮乏等问题，日本开始注重发展技术密集、污染较少的产业，开发防止公害技术、电子技术等，一些劳动密集型产业与技术、重化工业与技术向国外转移。技术引进从购买技术设备为主过渡到购买实验室技术为主,注重合作研制,开展技术贸易,加入各种国际科研机构,等等。

"亚洲四小龙"经历了 20 世纪 70 年代第一阶段的发展之后,在 80 年代进入第二阶段。

一国一旦技术上达到世界先进水平,进一步的发展就只能依靠自主开发,发展独创性技术将是必然的选择。这是经济发展第三阶段的标志。日本经济在 20 世纪 80 年代之后进入了第三阶段。当时,日本在大部分领域已达到或超过世界先进水平,提出以发展独创性科学技术为基本国策,开发的重点转向能源技术、生物技术、电子技术、新材料、海洋开发等方面。随着自主开发加强和科技进步加快,一些具有较高水平的技术如电子工业技术开始向国外转移。

本文前述基本模型所描绘的经济发展的阶段性及其基本特征,我们不敢说它普遍地适用于所有经济的发展,但认为它可以揭示 20 世纪 70 年代以来亚太地区经济发展的一般特征。

亚太区域合作模式

这里提出的经济发展阶段论,看起来似乎与 20 世纪 80 年代后期兴起的新增长(发展)理论不合辙。所谓新增长理论,是指罗默(Paul M. Romer)、卢卡斯(Robert E. Lucas,1937—2023)等人适应"新经济"现象,为克服新古典增长理论把科技进步作为"外生变量",仅从资本与劳动增长来解释经济增长的理论缺陷,而提出的将"科技进步内生化"的理论。罗默用研发(R&D)活动与知识生产函数来解释经济增长,卢卡斯则用人力资本模型来诠释经济增长与发展。这些模型的共同特征是把代表科技进步的因素作为模型的内生变量,证明经济的增长与发展主要是由科技进步推动的。

在我们解释第一阶段的发展时,A_1 的提升和发展速度被看作外生给定的,这不符合内生化要求。但是,如果我们不是孤立地考察接受方,而是把技术转移的接受方与转让方纳入一个系统,那么情况将是,接受方技术提升的原因是转让方的技术转移,而转让方的结构调整是由于接受方的推动。因此,我们的模型有可能在更大的范围里解释区域经济的发展。撇开模型数学描述上的要求不谈,这就意味着内生化。

必须承认,罗默等人使用的是单一变量理论模型,他们对经济增长的解释在理论上是严格的。涉及技术与资本结构的经济体发展的阶段性不可能通过单一变量的微分方程来描述,但不妨碍我们遵循内生增长理论的思路,去思考同一区域内具有内在联系的不同经济体发展的阶段性。我们这样做还有另一重要原因,就是处于同一区域内不同经济发展阶段的经济体,本身就体现了区域经济合作的一种特有模式,从而可为考察区域经济的发展提供一个新的视角。

在亚太地区,存在着三种不同发展阶段的经济:日本处在第三阶段;"亚洲四小龙"处在第二阶段;中国及东盟各国(不包括新加坡)处在第一阶段,或刚从第一阶段毕业。因此,从国民经济整体的技术水平来看,存在着三个层次:日本技术水平最高,属第三层次;"亚洲四小龙"为第二层次;其余为第一层次。三个层次之间的资本流动与技术转移十分频繁。

我们可用转让国模型和接受国模型"搭建"亚太区域发展模式(见图3)。

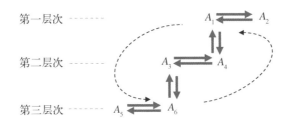

图3 亚太区域发展模式

这里,A_1,A_3,A_5分别表示三个层次的第一类产业的技术水平,A_2,A_4,A_6分别表示第二类产业的技术水平。"→"表示"传染"或溢出效应,"←"表示赶超压力,"↑"表示技术转移的供给,"↓"表示技术转移的需求。

为确定技术转移的均衡条件,我们假定A_1与A_4相等或密切相关,A_3与A_6相等或密切相关,其含义是高层次第二类产业的技术水平与低层次第一类产业的技术水平十分接近。

可以作两方面的分析。

一是牵引。假如第三层次进行结构调整,将技术转移到第二层次,则会使A_3提升,A_3的提升将通过溢出效应使A_4提升。根据均衡条件,A_4提升会增加第一层次的技术转移,促使A_1提升并导致A_2提升。我们知道,这个传导机制的背后还有资本流动和结构变化。

第三层次也可能将技术直接转移至第一层次,我们用虚线表明这种可能。此外,第二层次的结构调整也会导致向第一层次的技术转移。

二是推动。处于低层次的经济对技术的需求可以推动处于高层次的经济的发展。例如,第一层次的加速发展可以产生对第二层次与第三层次的技术需求,推动它们进行结构调整。如果需求的是较高水平的技术,就会造成赶超压力,从而促进转让方技术水平更快提升。

以上分析表明,亚太区域内的经济有很强的互补性,一国经济的发展与调整可以为其他国家经济提供机会,使得整个区域既有自上而下的牵引力,又有自下而上的推动力。这种情况是世界上其他地区没有的。

欧洲经济共同体,各个国家在技术水平上相近,实行的是水平分工,其合作优势可以说是静态的。亚太地区在技术上则基本是垂直分工,存在着牵引与推动的传导机制,合作优势具有动态性。北美三国有实行经济一体化的倾向,但美国与加拿大基本上处于同样高的层次上,而且十分强大,而处在低层次上的墨西哥比较弱小,所以即使它们之间存在着牵引与推动,也远不能与亚太区域相比。南美洲的经济发展趋于区域化,但各国基本上处于同一个低层次水平上,其合作模式类似欧洲,与亚太区域模式相去甚远。亚太区域不同于其他区域的合作模式,可能就是这一区域增长速度长期高于世界平均增长速度的原因。

顺便指出,中国地区经济发展的不平衡性与整个亚太区域类似。中国的西部地区、中部地区、东部地区形成明显的三个层次。沿海地区的结构调整使得产业与技术向内地转移,外商投资的"北上西进"牵引着地区经济的发展,再加上西部地区高于全国平均水平的增长率推动着地区经济的发展,东西联动将使中国经济在较长时间保持高速发展。

主要参考文献

1. Robert E. Lucas,"On the Mechanics of Economic Development," *Journal of Monetary Economics* 22,No.1(1988):3-42.
2. Paul M. Romer,"Endogenous Technological Change," *Journal of Political Economy* 98,No.5(1990):S71-S102.
3. Chunlin Si,"Technology Transfer and Upgrading of Structure:Pattern of Economic Development in Pacific Asia," Japan-ASEAN Forum IV:Technology Transfer and Development,Tokyo,November 17-18,1993.
4. Chunlin Si,"Technology Introduction and Its Impact on Industrial Structure:The Experience of Mainland China in the 1980s," Institute of Developing Economies,Tokyo,November,1994.
5. 司春林:《技术转移与经济发展》,《数量经济技术经济研究》1993年第10期。

(原文发表于《复旦学报(社会科学版)》1995年第3期)

管理学篇

企业技术发展的跟随者战略

在改革开放之初,我国许多产业的技术落后于西方发达国家,实行的对外开放包含着大量引进国外先进技术以迅速缩小与国外产业技术差距的目标。对于许多企业来说,利用国家政策的支持学习与引进国际领先企业的先进技术,意味着把自己放在技术跟随者的地位,开始一种新的企业发展战略。

中国的这一举措是从国内产业与企业的实际情况出发,也是吸取国际经验。发展中国家与地区的企业与发达国家的企业常常存在明显的技术差距,要缩小这种差距技术引进往往比自主开发更有效。一般来说,领先者倾向于不断开发新的技术以保持领先优势,而将成熟技术转让给跟随者既可获取直接的经济利益,又可获得新的市场。由于技术经济发展的不平衡,跟随者所引进的技术虽然不是最先进的,却可能在本国、本地区、本行业具有相对优势,甚至与本地资源结合还可能具有某种绝对优势。这就是技术水平落后的国家与地区引进技术最基本的动机。

技术领先者凭借已有的技术积累和雄厚的财力,不断创新,可获得竞争优势或技术垄断利润。跟随者通过领先者的转让,不经过自己的研发就能获得技术,同时还可以利用领先者在新产品市场开发、销售方面的成果,虽然为此要付出转让费,但这种代价比起"从头做起"要少得多。这就是后起者优势。

但是,后起者优势其实是"搭便车",即跟随者"搭"领先者的"便车"。但"便车"常常并不那么好"搭",在技术转让合同中常见的一些对跟随者明显不利的"附加条款"反映了"搭便车"者受制于人的被动局面。如果一个企业总是满足于享受后起者优势,最终是无法摆脱技术落后状态的。

跟随者战略可以概括为两条。第一条,承认差距。这就是正视自己落后,技不如人,把自己置于"第二起跑线"上。对自己的技术状况作客观估计,比起不自量力地自吹"天下第一"更有希望。第二条,不甘落后,明确目标,孜孜以求,锲而不舍,逐步缩小技术差距,实现赶超。

跟随者发展战略体现了一种企业家精神,即熊彼特描述的那种勇于创新、不断进取的精神。同时,也体现了一种不甘落后、力争上游的企业文化。有了这种企业家精神和企业文化,企业才能充分利用有利条件,通过对引进技术的吸收、消化、改进和创新,增加技术积累,增强研发与技术创新能力,缩小与先进水平的技术差距,并寻求超越的机会。

学习曲线

企业引进技术并使之在本企业生根,需要一个学习过程,在学习过程中获取新的技术与知识的效果可通过学习曲线来描述。

用纵轴表示企业的技术水平,横轴表示时间,从原点出发的一条斜直线表示领先者技术水平不断提高的趋势。A 点表示 t 时刻跟随者的技术状况,A 点到斜直线的竖直距离表示 t 时刻与领先者在技术水平方面的差距,与斜直线的水平距离表示时间差距。假如跟随者引进领先者 t 时的技术,可以到达 B 点,意味着缩小了技术水平上的差距,但问题是,跟随者如何吸收、消化、改造、提高这种技术,使之在本企业生根呢?

图1描绘了三种类型的学习曲线。

类型Ⅰ:技术被引进后很快被吸收消化,并且能够有所提高。尽管仍然不能达到领先者的水平,但可以通过再引进以及再引进后的吸收、消化和提高,逐步缩小差距,以至达到甚至超过领先者的水平。

类型Ⅱ:被引进的技术经过吸收、消化可以在本企业生根,但不能再有所提高,致使技术差距随着时间的延续被进一步拉大。为此,进一步引进成为必要,但始终不能通过自身的努力缩小差距。

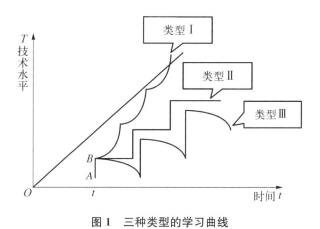

图 1 三种类型的学习曲线

类型Ⅲ：引进技术后还需要转让者帮助，离开了这种帮助，企业无法吸收、消化技术，因而被引进的技术难以生根。

这里，类型Ⅰ可以被视作贯彻跟随者发展战略的范例。类型Ⅰ表现为一种良性循环：技术引进使得企业技术水平提高，企业技术水平的提高有利于引进更高水平的技术。这种良性循环的关键在于企业能迅速吸收消化所引进技术，并且还能有所提高，从而可进一步引进更高水平的技术。如此循环的结果是使得企业技术水平与先进水平的差距逐步缩小，以至被弥合，对领先者技术的依赖性从而不断减少，并呈现独立发展技术的趋势。类型Ⅱ表示技术被引进后需要较长的吸收消化过程，但是无法再有所提高。类型Ⅲ表示不能吸收消化所引进的技术。后两种类型都导致技术水平差距被重新拉大，从而需要不断引进并依赖于引进。这意味着"引进—差距重新拉大—再引进"的恶性循环。

学习曲线与企业知识积累

为什么同样引进技术，会有如此不同的发展道路？怎样避免恶性循环、争取良性循环？

跟随者要移植领先者的技术，使之在本企业生根，至少需要依赖下列四个条件：

条件1：机器、设备投资；

条件2：吸收消化被引进技术所需要的科技知识；

条件3：吸收消化被引进技术所需要的经验、技能；

条件4：克服企业外部条件有关的区位劣势。

条件1涉及技术实现的物质基础。

条件2涉及企业职工从购买的专利、参考资料、公开发表的科技文献、企业聘请的技术顾问、有关咨询机构等渠道获得科技知识与信息。企业职工掌握的科技知识越多，吸收消化所引进技术的能力就越强。有理由认为，要吸收消化一定水平的技术，科技知识的积累需要达到一定的阈值，若达不到这种阈值水平，企业将没有能力吸收消化被引进的技术。被引进的技术水平提高，这种阈值水平也将提高。如果用纵轴表示技术水平 T，横轴表示科技知识积累 S，我们就可画出技术水平与知识积累阈值水平的关系，可称之为知识积累曲线。

图2中，AB 表示对应于类型Ⅱ的知识积累曲线，它表示对所引进的技术只有吸收消化而没有提高的情况下，技术水平与知识积累阈值的关系。为便于比较，我们也画出领先者的知识积累曲线，用射线 FD 表示。两种知识积累曲线的差异可以这样说明：跟随者对所引进技术的吸收消化是一个学习过程，其知识积累的目的性与针对性很强。领先者发明技术则是一个探索过程，需要广泛的知识积累。只有在发明成功之后，

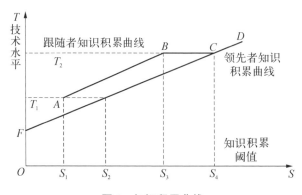

图2　知识积累曲线

才有可能区分哪些知识与这项技术是相关的,哪些是不相关的。跟随者引进这些技术,不必学习那些无用的不相关的知识,因而达到同样的技术水平只需要较低的知识积累,或以同样的知识积累可获得较高水平的技术。这可以解释为后起者优势。

知识积累曲线 AB 反映了跟随者只是单纯地学习,没有通过自己的努力将所引进的技术加以提高的情形。例如,跟随者引进具有水平 T_1 的技术,通过单纯地学习,它可处于知识积累曲线的 A 点,这时知识的积累为 S_1。对于领先者,当初依靠自己开发掌握这样水平的技术,所需要的技术积累是 S_2。(S_2-S_1) 是作为跟随者可节约的知识积累成本。所以,跟随者移植的技术积累曲线处在领先者积累曲线的上方。但是,如果跟随者在移植了 T_2 那样水平的技术之后,要像类型Ⅰ所描述的那样将所引进的技术依靠自己的努力再提高一步,那么依照原有的知识积累曲线,仅有技术积累 S_3 就不够了,新的阈值水平将是 S_4。知识积累从 S_3 到 S_4,虽然没有表现出技术水平的提高,却是企业经过自己努力提高技术的必要准备。也就是说,只有经过这个准备,企业才能完成角色的转变,从单纯地学习到有所创新,像发明者那样进行研究与开发,改造和提高所引进的技术。因此,知识积累曲线 $ABCD$ 可以解释类型Ⅰ与类型Ⅱ在知识积累方面的差别,指示了类型Ⅱ转变为类型Ⅰ的条件。

条件2涉及技术中的显性知识,而条件3涉及有关的技术诀窍(know-how),即那些专用于所引进技术的经验与技能,特别是那些难以从公开媒介获取而必须在管理、生产、流通、销售中才能获取的经验与技术。这些是隐性知识。老的经验未必适用于新技术,甚至可能成为吸收消化新引进技术的包袱。企业要通过在职培训、师傅带徒弟、"干中学"(learning by doing)等方式"忘记"不适用的老经验,增进相关经验与技能的积累。只有通过这种相关经验与技能的积累,企业的吸收消化能力才会增强。关于经验积累与技术水平的关系,也可以用类似知识积累曲线的有关概念来讨论,不再赘述。

条件2与条件3构成企业技术积累的两个侧面。企业吸收消化技术的能力由这两个侧面的双重组合决定,即由两个侧面的"短线"决定。假设企业的经验积累恰能达到引进技术所需要的阈值 E_0,所需要的显性知识积累阈值为 S_0。如果企业的显性知识积累 $S>S_0$,那么移植的技术水平只能由 E_0 决定,而不是由 S 决定;但是如果知识积累 $S<S_0$,则企业的技术积累未能达到吸收消化引进技术所需要的阈值,这可能就是出现类型Ⅲ的原因。

最后说到条件4,它涉及企业的外部条件,包括企业的地理区位、经济体制、政府政策、文化传统甚至语言等。这些条件无疑对设备投资、技术积累也有重要影响,从而制约着或决定着技术引进的后果。企业唯一能做的,是利用有利条件,排除不利因素。

技术选择与发展中的双重差距

一方面,引进吸收一定水平的技术需要一定的技术积累,意味着所引进技术的技术水平应适合所在企业的技术能力。另一方面,企业的技术能力也可通过吸收消化所引进的技术得到提升。企业技术能力的提升与企业所引进技术水平的提升应该是相互推进的:企业技术能力的提升有助于企业选择与发展更高水平的技术,而引进更高水平的技术可促使企业的技术能力进一步提升。

为分析企业怎样通过技术选择实现企业技术水平与技术积累的相互促进,我们先考虑企业在外部条件和技术积累一定的条件下如何选择技术。

在企业外部条件和技术积累一定的条件下选择技术,其实质是评估所选择的技术与企业原有技术的差距,以及判断企业能否吸收消化这种技术并使之生根。

企业在选择技术时面临着两种差距。

其一是技术差距。技术差距可借助技术的生命周期来描述。技术的生命周期本来是指技术在发展中要经过导入期、成长期、成熟期与衰退期四个阶段。处于不同阶段的技术,可被称为导入期技术、成长期技术、成熟期技术与衰退期技术。领先者要保持领先优势,就要致力于导入期技术。如果跟随者从领先者那里引进衰退期技术,则与领先者有最大的技术差距,引进导入期技术则有较小的技术差距。

其二是学习差距。学习差距是吸收消化所引进的技术所需要的学习过程,体现完全掌握所引进技术所需要的企业能力与企业现有能力之间的差距。以机械制造业为例,如果对于通过贸易购买的境外机械,人们只会简单的操作,则有最大的学习差距;如果不仅会操作,还会维修,则可以说缩小了学习差距;如果不仅会操作、维修,还学会了仿制与设计改进,则学习差距进一步缩小;如果开始自主的研究与开发,则可以说完成了学习过程。

假如企业一开始引进了成套设备,职工仅有操作与维修这些设备的能力,而不具备制造这些设备的能力,更不要说设计和研究开发能力了,那么,企业技术能力的提高就表现为从仅有操作能力到具有制造能力,从具有制造能力到具有设计能力,从具有设计能力到具有研究开发能力。经过循序渐进,才能最终完成这一学习过程

利用上述概念可构造一个技术选择的框架,如图3所示。这是一个盒子模型,主要受经济学中埃奇沃斯(Edgeworth)盒子模型的启发而来。盒子中左下角的原点代表跟随者,右上角代表领先者。纵坐标的长度代表两者最大的技术差距,横坐标代表两者最大的学习差距。盒子中任一

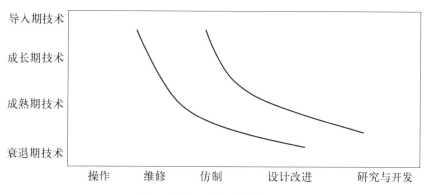

图3 技术跟随者的技术选择

点到"领先者"的竖直距离表示跟随者的选择与领先者的技术差距,而水平距离表示需要的学习过程。

技术选择面临着两种差距的两难选择:选择技术差距小的技术,则有较长的学习差距;选择学习过程短的技术,则有较大的技术差距。造成这种状况的原因是企业技术能力的限制。可以用凸向"跟随者"的向下倾斜的曲线表示企业的技术能力等高线。在技术能力一定的条件下,技术选择实际上只能在同一条技术能力等高线上进行,所以表现为技术差距与学习差距的权衡。企业技术能力的提升可表示为企业在远离原点的技术能力等高线上选择技术,它表明选择同样的技术可以有较短的学习过程,或者通过类似的学习过程可以有较小的技术差距,从而代表较高水平的技术。企业技术水平的不断提高表现为技术等高线不断向右上方扩张。

在图3的盒子中,设想所考察的企业在左下角,而技术先进的国外企业处在右上角。处在左下角的企业要想追赶右上角的企业,必须克服两个企业间的技术差距与学习差距。

企业提高自己的技术能力与技术积累,意味着等技术能力曲线往右上方的移动。只有处于较高的等技术能力曲线上,企业才可能选择技术差距与学习差距更小的技术。企业可以通过这样的技术追求,不断缩小与先进技术的差距。

跟随者在不同等高线上的选择形成了企业的技术发展曲线。图4给出了三种类型的技术发展曲线。曲线Ⅰ表示跟随者希望尽快缩小与领先者的技术差距,曲线Ⅲ表示追求较短的学习过程,曲线Ⅱ兼顾技术差距与学习过程的均衡,即在缩小技术差距的同时也注意缩短学习过程。

很难说哪一条技术发展曲线是最优的。三种不同的技术发展曲线代表着不同的技术追求类型。

类型Ⅰ表示企业急于缩小与领先者的差距,但是技术能力并不能很快提升,所以一直存在着巨大的学习差距。但是如果外部条件发生变

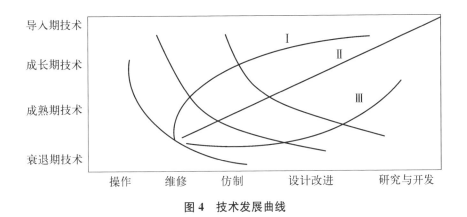

图 4　技术发展曲线

化,如企业由于新技术开发区的开辟获得区位优势,从人才市场获得优秀科技人才,特别是有可能从领先者那里挖来科技人员,则会使企业技术能力迅速提高。围绕着对重大技术引进的吸收消化由政府出面组织的攻关,更是对企业的巨大帮助。

类型Ⅲ的问题看起来是难于弥合技术差距。企业进行这样的选择,在乎的是学习差距而不是技术差距。这种情况很少被研究,但现实中应该存在,理由是:虽然对企业来说技术是重要的,但市场更重要。如果影响市场的决定因素不是技术问题,企业就不可能把技术差距的弥合放在首位。

类型Ⅱ表示的是技术的平衡发展,既注意缩小技术差距,又注意缩短学习过程。这样的技术发展可以划分为四个阶段来考察。

第一阶段,跟随者仅有较低的技术水平,一方面表现为吸收消化技术能力很低,另一方面又表现为技术装备落后,因此,进口成套设备常常是最初的选择。成套设备往往体现衰退期技术,吸收与消化则主要表现为培养操作能力与维修能力。

第二阶段,处于成熟期的制造技术是引进的重点。关键设备也许还需要进口,但自我配套的要求也同时被提出来。引进软件意味着对技术积累有更高的要求,从而仿制能力首先得到培养,国产化与对产品的小改小革成为可能,产品可以代替进口或者打进国际市场。

第三阶段,主要引进成长期技术。成长期技术包含较多的创新机会,所以可以出现新的设计与改进,企业的设计能力得以发展。

第四阶段,意味着技术水平已接近领先者,通过引进导入期技术甚至实验室技术实现早期参与,或者通过合作发展技术,都使得研究与开发成为获取技术的主要手段。

获取技术的策略:案例分析

1. 上海复星高科技(集团)公司

1992年11月,复旦大学数名学生和青年教师筹资10万元成立了上海广信科技咨询公司,经营范围为科技开发与咨询。为经营生物工程领域的高科技产品,于1993年3月成立了上海复生生物工程研究所,经过增资扩股发展成上海复瑞科技实业公司。1993年6月,通过与外资合作,成立了中外合资上海永信咨询有限公司,同年8月扩展为上海广信科技发展公司,主要经营尖端信息技术的应用。1994年1月,上海复星实业公司成立,开始多元化、国际化、集团化经营,并于1994年11月挂牌宣告上海复星高科技(集团)公司成立。该集团公司自有资金已由30个月之前的10万元增长到5 000多万元,可控资金4亿元以上,旗下有大小各类企业20多家,总体实力在上海民营高科技企业中排名第二,跻身上海各大集团企业的第89位。上海复星高科技(集团)公司的神奇发展,主要是由于它的高科技特点。从集团公司的第一个实体开始,就把自己定位为高新技术的开拓者。通过自主开发,以及引进与自主开发相结合,该公司先后开发了生物医药制品PCR(聚合酶链式反应,全称Polymerase Chain Reaction)、保健食品咕咚糖、天火信息网、新型健康娱乐城等,获得了高收益和高增长。以生物医药制品PCR的开发为例,在开始决定发展生物工程技术时,该公司面临着两种选择:一种是选择酶联免疫试剂,技术上已经成熟,且投入较低;另一种就是选择PCR试剂,属于尖端基因技术,国外已有应用,但国内开发单位少。复星公司意识到PCR试剂的巨大市场潜力,毅然从复旦大学生命科学研究所引进实验室技术,联合华东师范大学、上海第二军医大学师生组成科技开发小组,在短期内开发出PCR试剂投放市场。PCR很快达到年销售额300万元,当时估计市场饱和量为5个亿。PCR试剂还获得国家卫生部认证,在全国推广PCR临床检测技术,并以建立PCR分子检测实验室作为评定医院等级的标准之一。

2. 汕头市超声印制板公司

汕头市超声印制板公司是汕头市超声电子仪器公司与我国香港地区汕华发展有限公司于1985年合资创办的。当时它是国内印制板行业的骨干企业,其产品获"国优产品"称号。此外,它还名列"中国500家最大外商投资企业""中国最佳经济效益企业""中国电子元件100强""广东省高新技术企业",历年被评为"中国外商投资双优企业""全国出口创汇先进单位"。印制线路板为电脑、通信设备和仪器仪表的必需元件,在我国属高新技术产品,市场前景光明。当初,该公司经过充分调查,选择了技术先进、实力雄厚的依利安达公司技术,采用"交钥匙工程"引进方式。合同规定,验收标准为企业投产半年内产品达到国际标准,并能获得美国UL标准认证(Underwriters Laboratories Certification)。结果1986年1月,生产线一次试产成功,产品质量达到合同要求,并被接纳为国际印制电路协会(Institute of Printed Circuits,IPC)会员。

为了做好所引进技术的吸收消化,公司采取了两方面的措施。

一是按照国际惯例进行经营管理。该公司引进"洋厂长",由其主持公司日常工作,实施美国式与日本式相结合的管理方式。在管理方面,建立了一套包括进料检查、生产检查、质量反馈、设立客户代表在内的品质保障体系,获得国际质量认证。

二是注重人员培养,罗致科技人才。公司先后派出两批18人次前往我国香港地区培训,请来10名香港教员培训职工。广泛吸纳全国科技人员,使公司450名职工中有工程技术人员110名。到1988年,这支队伍已独立掌握整条生产线的工艺技术,能及时排除电脑故障。在吸收消化的基础上,公司开始跟踪国际新技术、新工艺的进展。1988年,公司依靠自己的科技力量试制成功多层印制板,节约几十万美元的多层板技术转让费。自己设计和施工的生产线仅用一年多时间就能生产出四层、六层、八层印制板,质量稳定,达到国际先进水平,产量也逐步提高。

3. 上海电站辅机厂

上海电站辅机厂为全国最大的电站辅机专业制造厂,其产品主要为电站主机提供合格的用水、用气及疏水、通风设备。20世纪70年代,该厂主要生产压力容器,产品单一,专家们认为与当时国际先进水平相比技术差距大约是20年。20世纪80年代后开始通过引进技术缩小技术差距。1981年,引进美国福斯特惠勒(Foster Wheeler)公司高压加热器设计制造技术,根据技术需要引进关键设备,包括自动置氩弧焊机、三轴深孔钻床、35轴数控钻床、CM350-17数控切割机、2兆伏直线加速器等。经过吸收消化,1988年成功制造出125万千瓦高压加热器。1990年,为进一步缩小与先进水平的技术差距,又引进大型高压加热器关键技术,以引进设计图纸为主,经过吸收消化,于1992年成功制造出30万千瓦高压加热器,1993年又制成了60万千瓦高压加热器。

据称,这两类产品达到20世纪80年代末的国际先进水平。该厂引进技术的方式基本是只引进设计图纸。该厂一位副厂长称,对于所有引进的技术,技术人员都能在一年之内吸收消化。

4. 上海无线电九厂

上海无线电九厂在1982年和1988年有过两次大规模的技术引进。1982年,曾利用银行贷款向日本阿尔卑斯电气株式会社引进电视频道预选开关(第一代产品)生产技术。当时国际上已经流行遥控开关(第二代产品),但我国彩电产业刚刚起步,第一代产品仍有销路,尚能在五年之内还清贷款。1988年,向日本同一家公司引进第二代产品生产技术,其时国内遥控产品已纷纷上马,所以在第一期工程刚刚完工之日,发现产品已经过时。因此,引进的先进设备被迫用于其他同类零部件,甚至闲置。但该厂对所引进技术的吸收消化却为人称道,如该厂利用引进的设备开发模具生产技术,成为国内模具生产技术领先的企业,可以说是对技术引进失误的一种补偿。

上述四个案例,有成功的,有失败的,有的有区位优势,有的不具优势。在获取技术方面,它们各有特点。上海复星高科技(集团)公司的成功在于它充分利用了自己的区位优势,那就是依托复旦大学的科学研究。所以,这个公司能有一个高起点,技术能力接近领先者水平,可以早期参与高新技术的发展,还能独立开发产品。这表明,其在技术选择与技术追求中一开始就处在本文之前描述的第四阶段。和上海复星高科技(集团)公司相比,汕头市超声印制板公司的区位劣势十分明显。一般认为,在技术差距很大的情况下,引进技术采取"交钥匙工程"方式是可取的;但是由于接受方在引进中参与程度较低,所以不易真正引进技术。汕头市超声印制板公司的经验表明,"交钥匙工程"这种方式可以利用得好的关键是在吸收、消化、创新方面切实下功夫。它们通过培训和广泛吸收科技人员最终克服了区位劣势,并造成一种局部的区位优势。上海电站辅机厂的技术发展类似于我们此前描述的类型Ⅰ与类型Ⅱ的中间状态。也就是说,该厂能通过技术引进培育和发展自己的技术能力,而技术能力的提高又有利于进一步的技术引进。该厂的经历表明,这种进展还表现为企业技术引进方式的进化。从配套程度角度来看,技术引进具有从引进成套设备到引进关键设备,从引进硬件为主到引进软件为主,从引进全部技术到引进关键技术的趋势。一般来说,配套程度越高,成本就越高,获取技术就越不易。技术引进方式的进化在很大程度上受企业的技术能力制约。企业吸收消化能力低,加上技术装备落后,科技力量不足,技术引进中配套程度就高。企业有能力对技术加以分解,明确哪些可以自己完成、哪些需要引进,技术引进的配套程度就会大大下降。上海无线电九厂技术引进的失误反映了从发达国家获取技术的困难。

一般来说,跟随者为缩小技术差距所作的努力往往会削弱领先者的技术优势,这会在一定程度上损害技术领先者的利益。考虑到这种后果,领先者在技术转让中往往预先采取防范措施,如在转让合同中增加不利于跟随者的条款,只转让落后技术而不转让先进技术,只转让一部分技术而不转让核心技术,目的就是增加跟随者对领先者的依赖。一般来说,技术市场是卖方市场。如果有来自同一个国家的许多买主蜂拥而至,则买方竞争,卖方得利,同时还有可能导致重复引进的后果。上海无线电九厂在技术引进中遇到的问题就反映了这种情况,而且上海无线电九厂两次引进都找同一家公司,有过分依赖一个卖主之嫌。在技术引进中过分依赖一家公司有时是不明智的。较聪明的办法应是尽量扩大自己的选择范围,并尽可能使转让方竞争,以造成局部的"卖方竞争,买方得利"局面。要做到这样,常常有赖于政府加强技术引进的管理。例如,日本和韩国政府都曾推行统一技术引进窗口的政策,避免了国内企业在技术引进中的竞争,并促使欧美厂商之间相互竞争。"鹬蚌相争,渔翁得利",这不仅有利于降低引进成本,更有利于获取技术。

跟随者的逆袭

成功的技术跟随者依赖一种良性循环:技术引进促使企业技术水平提高,企业技术水平的提高有利于引进更高水平的技术。这种良性循环的关键在于,企业能在现有的技术发展轨道上不断学习和消化,并在所引进技术的基础上再提高一步,逐步缩小与先进技术水平的差距,同时也表现为减少对技术领先者的依赖而独立发展技术的趋势,实现跟随者的逆袭与技术跨越。这种逆袭与技术跨越一般需要一个较长的阶段。因为随着技术差距缩小,后起者优势也会减少乃至消失,从而企业就不再是一个跟随者。

中国与亚洲不少国家产业与技术发展的共同特点,是通过外国直接投资(foreign direct investment,FDI)、原始设备制造商(original equipment manufacturer,OEM)、联合投资与技术交易等各种方式引进发达国家与地区的产品制造技术,大量的企业通过跟随者战略在吸收消化的基础上发展自己的技术,培育和发展新的市场,促进了本国的经济增长与发展。引进外部技术与培育国内市场,并促进出口与发展外向型经济,在一定程度上延长了技术的生命周期,使源于发达国家的技术发展得以延续。不仅如此,原有的技术面对新的生产、销售与消费环境,有不少新问题,需要在新的条件下根据本地资源与市场需求的发展作适应性调整与变革,所以仍有可能出现不少创新。

这类创新具有特殊性,可称为在引进吸收基础上的创新,吴晓波教授把这类创新简称为二次创新,以区别于首创。对其特殊性可作以下三个方面的评注。

第一,企业的技术是在被引进的基础上发展的,这一技术的发展轨迹或技术范式是既定的,技术发展的轨迹很像在规定跑道上的赛跑,没有"弯道超车"。这种技术的学习好比追赶者的游戏,企业从原来的跟随者,通过不断缩小与领先者的差距,最后也有可能实现超越。

第二,在图4中,如果一个企业的技术发展从左下角经历几个阶段的发展接近右上角的位置,即接近领先者的地位,就会发生角色的变化,即不再是跟随者,而成为领先者或领先者的竞争对手。如果是这样,我们上述的跟随者战略就不再适合,而需要技术发展战略的转换。显然,并不是所有企业都能走到这一步。

第三,既定的技术发展轨迹或范式构成了对技术发展的限定,但并不意味着技术发展的停滞,企业仍可能开发和利用相关技术与企业技术相融合,以开发新的产品或新的市场。

海尔集团是中国著名的家电制造业企业,其发展历程是中国企业通过吸收引进走向创新之路的典型。

1984—1987年,海尔从德国利勃海尔(Liebherr)公司引进四星级电冰箱的生产技术和设备,委派技术人员赴德国利勃海尔公司接受培训,通过学习模仿四星级电冰箱的产品开发,推出了第一台四星级电冰箱。

1988—1991年,海尔研发活动的重点在于生产工艺的创新和零部件的国产化。为更好满足本地市场需求,海尔通过反求工程进行工艺创新,针对中国市场的特点,开发出适合国情的双开门电冰箱,并通过了美国UL认证,逐步与国际接轨。

1992—1997年,海尔通过将计算机辅助设计(computer-aided design,CAD)/计算机辅助工艺计划(computer-aided process planning,CAPP)/计算机辅助制造(computer-aided manufacturing,CAM)以及制造资源

计划(manufacturing resources planning,MRPII)等技术用于产品设计和开发工作,进行产品与工艺的改进创新。海尔电冰箱系统先后通过ISO9001认证和ISO14001环境系统认证。在改进创新阶段,实现了产品多样化,开始以直接出口的方式积极拓展海外市场。海尔把管理重点转向产品性能改进,研发活动的重点转向对已有技术的改进。海尔瞄准新的市场需求,以改进型产品创新为主,利用技术积累,逐步形成自主的研发能力,在国际上率先攻克冰箱无氟、节能、大力冷冻三个难题,走上了自主创新之路。

1998年以后,海尔产品门类已相当齐全,其主导战略演化为海外市场设计、生产、营销的三位一体化。

从历史上看,从技术跟随者逆袭为技术领先者,海尔不是唯一的例子。历史上不乏技术跨越成功的先例。如公元13—16世纪,意大利的很多小企业引进东方手工业操作技术,加以改进和深化,极大地提高了生产力水平,并为此后大规模制造工业的发展奠定了基础,实现了历史上第一次巨大的技术跨越,完成了人类文明中心从东方向西方的转移。

一些比较典型的历史案例如表1所示。

表1 在技术创新中逆袭成功的一些企业

国家	时代及环境背景	企业	实现技术跨越应用的主要技术类型	实现条件
日本	第二次世界大战后,国家经济开始起步,世界范围内技术进步速度加快,国家政策支持和发达国家扶持	三菱集团	电机等传统技术	企业技术基础好,研发流程体系化,拥有优秀坚实的人力资源,实行内部董事制度和年功序列制
		三井物产株式会社	由石油裂解技术等甲种技术过渡到常压法制聚乙烯等专利技术	善于与其他企业合作研发,已有技术基础好,深入人心的社是和社训,集团主义经营,以社会属性和伦理属性为前提的经营思想

续 表

国家	时代及环境背景	企业	实现技术跨越应用的主要技术类型	实 现 条 件
韩国	第二次世界大战后,国家经济在美国的扶持下开始稳步增长,依赖国外技术引进,国家制定了依靠技术进步发展的战略	大宇集团	汽车等相关传统技术	主要运用技术反转法,活件、硬件、软件、资件等方式相结合进行技术管理
韩国		三星公司	微电子技术	运用反向工程引进技术并研发,不断提升技术精密程度
中国台湾地区	第二次世界大战后,积累了大量财富,有发达国家支持,制定了循序渐进的科技发展政策,加强基础设施建设,重视人力资源的积累培养	庆丰集团	集成电路制造技术、电子技术等	运用儒家文化渗透员工,规范细化研发流程,注意工艺创新,不断追求已有技术的进一步升级
中国台湾地区		大同公司	电视机等传统技术	注重中国传统文化管理思想,通过用户创新不断扩大市场份额,注意跨公司的联合研发
德国	第二次世界大战后,经济开始恢复,人民怀有热切的强国愿望,国家出台一系列鼓励科技进步政策	戴姆勒-奔驰公司	传统汽车的整车技术	制定了员工参与制度和集中化的研发管理流程,通过技术精细化、规范化来提升企业竞争力
中国	20世纪80年代,国家经济稳步增长,国家政策保证,地方政府支持	海尔集团	家电等传统技术	全方位优化(Overall Every Control and Clear, OEC)管理模式和独特的海尔文化

但是,世界范围内技术创新速度不断加快,通过在现有轨道上不断学习的二次创新越来越困难。技术领先国家和地区的技术创新能力非常强大,能够稳固地迅速提升技术发展曲线。它们在加快原有技术轨道上的技术创新的同时,还非常重视新的技术。比如,微软不断收购小型软件公司,以新生的技术创新成果为己用;在攫取了大量利润之后就抛弃原有技术,进入新的技术发展轨道,通过这样的方式不断实现对技术的控制。这种速度非常之快,以至于落后国家和地区根本来不及消化吸

收原来的技术,先进的国家和地区的技术就已经发展到了新的层次。在这样的条件下,落后国家只能被动地走"吸收—消化—吸收新技术—消化新技术—吸收更新的技术—消化更新的技术"的道路,永远落后于先进国家和地区,加上其他诸如技术封锁等不利条件,落后国家和地区通过二次创新实现的技术跨越机会越来越少。面对这种情况,企业需要新的创新战略。

主要参考文献

1. G.多西、C.弗里曼、R.纳尔逊、G.西尔弗伯格、L.苏蒂:《技术进步与经济理论》,钟学义、沈利生、陈平译,经济科学出版社,1992。
2. 司春林:《技术引进与学习》,《数量经济技术经济研究》1995年第8期。
3. 曹忠:《避免在技术引进中失误》,人民出版社,1989。
4. 吴晓波:《二次创新的进化过程》,《科研管理》1995年第2期。
5. Kim Young-Ho, "Lessons from Korea's Experiences of Technological Development," Japan-ASEAN Forum IV: Technology Transfer and Development, Tokyo, November 17-18, 1993.

[本文初稿曾发表于1995年第六届企业家精神国际学术大会,后编入笔者所著《企业创新空间与技术管理》(清华大学出版社,2005年)第十五章。在此又进行了修改与补充]

技术生命周期与企业技术创新策略

技术是产业发展与企业经营的支撑系统。某项技术从开始出现到盛行,再到最后退出历史舞台,这个过程被称为技术的生命周期。不同技术的生命周期有很大差别,有的技术几乎昙花一现,有的则在很长的历史时期还具有生命力。

企业技术创新管理的许多问题都是围绕着技术生命周期展开的。首先,技术生命的周期性发展是研发投入推动的结果,同时对企业的研发与创新活动又具有风向标作用。进一步说,技术生命周期的不同阶段又对企业的经营有着不同的影响,而且在技术生命周期的不同阶段,技术的发展有不同的特征。因此,采取怎样的创新策略不是简单的问题。更严重的问题是,如果企业的创新策略失当,不仅影响企业的经营业绩,而且可能关系到企业的生死存亡。

技术生命周期的动态特征

技术生命周期(见图 1)反映技术本身的动态发展特征,通常用 S 形曲线来描述。纵坐标是代表性技术性能指标或技术绩效参数的测度,横坐标代表时间或累计研发投入。S 形曲线的特征是,当横坐标从左往右变化时,纵坐标最初起点低、变化慢,但随后会加速提升,呈指数式增长,直到拐点,然后提升速度放缓,表现为对数式增长,直到遇到技术的自然限度,达到技术发展的"天花板"。

对 S 形曲线的经济学解释是,技术性能指标或绩效是研发投入的产出或收益。技术提升的速度加快,是边际收益递增的表现,即在技术开发初期,增加的研发投入可使技术更快地提升。但边际收益递增不会一

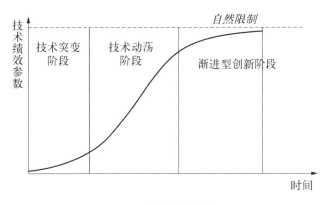

图 1 技术生命周期

直延续,到了一定阶段或限度(拐点),再继续增加研发投入,就会出现边际收益递减,即增加研发投入虽然仍使技术继续提升,但提升的速度开始变慢。

更直观的解释与描述是,随着时间的变化,研发的投入与绩效如何变化。在技术生命周期的初始阶段,技术发展方向与前景不够明确,只有少数个人、企业或组织参与,研发投入有限,技术绩效不高,进展不快。但随着技术的不确定性逐渐减少,企业加大了研发投入,同时也有更多的企业与组织参与,技术发展的关键问题不断得以突破,技术绩效获得迅速提升。随着主要的技术问题得到解决,技术接近成熟,技术壁垒开始出现,参与的企业不会再继续增加,研发投入及技术的提升也逐步趋缓。

技术生命周期的这一基本特征,实际上也可以通过直接观测予以实证。例如,李清海博士检索了中国 1985—2007 年手写识别技术每年的专利申请数,发现专利申请的变化中有一个明显快速增长阶段。如果描绘出手写识别技术发明专利累计量的变化,就可发现典型的技术生命周期曲线。

对技术生命周期不同视角的描述与研究具有共同的认知,即在技术生命周期中可划分出技术性能指标或绩效的提升速率有明显不同的两个阶段。前一阶段称为技术突变阶段,后一阶段称为技术渐变阶段。两个阶段之间的拐点称为过渡或分界,与技术生命周期中两个不同的阶段共同反映着技术发展的动态特征。

"拐点"本是个数学用语,但在技术生命周期曲线上具有特殊的意义。在艾伯纳西(William J. Abernathy,1933—1983)与厄特巴克(James M. Utterback)的著名研究中,它不能作为一个点加以对待,而是技术生命周期中一个特殊的阶段,称为过渡阶段。过渡阶段的核心问题是主流设计的形成。按照他们的定义,主流设计融合了技术突变阶段许多创新成果,并通过技术与市场的交互作用,最终形成被产业内大多数企业和市场上大多数顾客所接受的产品设计。产业的竞争者要想在新产业中占有一席之地,其产品必须采用此设计或以此设计为基础。

主流设计的形成标志着在过渡阶段实现了技术突变阶段所达到的目标。有人认为,主流设计形成后技术还会短暂地快速发展。主流设计一旦形成,就成为产业内所有企业共同遵守的准则与依据,企业创新的重点将转向改善生产与配送的效率,技术的发展将进入渐变阶段。

突破性创新与渐进性创新

技术生命周期描述的是该技术所支撑的产业的技术发展状况,是这一产业内所有企业技术发展状况的综合反映。每个企业在创新活动中的先进性与主导性不同,对主流设计的贡献不同,与此相关的权益与竞争中的优势也不同。自然,每个企业都希望取得先机。但在技术突变阶段,技术的未来进展存在着极大的不确定性,研发活动没有现成的标准、规范与轨道可以遵循,这时的创新需要通过发散思维寻找目标。发散思维是不断拓展思路,沿着不同的途径与方向探索多种独特的技术方案。在技术突变阶段,以产品创新为主,各种新产品的设计不断变换着,企业需要确定未来产品应当怎样才能找到它的市场定位。进行这一探索的企业一般不是一家,而是有很多,所以产品创新频繁,产品设计方案层出不穷。这样的创新为突破性创新。

突破性创新面临的挑战是,新技术可能不符合现有相关行业标准和技术标准的要求,或者说适合新技术的技术标准还不存在或还不明确,突破性创新需要以建立新技术"自己"的标准为目标。突破性技术创新持续不断的研发过程好比在迷茫中寻觅某一目标,需要通过不断的修正与评估,在技术和市场的交互作用中不停地"尝试—纠错—再尝试"。在主流设计这一"事实上的标准"以及产业的相关技术标准出现之前,企业只能在自己研发成果的基础上尝试率先建立本企业的规范与标准。

所以,突破性创新同时面临着两个任务:一个任务是通过持续的研发活动发现有可能形成有价值的程序、评估准则与规范的结果;另一个任务是对先期确定的评估准则与规范的修正与重建。这好像改革中的国有企业,一方面需要搞好日常经营,另一方面又需要考虑体制的改革,包括运营模式的改革。

突破性创新的两个任务可通过双循环学习过程(见图2)来描述。

第一个循环描述开始阶段持续不断的研发,通过评估与总结,会产生有价值的发现,然后通过进一步的行为加以验证或改进。因此,这一循环可以说是研发活动逐步深化与持续改进的过程,在这一过程中产生企业标准与规范的最初版本。

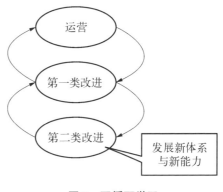

图2 双循环学习

但是,在技术突变阶段,企业为使自己研究的技术保持先进,在已有的进展被对手获悉后需要开辟新的思路,因而需要对第一个循环的研究思路重新加以审视,作出必要的改进,这就要进入第二个循环。如果把第一个循环中的改进称为第一类改进,在第二个循环中的改进就应被称为第二类改进。第二类改进是对第一类改进方式作出的改进。企业作出这种努力,为的是最终能使自己的技术在主导设计中获得地位。企业为寻求尽可能的合作结盟,需要在开发中注意与合作者的共享与兼容,技术互补,从而对自己的创新体系作出某些修正。

此外,企业创新需要的合作者还包括用户。企业不仅要满足用户当前的需求,还要满足用户未来的需求,因而必须同用户携手创造产品。企业研究工作的职能包含着为提高用户的参与程度与创新能力而创造各种方法和工具,帮助用户确定和发掘他们潜在的需求。

上述这些方面是企业必须进行双循环学习的理由,也是企业进行双循环学习的途径。

双循环学习要求广开思路、广开言路,不断引进新的思想与知识,不仅要改进创新管理,而且要考虑究竟怎样的改进更有效。

双循环学习是超越企业边界的学习,承认企业对环境变化的反应需要不断修正,包含对初步形成的组织规范与行为方式不断质疑和重新评价,从而作出必要的调整。

第一个循环中需要集中思维,所有研发活动都围绕着试图从不确定性中寻求有价值的产品设计与方案。第二个循环中需要发散思维,关注对创新成果有影响的多种因素,并且对这些因素引起的不确定性和模糊性程度作出处理,试图从多种可能性中看出哪一种或几种会与将要出现的主导设计有联系,表现为对第一个循环作出评估,并提出改进的方案、设想、计划。

过渡阶段所形成的主流设计常被说成技术的"事实上的标准"。一般来说,技术的标准是在主流设计出现前后形成的,技术标准的形成意味着技术从突变阶段转换到渐变阶段,创新思维方式也从分散转向集中。过渡阶段的创新体现了分散思维与集中思维的统一。主流设计包含了突破性创新中通过分散性思维发现的一系列创新成果,但它作为"事实上的标准",又是集中思维的成果。

当主导设计出现以后,技术沿着明确的技术轨道发展,不再有大的变化。对企业来说,技术的标准与规则都已经形成,创新将在既成的规范、标准基础上进行,产品与工艺的渐进性改进就成为主旋律。来自第二个循环的持续改进不再被考虑,从而第二个循环也就逐步退出,企业创新开启单循环学习方式(见图3)。

从这时开始,所有的研发活动日益聚焦于已经明确的技术轨道,围绕着产品的普及、标准化和大规模制造,在一系列工艺改进的基础上,建立包括设计、生产、配送的产品平台,借以节约成本和获取时间优势。这样的创新可被称为渐进性创新。

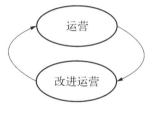

图3　单循环学习

企业创新的困境

一个企业如果从新技术研发开始创业,最初的创新具有突破性特点,继续沿着这一生命周期曲线发展,之后就会进入渐进性创新。从突破性创新到渐进性创新,企业内部一定会发生一系列变化,这种变化必然也是渐进性的。对这样的企业来说,顺应技术生命周期的变化是一个逐步适应的过程,似乎构成不了挑战与考验。

但是,对一个成熟企业来说,特别是对一个市场上的主流企业来说,真正的挑战与考验是同时面对这两类不同的创新。发生这种情况的前提是,当企业在某一成熟技术的基础上经营时,一些对企业现有技术具有破坏性影响的新技术正在悄无声息地迅速发展。

新技术替代老技术是企业经营中常见的现象。例如,历史上真空管技术的发展受到管子的尺寸大小和丝极加热能源消耗等因素的限制,而晶体管技术因为使电子在固态材料中传导可突破这些限制,因而在市场上很快取代了真空管的地位。这使得掌握晶体管技术的企业获得迅猛成长,成为市场上的主流企业,而固守着老技术的企业陷入灭顶之灾。遭到同样命运的还有那些意识到需要选择新的技术但却来不及进行调整的企业。

在20世纪60年代早期,贝尔(AT&T)的电话交换系统在美国的市场占有率为90%,但没有意识到电话交换系统正从纵横制向更先进的程控交换发展,因而没有及时开发程控交换机,其市场占有率节节下降,到20年后80年代已降为30%(见图4)。

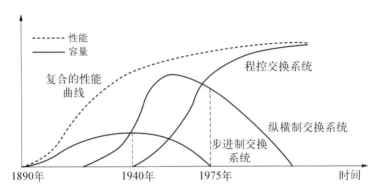

图4　产品生命周期(电话交换机系统的进化过程)

新技术刚刚出现的时候,它所展现的新技术性能往往只被少数人认可,而在人们普遍关注的技术性能指标方面它可能还"落后于"老技术。加上新技术未来应用前景具有较大的不确定性,而沿着企业主流市场中主要顾客的需求曲线提高已定型产品性能的渐进性创新又能给企业带来源源不断的利润,在这样的情况下,新技术很难一开始就进入市场主流企业的法眼。

市场主流企业由此可能错失良机,甚至招致走向失败的风险。如图5所示,两条交叉的斜直线代表两条技术生命周期曲线的交叉部分,作为特写,我们用斜直线代替了曲线。新技术2的性能指标起初在老技术1的生命周期曲线下方,但随着时间的推移,开始从下方突破,表明在人们关注的性能指标上新技术对老技术的超越。如果老技术就此被取而代之,而企业又不能快速跟进与赶上,那么这对企业的影响将是巨大的,甚至是灾难性的。

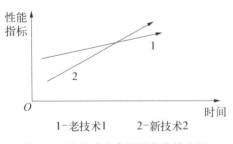

图5　两条技术生命周期曲线的交叉

企业面对技术变革时遭遇选择困难,最终咽下错误选择带来的苦果,是不幸的。但是,也许更大的困境是难以识别需要抓住新技术的机会。由于长期习惯于针对老技术的渐进性创新,企业形成了组织刚性或思维惯性,导致无法及时地作出反应与调整,正像带着惯性奔向悬崖的马车无法停止一样。

企业的技术管理活动总是需要通过一定的流程和组织来实现。这种流程和组织在企业技术管理活动过程中经过不断磨合、融会和改进,最终在企业内沉淀形成一种类似企业文化的价值观,构成企业内部员工普遍认可的内部价值网络。企业内部价值网络对整个企业的创新管理活动形成强有力的支撑,使企业创新按照一定的模式发展,所产生的偏差可以自动得到纠正。因此,企业内部价值网络为企业认可的技术创新方向提供了保障。

企业内部价值网络形成的要素包括以下三个方面。

1. 技术规范、标准

一般来说,技术规范、标准支持和推动着已有的产品质量与技术水平的提高。广义的规范、标准还包括企业操作规程、默许工作流程方式以及行业中例常性的做法。标准的推行往往表现为在企业内部组织员工学习,统一认识,一切以标准来衡量、规范。

2. 组织架构

内部价值网络作为"无形的网络",与企业组织架构有着密切联系。员工的思想观念、利益分配和技术标准等都要通过企业的组织架构得以传递。

3. 流程

企业的组织架构建立在流程的基础之上,流程管理综合反映了企业的价值取向。在企业内部价值网络中,流程具有三大特征与作用。

一是协同性。协同性是指不同组织部门间保持信息共享,及时、清晰地相互理解与沟通,在同一目标下协调一致地解决问题。

二是适应性。适应性指组织在遇到突发事件时保持灵活性,对干扰能够作出及时的反应与调整，保证研发活动沿着既定的技术轨道持续进行。

三是例常性。例常性代表了组织制度与政策的程序化管理程度。流程的例常性可以使成员不断把自己的行为和规范进行比较，减少开发过程中的质疑和不确定性，提高研发效率。

如果企业面对的是常规的、渐进性的技术创新管理，那么，内部价值网络可以为这样的创新管理提供充分的保障。然而，如果企业面对的是突破性技术创新那么通常不能从原有的技术标准、组织和管理流程得到支持，原有内部价值网络的惯性会成为创新的障碍。

一是技术标准障碍。突破性技术往往受到已有标准的排斥，尚不能得到原有内部价值网络的接受与容纳。

二是流程障碍。流程的例常性虽然极大地促进了渐进性技术创新，但是也使企业缺乏灵活的调整能力，对突破性技术创新活动所需要的另类流程不能作出反应。

三是组织障碍。原有组织架构适用于渐进性技术创新，无法适应技术的突变，也无暇应对技术的重要变化。

企业内部价值网络是一把双刃剑，固化的程度越深，对渐进性技术创新的效果越好，对突破性技术的阻碍也越大。突破性技术创新与企业原有的内部价值网络往往有冲突，企业如果不希望失去新技术的机会，就需要突破原有内部价值网络的障碍，建立新的内部价值网络。

组织学习与变革

解决创新困境的途径应是改变企业的组织学习方式，使企业组织具有灵活性，使企业内部价值网络具有包容性。

新技术发展面临的突破性创新要求双循环学习方式，但习惯于渐进性创新与单循环学习的组织不可能自动升级为双循环学习。面对新的技术挑战，合理的安排是企业另外成立一个新的部门应对技术变化。这意味着使企业成为二元化的组织:企业母体依靠原有的技术、部门结构、操作流程继续经营,争取最大的利润;而另一个独立的专门组织则负责应对技术重大变化对企业的影响。

企业母体与新的独立组织的活动遵循不同的技术生命周期曲线。企业母体主要部门与核心业务都围绕着运营与渐进性创新,而新的独立组织面临的是技术的突破。作为同一企业的两个部门,它们各自具有独立性,没有相互从属与服从的关系。但既然同属于一个企业组织,它们又有关联。新的独立组织对新技术的研发关系着企业母体未来的前途与命运,同时这些活动又离不开母体资源的支持。

企业学习本来包括企业内部个人与个人、部门与部门、个人与部门、内部与外部之间的互相学习,包含着多个层次的学习,以及不同层次的交互作用。新的专门组织与母体之间的学习则面临新的问题。企业的母体继续着单循环学习,围绕企业的核心业务与第一类改进;新的专门组织也有自己的单循环学习与第一类改进,此外它更有第二个循环的学习,即应对挑战与危险的第二类改进(见图6)。

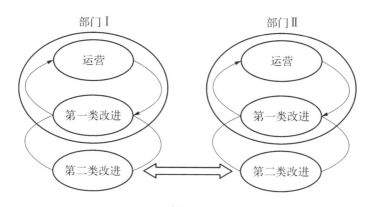

图6 两个部门间的学习

从母体与新的独立组织合成的新组织整体来说,这样的组织学习方式是双循环的,其中,第二类改进涉及的问题不仅包括新技术问题,还包括新技术与原有技术的关系问题。

企业需要不断改进学习方式,需要学习"如何更好地学习",需要通过组织范围内外的学习重新设计自己以适应变化的环境。

全技术生命周期的企业创新策略

技术生命周期反映整个产业的技术发展，对企业来说，技术生命周期与产品生命周期紧密相关。技术-产品的生命周期就是以新技术和市场为两极的周期过程，这一过程可划分为四个阶段（见图7）。

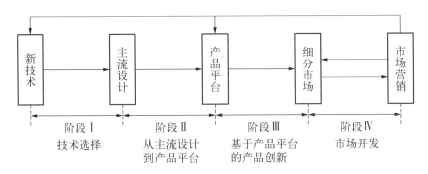

图7　以新技术和市场为两极的循环往复的周期过程

阶段Ⅰ是技术选择。新技术往往存在多个不同的技术标准和产品模式。自己的标准与模式赢得市场，获得整个产业中的支配地位，即成为主流设计，这是企业在这一阶段追求的主要目标。

阶段Ⅱ是从主流设计到产品平台。一旦主流设计在市场上出现，竞争的焦点就会转到产品的设计与生产流程上，流程的合理化、规范化和新产品研发的需要促使企业搭建产品平台。

阶段Ⅲ是基于产品平台的产品创新。产品平台不仅是为了产品生产与分销流程的合理化和规范化，也是为了根据不同的市场细分对技术性能进行优化，开发出不同的产品类型或系列。

阶段Ⅳ是市场开发。通过商业交流发现更多、更广泛的用户与潜在用户，吸收他们的创意，对产品设计、产品与分销平台等提出改进方案。

创新过程各阶段的特征如表1所示。

表 1　创新过程各阶段的特征

	目　标	主　要　活　动
阶段 Ⅰ	确定产品标准与技术性能,确立主流设计	管理项目组,评估与实施商业框架
阶段 Ⅱ	搭建产品平台(确定各项关键指标)	研发和测试产品原型,完全开发产品、流程和技术平台
阶段 Ⅲ	根据细分市场开发产品类型或系列,缩短上市时间(time to market, TTM)	开发更多改进的产品或者产品族原型
阶段 Ⅳ	开发系列产品的市场	通过知识渠道和最大的潜在用户团体进行商业交流,进行生产与分销改进

产品平台是企业经营与创新的核心。产品平台的基本要素如关键技术、工艺、知识等都来自主流设计,是固化到相关设备、工艺中的成熟技术体系。产品平台是一套通用架构,一系列不同的产品可以通过它有效地得到改善并且生产出来,以便根据市场的差异性满足不同细分市场的需求,从而最大限度地挖掘技术的价值。

企业日常的经营,其核心业务可以归结为基于产品平台的产品创新与以市场为导向的生产经营。

企业启用产品平台,需要反复进行的产品测试和原型制造就变得简单易行,从而就可创建包括特定产品、服务与工艺的产品系列,有利于企业全力以赴地面向市场进行产品开发。企业关注市场,营销部门就成为企业外部知识与信息交流的主要渠道,新的技术与产品知识从企业传输给用户与潜在用户,而新的市场知识又通过市场营销渠道反馈到技术开发与产品开发部门,促使企业考虑新的产品以及对产品平台的改进。由此引起的一系列相关活动,包括对产品系列、产品平台的评估与改进,分销系统的升级,以及新的知识渠道开创等,都体现了学习过程的第一类改进。

基于产品平台的产品创新往往促进产品平台的改进。这样的改进通常是渐进性的。产品平台渐进性改进的外部创新源泉除了用户,还有企业的供应商、合作伙伴、竞争对手、学术机构甚至媒体等。充分利用外部资源与信息,企业可以吸收、应用有关技术及设备,重新整合产品平台,提高其功能与效能。

但企业的产品平台也可能在技术上遇到颠覆性的变革,这意味着产品平台可能面临突破性创新。为了应对这样的新技术,企业应该成立另外的组织加以应对,但也可以寻求具有优势的外部合作伙伴共同开发。

应对新的技术变化,企业或外部合作组织都需要在综合分析与评价技术变化对企业现有产品平台影响的基础上,选择具有市场前景的技术。新技术的研发包含反复不断地改进和测试产品、实际的用户参与、不同的应用情景等。还要评估对内部制造和外部供应商制造的要求,测试关键部件的生产能力等。通过这些测试,可以进行详细的成本和收益分析。测试产品或者服务的所有配置和功能后,标准化的组件和界面就组成了新的平台。

因此对企业来说,可以区分两类不同类型的创新,即基于产品平台的产品创新与平台创新;平台创新中又可区分渐进性创新与突破性创新。与企业日常经营联系着的是基于产品平台的产品创新,如技术-产品周期后半段所描述的。渐进性的平台创新体现对产品平台的第一类改进,改进方案来自外部环境的各种信息与知识。对产品平台的第二类改进则需要依赖新的独立组织或外部合作,其过程如同技术-产品周期前半段所描述的,但是与现有技术完全不同。

产品平台是企业获取利润的平台。只要还有获利的机会,企业不可能放弃现有的平台。产品平台的突破性创新无疑意味着重大的创新。对任何企业来说,作出这一决策,一方面是看到现有平台的盈利机会越来越少,另一方面是意识到新的市场机会需要新的替代性技术与新的产品。

案例：海尔、海信与 LG

我国企业界与学术界一向有市场与技术之争，争论的焦点似乎在于重技术的不要市场，重市场的不要技术。实际上，所谓的技术派关注的重点是平台创新，而市场派则强调基于平台的产品创新。

每个企业都有自己的发展战略，企业的技术创新战略或创新模式服从和体现企业发展战略。在一个较长的时期内，企业可以根据自身的发展战略选择注重平台创新还是注重基于平台的产品创新。根据我们 2002 年夏天对海尔集团与海信集团的考察，以及之后借去韩国交流机会对 LG 集团的参观考察，发现三个企业集团是有差别的。

1. 海尔模式

"真诚到永远"是一句家喻户晓的广告词。伴随着海尔的发展壮大，"真诚"首先体现在企业要"想消费者之所想"；海尔的重要理念是"绝不对市场说不"，这些都表明海尔的目标主要是以市场的变化为导向。海尔基于这样的理念形成了"从市场中来，到市场中去"的产品创新体系，始终把消费者的需求作为创新的方向。创新的出发点是市场，落脚点也是市场。

海尔采用了结构化的研发项目小组的形式，以 OEC、市场链为平台，发挥各个部门的协同作用。

一是实施以市场链为纽带的业务流程再造，使每个部门、每个员工都面对市场，保证市场需求能够及时有效地在集团内部传递。

二是构建物流平台，提高订单采购、产品制造、产品销售的效率。

这种独特的研发流程为海尔针对细分市场迅速有效地开发出新产品提供了竞争优势,海尔拥有包括白色家电、黑色家电、米色家电在内的 86 大门类 13 000 多个规格品种的产品群。

海尔的创新模式很明显是基于产品平台的创新。海尔深信"创新就是创造有价值的订单",关心来自用户的反馈信息,重视用户创新,给用户发创新奖,这在国内企业中是新闻。

海尔创新模式的成功在很大程度上是因为海尔已经具有雄厚的技术积累和较完备的产品平台,这一平台足以使他们根据用户的需求在几十个小时内设计出新的产品样品。另外,还由于在海尔现有产品领域内,目前和近期没有出现重大的突破性技术。

但是,如果说海尔只关注现有产品平台上的产品创新,也不够确切。事实上,海尔现有的技术中心是海尔集团技术创新体系的核心,所辖的中央研究院是技术创新的导向体系。海尔在满足市场需求的同时也注意跟踪引进新技术,中央研究院的主要职能是跟踪和分析与集团发展密切相关的超前技术,搞好这些技术的商品化工作,使得各类超前技术在中央研究院得到二次开发。

2. 海信模式

以高科技、高质量、高水平服务,创国际名牌,这是海信的发展战略。"三高"就是秉承海信人"非国际先进技术不引进,非国内领先产品不生产"的发展个性,不求最大,但求最强。这种求强的信念,加上强大的科研开发能力和高素质人才队伍,使得海信总能够顺利地抢占市场的制高点,用高科技撑起产品的广阔市场。

在 20 世纪 90 年代,海信就确定了多媒体、家电、信息、通信、IT 智能系统、现代家居与服务产业并举的产业结构发展方向,明确提出以技术开发和创新作为集团的核心竞争力。战略层面对技术创新的高度重视使得海信对技术变化的敏感程度和对未来市场的预见能力大大提高。明确的战略定位和发展战略措施,为海信技术中心的孵化产业运作提供了方向和依据。

海信的技术中心采取孵化器的模式,针对高风险、市场不确定的技术,海信先成立研究所作为新技术培育的孵化器,孵化器主要由研究所成员构成,人员结构单一。在孵化期内,海信集团往往采取技术联盟、外包等形式来分散风险,因为孵化这些技术周期长、风险大。1993年成立空调研究所的时候,为了加速变频空调的产业化进程,海信曾与日本三洋合作开发针对中国市场的产品。

需要指出的是,由于技术积累、企业规模等因素的限制,进入海信孵化器的技术还不能说是足以打破国际上原有技术范式的突破性技术,比如,海信所研究的变频技术在日本已较成熟。但海信有志于先进行技术引进、消化、吸收,然后达到自主创新。从海信的发展战略看出,海信正在谋求与国际技术领先者开展合作,积极跟踪、吸收世界先进技术,投入150亿元人民币进行企业的技术创新,力求在集成电路设计技术、网络设备与服务技术、新型光电子显示技术等专业领域有所突破。

海信从1993年开始探索技术中心孵化模式,到2001年,已成功孵化出五家公司,其中包括已经成为集团第二大支柱产业的海信空调公司;海信以每年递增78%的发展速度,2001年实现全球营业额602亿元,2001年海信品牌价值评估为436亿元,是中国家电行业第一品牌。总之,海信告诉人们的是,每一个公司都应该根据自己所处的行业的特点和自身发展战略来采用相应的创新模式。

3. LG模式

作为韩国的第三大综合财团,LG集团业务遍及120多个国家和地区。经过长期不懈的努力,LG集团发展成为韩国产业界的代表性企业,也成为推动韩国经济发展的核心企业之一,经营范围从单一的化学领域逐步扩展到电子、能源、电器、通信等10多个领域。

LG集团发展历程大致可分为五个阶段:创业期(1947—1958)、奠基期(1959—1969)、成长期(1970—1988)、转变期(1989—1997)、第二腾飞期(1998年至今)。

1997年之前,韩国一直实行政府主导型的市场经济体制,实施出口导向战略,在这样的经济背景下,作为韩国主要企业的LG集团遵循国家发展战略,进行规模扩张,关注市场,追求经济规模。企业发展路线是:为占据市场份额大量借贷,为偿还借贷需要维持较高的增长率,为维持较高的增长率需要更多的大量借贷来进行投资扩张。在这样的背景下,为了实现规模发展,LG集团不得不重视用户、关注市场,充分了解用户需求,通过减少随意性和降低差错率,提高用户的满意程度。LG集团是韩国第一家实行六西格玛管理的公司。1997年经济危机期间,韩国30家最大企业集团中有2/3经营不善,利润低于贷款利息。LG集团则由于关注市场、重视用户需求,实现上一年度所投入资本的盈利高于市场实际贷款利率,这一年韩国仅有10家公司达到了这一指标要求。当时世界范围内技术创新的速度不是很快,产品生命周期比现在长。以电子行业为例,当时的主要产品集中在技术含量比较低的家电产业,产品换代速度比较慢,已有平台创新能够提供长时间必要支持。在这样的环境下,LG集团也没有必要过分关注平台创新。这一阶段的外界因素决定了LG集团的创新模式。LG集团在关注市场的创新模式驱动下实现了稳妥的增长,成为领导韩国化工、能源、电器、电子工业的先驱企业。

随着企业产品走向世界,企业视野变得开阔。进入20世纪90年代之后,LG集团发现世界范围内创新速度开始加快,产品生命周期越来越短,已有产品平台不再是获利的唯一保证。企业开始关注平台创新,提出"稳步生长与挑战精神的结合"的技术发展战略,加速了企业创新的步伐。

在经济全球化、信息化时代的20世纪90年代中期,企业遇到了严峻挑战。经济全球化要求企业有很强的市场效率和创新精神,以前工业化时代的企业规模很可能在信息化时代就显得过大了。企业经济规模庞大并不等于具有规模经济,企业的规模应该具有限度,盲目扩张企业规模最终会导致企业亏损。面对国际市场的激烈竞争,LG集团逐渐失去它的比较优势。国际压力来自两个方面:一方面,是发展中国家的低劳动成本竞争;另一方面,是发达国家的高技术竞争。当LG集团向海外咄咄逼人地扩张投资时,时常陷入上述两个方面造成的窘境,因而LG集团一方面没有足够规模的升级产业转入,另一方面也难以转出原有产业。以上限制造成了LG集团的产业投资效益很有限。20世纪末东南亚经济危机的爆发为韩国的很多企业敲响了警钟,促进LG集团发生创新模式的转变。LG集团虽然由于具备内部健全的管理制度和实行多元化经营分散了风险,渡过了经济危机的难关,但也深深体会到在新的时代背景下过分关注市场的危险,坚定了要更加关注平台创新的决心。LG集团开始改变自己的战略,进入第二腾飞期,从关注市场向关注技术转变。由于企业已经在过去的发展中慢慢积累了巨大的财力,培育了优秀的企业文化(成果主义文化和竞争文化),因此为实现产业经营的未来化,LG集团开始推行F-88项目和V项目。这些项目的实施改善了高度生长过程中出现的重复投资等经营低效性,也为企业的整体组织改革作了准备，使企业面对外界环境变化能作出恰当的反应。

LG集团的平台创新工作主要表现在企业的组织结构调整。经过金融危机后，公司分阶段实施了向控股公司体制转换、子公司分离等事业结构调整。LG集团一直在实施选择与集中战略，以期提高其国际竞争力。具体做法是将增长潜力不足的业务不断清理、出售或转至中小型企业，剔除没有发展潜力的平台，培育具有发展潜力的平台。LG集团计划将其组织结构从互相依赖的企业集团改变成共同享有LG商标和经营哲学的独立企业的联合体。2003年10月初，LG电缆、LG-日光(Nikko)铜冶炼、LG-加德士(Caltex)天然气、极东都市煤气四个公司正式脱离LG集团。这是为了通过加快以主力核心事业为中心的"选择"与"集中"进行事业结构调整。至此，LG集团的子公司由51个减少为47个。LG集团一方面重视剥离增长潜力不足的业务，另一方面也重视企业间的联盟合作研发。LG集团旗下的三家电信公司结成战略联盟，以与国内最大固网对手韩国电信(KT)竞争。

经过创新模式的转变，LG集团已拥有80多个研究开发中心，在韩国企业界雄居榜首，并继续投入巨大资源，以使自己在先进技术上拥有世界级的竞争力。LG集团不断加速发展未来战略型产业，1995年，成功地将码分多址(Code Division Multiple Access, CDMA)方式的数字移动通信系统商用化；1996年，获得公共和商业服务联盟(Public and Commercial Services Union, PCS)产业权；2000年，LG综合技术院开发的五项多媒体内容描述接口(Multimedia Content Description Interface, MPEG-7)数字技术被纳入国际标准工作草案；2001年，LG电子在世界上率先开发出尖端数码音视频(audio/video, AV)产品高解析度(high definition, HD)级光盘录像机。LG集团的历史是以过去50年间在研究和开发、技术革新方面取得的巨大成绩所铸就,也可以说是一部韩国产业技术发展史。LG集团追求"和谐、先锋精神和研究开发",它激励着LG集团在韩国产业技术的开发上始终发挥领导作用。从1952年第一个塑料日用消费品到第一台收音机、冰箱、空调器和洗衣机,很多韩国的第一都是由LG集团创造的。LG集团不仅是韩国的第一,通过开发喹诺酮(Quinolone)类抗生素、数字电视的核心芯片和60英寸等离子拼接显示屏(Plasma Display Panel,PDP),LG集团已跻身于世界技术先进公司的领导行列。

  LG集团的创新模式虽然完成了由产品创新到平台创新的转变,但是,并不等于LG集团不再关注市场,在平台创新的支持下,它也在关注市场,及时捕获机会。2001年,集团致力于"稳健的内实经营",秉承"尊重人格的经营,为用户创造价值",充分利用已确立的产品平台进行产品创新,深度挖掘市场,以获得更多的利润。

[本文根据笔者所著《企业创新空间与技术管理》(清华大学出版社,2005年)有关章节改写]

企业创新空间

企业创新的维度

经济学家熊彼特认为经济增长与发展的动力来自创新,以此为基础建立了他的经济学理论。作为经济学理论的基本概念,他把创新定义为建立一种新的生产函数,即把一种从来没有过的关于生产要素和生产条件的新组合引入生产体系。新组合通过企业来实现,以实现新组合为基本职能的人为企业家。这种新组合包括五种情况:(1)采用一种新产品;(2)采用一种新的生产方法;(3)开辟一个新市场;(4)获取新的原材料;(5)实现一种新的组织。

熊彼特所指出的创新的五种情况在经济学与管理学理论中被广泛认可,但随着人们对创新的日益重视以及研究视角的不同,对创新的类型也存在不同的划分,不断有新的补充。本文先从耳熟能详的技术创新概念说起。这一概念已被人们赋予较广泛的内涵,不仅包括新的生产方法及生产工艺创新,还包括新产品的生产,以及基于科学发现和新的工艺的原材料技术创新,甚至某些新的生产组织与流程(如流水线生产、精益生产体系等)也被纳入技术创新范畴。另一个常被说起的概念是市场创新,它对应着熊彼特所说的"开辟一个新市场",但也可以有更丰富的内涵,与技术创新一起构成企业创新的两个基本面。此外,本文还将使用"组织创新"这一概念。熊彼特所说的"新的组织",作为生产体系的组成部分,除了技术内涵之外,还包含着组织内涵。企业作为一个组织,具有一定的内部结构、管理体制、运行机制与流程,同时还与外部存在多种联系。可以说企业的任何创新都需要企业组织上的支持与保障,因而都需要组织创新来配合。

1. 技术创新

人们对技术的最初理解,与它存在的物质形态分不开,成套的生产工具和设备是其最典型的集中体现。但技术能发挥作用,是由于这些物质形态的工具与设备凝结了人们长期积累的生产知识,所以知识性更能体现技术的基本属性。技术的英语词汇"technology",其含义泛指方法、工艺、思想以及工具和装备等,被用来表示人们改变和控制环境、扩展人类能力的各种手段或技能,包括有形的装备或无形的工作方法、技能、诀窍等。现代人对企业技术的广泛理解,是建立在行业与市场基础上借以经营产品与服务的技能,不仅包括生产运营技术,而且包括管理技术。

技术是企业安身立命的基础,每个企业都希望拥有相对于竞争者的技术优势。技术优势来自对现有技术的不断改进,或者来自企业获取的新技术。对现有技术的不断改进叫作渐进性创新,或称改进型创新,也可以叫技术渐变。渐进性创新表现为在技术原理没有变化的情况下,基于市场需要对现有产品的功能上的扩展和技术性能上的改进。每年上市的成千上万种新产品,其中大部分只是对原有产品在功能上和个别性能上做某些微小的改进。不能轻视渐进性创新,因为正是这类创新为企业带来了丰厚的利润和发展的机会。

获取不曾有的新技术是技术创新中一个备受重视的问题。任何技术都有自己的局限性与生命周期,当现有技术无法实现所希望的产品性能指标时,企业会千方百计寻求更新的替代技术。新的技术要突破原有技术的局限,其技术发展轨道与技术性能会有很大的区别,围绕这种新技术的创新活动将完全不同于渐进性创新,通常需要采用新的技术原理或实现重要的技术突破。所以对企业来说,这样的创新属于重大的创新,或称根本性创新,也可称作突破性创新或技术突变。

人类历史上每一次重大的技术创新出现以后,都会经历一段时期的持续改进过程,直到被更新的技术代替。电子管、晶体管、集成电路、大面积集成电路以及芯片技术代表着电子与半导体技术历史上里程碑式的重大创新,在每一次重大创新出现之前,都曾经历过对原有技术的持续改进。所以历史地来看,根本性创新与渐进性创新是相伴出现的,它们构成了技术的生命周期。

通过与其他技术结合或组合,也可使现有技术获得新的发展或产生新的技术,这被称为技术结构性创新与融合创新。结构性创新是通过与其他技术结合的途径对现有技术加以改造。比如,催生了计算机产业、软件产业、互联网产业等一个又一个新产业的现代信息技术,作为所有企业的共性技术,也被用于改造和提升传统产业技术。推进企业的信息化进程,以信息化带动工业化,是传统产业技术创新与改造的重要内容和重要途径。结构性技术创新不改变现有技术的发展轨道,在这一点上与渐进性创新有共同性。融合创新则是将不同的技术进行整合,形成新的技术,或成为技术上新的突破。例如,医学影像计算机X射线轴向分层造影(computed axial tomography,CAT)扫描仪是X光技术与计算机技术结合的产物,X光技术在医学领域已得到应用,而计算机技术也已被用于数据处理,这两项技术的结合创造了一项新技术,在医学影像中得到广泛应用。磁记录技术(带式录音机已应用)与光学信号处理技术在光纤通信技术领域中融合所产生的录像机技术,也曾使最早掌握这项新技术的企业获得巨大的技术优势。

2. 市场创新

许多企业接受市场导向的观念,强调企业跟着市场转,以传统的营销调研活动作为企业经营工作的起点和基础。但是,这样做并不意味着市场创新,基本上应属于营销学家科特勒(Philip Kotler)所说的反应式营销,即对顾客表达出来的需要作出反应。科特勒认为这是企业营销能力的最低层次,含有不是创新的意义。市场创新主要体现在他所说的中间层次与最高层次的营销能力概念中。营销能力的中间层次是预见性营销,最高层次是创造性营销。预见性营销是根据环境变化预见顾客需求变化而作出的反应,而创造性营销是通过创造顾客未曾要求甚至未曾想象的产品来创造市场。

企业日常的经营与创新围绕着现有的、成熟的市场,创新的重点是改进产品质量,降低成本,在产品包装、价格、售后服务方面推行差别化战略,以此不断扩大自己产品的市场份额与市场范围。这就是市场创新。企业可争取的市场非常大,在传统的行业之间还有很多未被占领的市场空间,现有市场之外也还有不少潜在的顾客,因此,企业的市场创新包括对细分市场的开发。细分市场常常出现在现有市场的边沿或缝隙中,所以开发细分市场体现在现有市场基础上的市场创新。

创造新的市场意味着从无到有,意味着前所未有的产品和服务、尚不存在的市场,也没有真正的顾客,有的只是可能的潜在市场与潜在顾客。要使潜在的市场成为现实的市场,必须通过创造性的营销手段,引导潜在的顾客去认识新产品和服务的消费价值,从而创造出新的需求、新的市场和新的行业。

创造新市场不像面向现有市场的创新那么司空见惯,但也不能说很罕见。世界上所有存在的东西都经历过从无到有的过程。所有的市场当年都是一个又一个被创造出来的。每一种产品与技术发展的历史都是其市场创造与发展的历史。18世纪出现的蒸汽机,19世纪的铁路、炼钢、电子化以及电子通信,还有20世纪上半叶的汽车、飞机、合成纤维、电视等,这些技术与产品的历史就是它们市场创造与发展的历史,是现代科技文明、物质文明与精神文明发展的重要组成部分。

3. 组织创新

企业的组织是在企业内部条件与外部环境影响之下,通过企业的目标管理而形成的。如果企业发展的目标发生调整,或者企业的内外环境发生变化,就要求在经营与创新中对其组织作出适应性的调整与变革。组织的调整与变革就是组织创新,包括企业组织结构、管理体制、运行机制、管理流程等诸方面的改变。企业的组织创新不仅发生在企业内部,还可以跨越组织的边界,通过对外联络的部门和交易关系,与利益相关者建立各种外部联系,从而产生组织间的"组织",本文称其为企业的外部组织。组织间的"组织"不纯粹依靠市场关系来维系,而是体现在市场关系基础上的资金、技术、信息方面的合作关系,以及更广泛的网络化联系。这些联系对象与联络方式的改变也影响着企业的内部组织。

企业内部组织的创新涉及企业内部组织结构与流程的调整,以及部门间权限的划分,而外部组织创新涉及联系对象与联系方式的改变。

从某种角度看,内部组织创新涉及企业自身较多的投入与参与程度,而外部组织联系的变化涉及的企业自身投入与参与程度较低。但企业外部联系如收购兼并、特许加盟、合资与合作、企业风险基金、员工培训等,在企业自身的投入与参与程度上也有明显的区别。

对于企业来说,技术创新、市场创新与组织创新构成企业创新的三个维度。技术创新是为了增强企业自身的能力,以保持与提高自己的竞争优势;市场创新体现创新的商业目标,并对创新的综合效果加以检验;组织创新为企业创新提供支持与保障。

技术与组织

1. 创新者的困境

在许多人看来,企业创新主要就是企业的技术创新。企业的经营活动依赖技术,企业要提高质量、降低成本,以及发展新的业务,都需要新的技术手段。从根本上说,企业要获得竞争优势,离不开技术上的创新。因此,从企业的角度可以给技术一个广义的定义:技术是企业发展和竞争优势的支持系统。

但是,要把技术定义成企业竞争优势的支持系统,需要一些修正与补充。实际上,技术是不断发展的,不仅原有的技术会有创新性的发展,还会有新的技术不断涌现。但技术的发展具有复杂性,不是所有的新技术都能取代原有技术,即使新技术成功也未必一开始就优于原有技术。技术发展的复杂性还在于,新的技术可能遭遇失败,但也有可能成功,并对原有技术产生颠覆性的影响。历史地来看,新技术取代原有技术是技术发展的必然趋势。因此,当企业为改进现有业务和增强竞争优势而不倦地进行技术创新的时候,很可能会有另一类迅速发展的新技术对企业竞争格局产生颠覆性的影响,形成"创造性的破坏"。一旦出现这种情况,对原有技术的坚持很可能成为企业丧失竞争优势的原因。

这里涉及两类技术创新:一类是原有技术沿着已知的技术轨道发展的创新;另一类是对原有技术构成威胁,甚至具有颠覆性影响的新技术创新。仅从技术创新的角度看,前者属于渐进性创新,后者属于根本性创新。但在哈佛大学商学院克里斯坦森(Clayton Christensen,1952—2020)看来,企业技术创新中产生的问题不单单是技术本身的问题,而是与普遍存在的"商业世界运作的方式"联系着。为了分析与商业运作方式的关联,在《创新者的窘境》一书中,他把前者称为延续性技术(sustaining technology)创新,把后者直接称为破坏性技术(disruptive technology)创新。克里斯坦森的"破坏性技术"中还包括那些能够颠覆市场主流技术的一些"不太好的技术"。

"创新者的窘境"所要表达的是创新者面对技术创新时存在的两难选择:坚持原有技术轨道的创新,很可能错过新技术发展的机遇,导致竞争优势丧失甚至走向失败;放弃尚具有优势的技术与业务,去选择一项前景尚不明确的新技术,又无异于舍近求远。这样的两难选择其实源于技术发展的不确定性。在企业面对新的技术机遇决定是否要进行投资时,通常并不掌握主要的信息,不足以正确评价所面对的新技术,如克里斯坦森所说,"当我们看到专家对新兴市场未来发展规模的预测时,我们唯一可以确定的就是:他们的预测是错误的"[1];而待到技术发展前景明确的时候,没有进入的企业却已经失去了机会。这似乎是个悖论:在不便作出决策时需要作出决策,在结局明朗可以作出决策时却已为时已晚。

但是,创新者困境不能仅从技术维度上理解。不确定性是技术发展的固有本质特征,企业应对技术发展的不确定性,所依赖的是企业家精神所包含的对新技术发展的警觉与敏感。可以说企业家精神就是在应对技术发展不确定性的基础上产生与发展起来的。哈佛大学商学院另

---

[1] 克莱顿·克里斯坦森:《创新者的窘境》,胡建桥译,中信出版社,2014,引言第XVII页。

一位从事破坏性创新研究的教授塔什曼（Michael L. Tushman）发现，面对新技术发展的机遇与威胁，有不少企业家并不是不想作出改变，而是碍于企业组织的刚性，无法将自己的正确判断与决定付诸实施，这正是企业在破坏性创新面前走向失败的主要原因。就是说，阻碍企业创新的关键因素是企业不能在短期内作出破坏性创新所需要的调整。看似技术上的两难选择，实际上涉及的是企业组织变革的困境。

2. 延续性创新与破坏性创新

所谓组织的刚性，是指企业在成功的经验中所形成的具有稳定性的组织结构、技术标准、运作流程、内部价值观念等。组织的稳定性或惯性是企业延续性创新的保障，但也会因无法接受技术路径完全不同的技术而成为拒绝新机会的刚性。企业组织的刚性典型地表现为企业负责人意识到新机会来临，但却无法及时地调动企业作出新机会所需要的调整，结果是破坏性创新主宰市场的威胁一旦成为事实，企业想要从解决自己的组织问题着手再开始行动，为时已晚，所以最后只能"带着过去的胜利而走向失败"（塔什曼语）。

克服组织刚性的最理想的途径也许是使企业成为一个圣吉（Peter M. Senge）所倡导的具有高度柔性的学习型组织。学习型组织强调系统思考、团队学习，不断提升群体智力和持续创新能力，不断创造未来。圣吉的理论建立在组织中个人与团队的使命感与主动性的基础上，强调通过个人与团队的修炼推动组织系统的学习与创新，是一种理想化的组织理论框架。但是试图通过这样的组织学习实现破坏性创新所需要的组织变革却是不现实的。

面对破坏性创新困境的企业并不是没有组织学习。塔什曼指出，企业组织的刚性不是一开始就有的。企业成立之初可以说一切都可以改变，具有高度的柔性。经历过成功与失败之后，企业会总结出应有怎样的组织结构与流程，建立怎样的规范与准则，树立怎样的价值观。这就是企业的学习过程。企业组织的运行服从企业的目标管理，一个管理良好的企业能通过学习，逐步明确企业的价值观念、技术规范、行为准则等，使企业内部的组织机构协调一致，创新与经营活动流程运行有序。久而久之，这些价值观念与规范准则就固化在内部组织中，并形成流程的惯性或稳定性，成为企业活动能排除内部与外部干扰的保障。对这样的组织不认可的成员只能选择离开，其最终结果是所有留下的员工都有一致的认识与价值取向，不正确的研究方向会及时得到禁止与纠正。那些可以维护企业业务发展与竞争优势的创新将得到组织的支持，使企业的创新保持着延续性。但一些新的技术或市场如果与企业现有组织价值观、技术标准导向、创新管理流程不相容，就容易被忽视，甚至会被视为一种干扰而加以排除。

企业面临两类创新，也就意味着需要两种不同的组织学习。延续性创新要求企业延续以往的技术轨道和原有的组织规范与流程作渐进性的创新，学习的方式是持续的改进，它建立在原有组织与流程保持稳定的基础上，并不要求改变原来的组织；而破坏性创新则要建立新的技术标准与规范，要求与延续性创新不同的学习方式，包含着对已有经验知识的质疑、新的设想与验证等。对于破坏性创新，需要圣吉所说的学习型组织，但不意味着需要把整个企业都改造成这样的全新组织。一方面，这样做将十分困难，试想那些在自己熟悉的岗位上经营几十年、有许多经验诀窍积累的技术人员，让他们"扔下"得心应手的东西去学习新技术，肯定有着心理、利益等方面的忧虑，这就构成新技术应用的障碍。另一方面，企业还必须坚持经营，延续性创新仍是带来企业收益的现实来源，况且破坏性创新一开始具有技术风险与市场风险，完全放弃原有业务而将主要资源用于全面推进新的决策也是不理性的。

总之，一个成熟的、管理得井井有条的企业内部是不适合破坏性创新的。破坏性创新要求新的组织学习方式，而且新的学习方式无法建立在原有的组织框架内，而必须建立在组织变革的基础上。组织的变革是企业实施破坏性创新的前提。在新技术与新市场创新面前，如果没有组织的变革与调整，即使非常成功的企业也难以成功应对。如克里斯坦森所说，在延续性创新方面管理得越是井井有条，在延续性创新中越有效，就越容易在破坏性创新面前失败。

企业内部的组织创新包括改变有形的组织,如成立专门应对的组织部门,还包括"无形的组织",即对新技术标准、企业创新方向的认同等。从组织创新的视角看,延续性创新就是原有组织所支持的创新,而破坏性技术创新需要新的标准、新的组织与流程,与企业惯常的组织与延续性创新不相容,需要组织创新。

3. 应对破坏性创新的内部组织创新

塔什曼对破坏性技术创新最具影响的建议之一,是在企业内部建立独立的组织。这相当于在企业内部成立"小特区"或"另类组织",意味着企业组织二元化。在某种意义上,企业需要发展左右开弓的组织,左手经营新业务,右手经营老行当。

在原有组织之外另建小型组织,专门应对破坏性创新,这样做的好处是可克服原有组织刚性对破坏性创新的障碍,并产生机制上的优势。所谓机制上的优势,具体地说有两个方面:其一,小型组织更容易在内部营造宽松的环境和勇于探索、容忍失败的氛围,更方便组建有强烈的进取心和活力的异质化队伍;其二,对外可以不受主流企业客户的影响,专注于把自己融入另一类客户,即破坏性技术产品的目标客户中。

这种小型组织实际上就是企业内部的"小企业"。对于小企业的创新,许多研究都肯定了它们相对于大企业具有上述机制上的优势。对于破坏性创新,小企业的这些优势更能充分发挥。克里斯坦森所列举的案例,几乎都是小企业获得破坏性技术创新的先机,超越了原来的大企业。克里斯坦森认为,有些大型企业能在破坏性技术所形成的新市场上占据有利位置,是因为它们把这种将破坏性技术商业化的责任,下放给规模恰好跟目标市场相匹配的一个小型组织。这些小型组织可以最好地对小型市场上出现的成长机会作出反应。但大型组织内部,无论正式还是非正式的资源配置程序,都很难将资源和人才集中用于小型的市场,尽管从逻辑上说这些小市场总有一天会变大。对日本佳能、本田等大企业破坏性创新的案例研究发现,这些大企业的成功都归因于在组织内部另外组建一个小组,与原有组织分离,实行"一厂两治"。为避免二元组织间的摩擦与冲突,一般由受人尊敬的元老级人物直接负责协调。

为应对破坏性创新,大企业内部的小企业需要一定的独立性,但与那些完全独立的小企业又有所不同,因为它可从母体得到资源,具有一般独立的小企业所不具有的资源优势。新的问题是,企业内的小企业与母体企业应有怎样的关系?如果完全独立,完全不依赖母体企业,显然没有充分利用资源优势。国际商业机器公司(International Business Machines Corporation, IBM)为寻求一种真正全新的个人电脑(personal computer, PC),在20世纪80年代曾成立一个独立单位。为显示独立,未吸收 IBM 任何强大的技术能力,全新的 PC 只是一种组合产品,不含 IBM 的任何专利技术,结果招致众多的模仿者,并未实现创新盈利。这是与母公司过于分离的后果。所以,理想的关系应是有足够的分离以使技术发展不受母体企业的干涉,但也要有足够的参与以获得母体企业的合作与支持。这里有一个平衡问题,不同的分离程度有三种。

一是股权分离,小企业有独立的股票、董事会和管理层,而母公司保留一定的所有权。股权分离的好处是小企业可独立发展,激励那些母公司不可能发展的行业。

二是以母公司为孵化器,利用原有企业的资源,但形式上与组织上有分离。独立程度依据技术不确定性程度和对核心业务的影响程度来确定。两种业务的客户基础差异越大,不用老技术标准评价新业务就越重要。我国企业如海信集团一向通过企业孵化的方法发展新业务,新的技术与新的业务一开始在新的研究所内研究与开发,孵化发展到一定程度后再成立新的业务部门,最后成为独立的事业部或分公司。

三是新老组织以一定方式协调。一种观点认为,应该真正将其视为两个企业,鼓励两者竞争;另一种观点认为,新组织在避免被母公司同化成为母公司的从属的同时,应积极影响母公司,母公司技术一旦过时,新组织要同化母公司。

为了处理好两者的关系,企业还可以通过设立内部风险基金或内部创业基金,以鼓励职工创业的方式实施破坏性技术创新。内部风险基金或内部创业基金是支持企业职工进行创业的机制,能够给予有创新能力的人才机会,支持他们将职工的创意与企业的创新真正变成商品,形成新的业务,变成企业新的公司、新的事业部,甚至成为企业未来发展的主要方向。此外,内部风险基金或内部创业基金的设立可以营造企业崇尚创新的氛围,培养和发挥员工的积极性与创造性,为职工提供新的机会,成为开发员工创新能力的有效途径,对于改进组织学习也具有重要意义。

上述应对破坏性创新的组织创新的实践与经验,也得到一些从事企业组织创新理论研究的学者支持。我国管理学者利志斌所提出的新一代学习型组织理论,在彼得·圣吉学习理论的基础上,引进了组织创新的因素。他认为新一代学习型组织的重要特征就是同时具有层级管理与柔性扁平这两种矛盾的组织属性,主张在正式的组织架构基础上,创建一个柔性扁平的影子组织,专门从事创新活动,从而使组织同时具有层级管理和柔性扁平的双重特性。日本学者野中郁次郎(1935—2025)的知识创造理论认为,现代企业组织结构在等级制与项目任务制两种基本类型间摇摆。等级制的基础是分工以及权力与责任的严格划分,是高度专业化、集中化的结构,它主要依靠组织协调过程的标准化;在稳定的情况下,等级制可有效指导日常工作,但情况不稳定时,它就不起作用了。相反,项目任务制从不同部门集中人员解决特定任务,具有灵活性,适应性强,有活力,但难以持续地开发和大规模地在整个企业内推广。因此,有必要将两者结合起来,结合起来的组织被称为"超文本"组织。

4. 技术创新与外部组织

应对破坏性创新,以及为支持现有业务与发展全新业务所进行的创新,不应局限在企业内部。

收购兼并在破坏性创新中有成就的小企业,是大企业获得破坏性创新技术和发展新业务的重要策略。中小型企业的技术创新虽有机制上的优势,但也存在着相对劣势。这些劣势包括合格技术人员不足,缺乏可靠的系统信息和通信，资金筹措难，承担研究项目风险的能力较低，与其他技术、金融、管理机构缔结合作协议时处于相对不利地位等。某些破坏性创新需要雄厚的资金与高层次的研究力量，小企业难以完成。小企业要跨过这一步，有时需要大企业的帮助。这为一些上市公司收购科技型小企业来"包装"自己提供了机会。这样做可实现双赢：一方面，小企业解决了技术创新的融资问题，从此获得了进一步的发展；另一方面，上市公司通过收购小型科技公司，提高资产的科技含量，开始新的业务拓展，在股市上可有良好表现。对上市公司来说，这一途径应是获得新的技术成果和发展新业务最好的策略之一。

企业创新目标的确定不可能不考虑企业的资源与能力，但同时又应看到，企业除了利用自有资源外，还要注重企业外部联结与组织，充分利用可利用的外部资源。一个企业单打独斗，仅靠自己的力量在所有相关技术领域进行内部开发既不经济又不可能。许多产品往往融合了多个技术领域的最新成果。企业应当跨越组织的边界，充分利用企业外部的创新资源。

事实上，现代企业确实越来越注重通过外部组织来解决技术创新问题。与企业具有外部联系的组织包括企业、学校、院所、科技与金融机构等，其联系方式包括合作伙伴、战略联盟等。就治理模式来说，企业与这些组织之间的关系不是企业内部的部门之间的关系，但也不是纯粹的市场关系，而是介于企业内部组织与市场之间的"第三种关系"，是一种特殊的组织间的"组织"。这种"第三种关系"联结而成的特殊"组织"建立在信任基础上，依靠长期合作、相互沟通、彼此信任、共担风险、合理划分收益来维系，曾被交易经济学重点研究。本文依从企业的视角，称之为企业的外部组织。

企业吸收和获取新的科技信息需要寻求外部合作，各种新思潮、新的科技信息和知识往往在网络中激发和传播，外部组织是企业吸取外部创意的主要渠道。在知识产权保护制度日益完善，风险投资、科技转让、科技咨询、中介组织日益发展的情况下，通过外部组织，企业在寻找创新盈利的新途径方面可以有更多的选择余地。

企业技术创新通过外部组织来实施,包含着风险分担,更有利于对环境变化作出相机反应和更灵活地重新配置资源,从而降低创新风险。技术创新具有风险,特别是高新技术的创新与发展,使企业面临的技术风险也越来越大,与其他公司的合作已成为企业有效降低开发风险的重要策略。

但企业采用外部合作创新的主要出发点还是利用外部资源。为了应对破坏性创新,为什么不是所有企业都能防患于未然,在企业内部成立一些另类组织开发新技术?原因也简单:企业没有更多的资源。现代科技发展突飞猛进,日益复杂化,即使实力雄厚的大企业,在技术创新方面也常常会感到势单力薄。为了应对现代科技发展的挑战,企业把突破自身的边界与其他企业甚至竞争对手建立联盟与合作关系(即技术创新联盟)视为重要的战略选择。

外部合作并不是一般地寻求资源,而是寻求互补性资源。一个企业从事的业务常常是产业链中的一个或几个环节,与其他企业相互依赖。企业间活动常常具有互补性,一家公司的外围技术往往是另一家的核心技术。各具优势的企业联合起来,相互支持、互为补充,不仅可以使每个企业获得开展生产经营活动所需的资源,而且也强化了自身的优势。企业建立技术创新联盟,实质上就是为了获取互补性技术资源和强化自身的技术优势,以便在日益激烈的市场竞争中占据有利地位。因此,如果企业意识到技术资源在战略联盟中的使用价值超过其被售出或在企业内部使用的价值,就有必要运用技术创新联盟等方式,以期更好地利用技术资源。建立技术创新联盟,使得企业之间能够实现技术(也包括其他的资源,如管理经验等)共享,优势互补,从而实现技术创新的"1+1>2"效应。

有的研究者认为,在技术与市场风险很大的情况下,企业常通过战略联盟实施窗口战略,即企业通过联盟学习新的市场与技术知识,与成员共担风险。在产品技术趋于成熟、规模化的生产与销售成为主要问题时，企业常通过战略联盟中的合作伙伴获取互补性资源，寻求低廉的生产要素和市场销售渠道，以谋取最大的收益。

从较密切的战略联盟与合作，到仅有资本、信息与网络联系，企业的对外联系方式很广泛，企业自我中心网络更被视为网络经济条件下企业应对创新的外部组织方式。企业的外部组织关系如何，直接影响着被开发产品的类型、技术的采用、市场定位和细分战略的性质等，影响着产品的生产工艺、原材料的采用等生产过程，影响着企业的销售渠道、广告方案等营销过程。

技术与市场

1. 连续性创新与不连续性创新

技术创新是否成功，最终要由市场来检验。仅仅技术上行得通，如果没有市场价值，这样的技术对企业也没有意义。市场是影响和决定企业命运的关键要素，是企业技术创新的动力源泉，也是技术创新的价值实现途径。技术创新能够提高企业的竞争优势，为企业增加价值，是建立在创新技术获得市场成功的基础上的。因此，技术创新必须与市场营销紧密结合，技术创新过程必然联系着市场营销过程。技术与市场的关系问题始终是企业创新中最根本的问题。

我们曾在市场维度上区分面对现有市场的创新与新创市场的创新。但是，只要是市场创新，从根本上说都离不开技术创新。先不说创造新的市场，即使面对现有市场的创新，无论是要扩大市场份额，还是要对市场进行细分，都会引起企业之间的竞争加剧，以及每个企业的效益每况愈下，也会导致企业走上技术创新之路。波特（Michael Eugene Porter）就注意到这种现象，他在《什么是战略》中指出："当竞争各方在质量、生产周期或供给商伙伴关系等诸方面的改进上相互模仿时战略就会趋同，竞争就成了在同一跑道上展开的追逐赛，无人能够胜出。"[①]波特认为，避

[①] 迈克尔·波特：《什么是战略》，《哈佛商业评论》2004年第1期。

免或摆脱这种格局的策略就是加强技术创新。

因此,我们必须在市场与技术的关系中考察市场创新,并用新的概念代替市场维度上的创新概念。在文献中,面向现有市场的创新被称为连续性创新,创造新市场的创新被称为不连续性创新。连续性创新的前提是市场已经存在,需求已经明确。当人们把创新描述成面对市场需求的产品开发时,意味着关注的是连续性创新。我们日常遇到最多的市场创新都是连续性创新。20世纪80年代和90年代初期,我们见证了一大批企业如长虹、康佳、海尔等在连续性创新中崛起。这些企业在创业之初,共同选择了具有盈利潜力的家电市场,它们根据这个市场的特点和面临的市场机会不失时机地推出一代又一代新的产品,通过产品功能的更新换代提供了众多高质量、低价格的产品和服务,推动了中国消费规模的扩张,以及结构的演变和升级。

迈克尔·波特关于行业竞争的观点认为,企业竞争策略应是通过创新做到低成本、产品差异与细分市场,提高产品与服务在市场上的竞争力。他所说的创新,就是连续性创新。连续性创新的着眼点不能仅仅是如何稳住现有顾客、夺取竞争对手的顾客,而应是现有市场外的潜在顾客为何不购买本企业的产品,以及如何提高产品和服务的消费价值,并为顾客提供受欢迎的营销渠道与方式。只有这样,才能在竞争的市场空间里获得优势。

不连续性创新是通过技术创新生产前所未有的产品,由此创造新的市场与行业。日本索尼公司创办人盛田昭夫(1921—1999)在《日本制造》一书中写道:"我不销售产品,我创造市场。"索尼公司实践着盛田昭夫这一观念,从晶体管收音机、随身听、家用摄像机到3.5英寸磁盘、PlayStation游戏机,索尼公司以消费价值卓越的产品创造了一个又一个新市场和新行业。

无论连续性创新还是不连续性创新,创新的价值最终都必须依靠市场才能实现。区别在于,前者是要迎合市场需求,后者包含着驱动市场和创造新的市场。比起迎合市场需求,驱动市场有更大的风险。特别是在技术与市场都全新的情况下,问题更为复杂,因为这是一个双重共同演化的过程。当技术新生时,它影响市场;当市场新兴时,它影响技术。新技术与新市场的共同发展与演化常常历尽曲折。一个案例是20世纪30年代卡尔森(Chester Carlson,1906—1968)发明的静电复印技术,起初他曾提出将技术卖给北美的几家主要办公设备制造商,包括IBM、美国无线电公司、通用电气公司等,但被这几家公司一一拒绝。经历了六年失败的营销,贝特雷纪念馆研究实验室才最终同意授权并开发此技术。十年后,贝特雷纪念馆研究实验室再把此技术转让给一家小公司,经过完善,这家小公司以施乐公司的名字在华尔街上市,成为历史上最热门的股票之一。

两类不同的市场创新被金(W. Chan Kim)与莫博涅(Renée Mauborgne)形象地称作红海战略与蓝海战略。他们用红色海洋代表所有已存在的企业,它们构成已知的市场空间。在红色海洋,企业有公认的明确界线,有一套共同的竞争法则,每个企业都试图表现得比竞争对手更好,以掌握现有需求,控制更大的占有率。随着市场空间愈来愈拥挤,竞争越来越惨烈,使红色海洋充满血腥。蓝色海洋代表着所有目前并不存在的企业,意味着未知的市场空间。蓝色海洋是无竞争的世界,市场有待开发,游戏规则有待制定,高盈利的成长机会驱动着企业去创造新的需求与新的市场。

企业战略的中心问题通常被表达为如何战胜竞争对手,这是波特所倡导的企业竞争战略的核心。这样的战略仅适合连续性创新,而不连续性创新所体现的战略是寻求没有竞争对手的领域,超越竞争是企业家追求的最高境界,"以其不争,故天下莫能与之争"。

2. 创造新的市场意味着什么

20世纪70年代,摩托罗拉公司就手机这一创新产品是否值得大力推广做过一项市场调查,调查报告认为只有建筑包工头以及没有汽车或是拥有多部汽车的人会对手机感兴趣。好在摩托罗拉并没有听信这一调查结果,以后的企业也不接受这样的调查结果,而今天数十亿地球人都成为手机用户。

摩托罗拉等企业不接受市场调查的结果,说明他们认为传统的市场调查并不适用于新创造的市场。在现实的产品市场上,人们拥有关于产品价格、质量、功能等方面的市场知识,购买新产品是为了更便宜的价格、更高的质量、更好的产品功能。企业与购买者有共同的市场知识基础,所以能根据市场需求展开有针对性的创新。传统的市场调查与市场预测方法是建立在市场知识已经存在的基础上。在市场调研中使用对话和问卷调查方式时,提问者希望得到的信息是对于现有的产品人们可接受的价格、需求的数量以及需求的时间与地点等,也希望获得关于产品的意见与建议。这些意见与建议经过企业内部运营部门与产品设计部门的评估,最后由企业负责人决定是否采纳。这是连续性创新的特征,它建立在市场知识已经存在的基础上。不连续性创新则要创造新的市场,意味着创新者起初所面对的是尚不存在的市场,相关的市场信息与知识自然也不存在,在这种情况下,传统的市场调查、市场预测方法其实是无从下手的。

不连续性创新要创造新的市场,也意味着要创造新的市场知识。创造新的市场知识正是不连续性创新要解决的主要问题和面临的主要困难。

但是,企业创新需要投资。面对新市场进行投资决策,通常都需要关于市场规模和财务收益的量化分析。在不连续性创新的情况下,因为市场数据并不存在,财务预测所依据的收益和成本等更无法预知,市场调研人员和商业计划人员也都无计可施。在这种情况下,人们只能寄希望于专家,但专家的预测也往往是靠不住的。比如,科学家爱迪生(Thomas Alva Edison,1847—1931)1922年说:"对收音机的狂热将随时间而消退。"英国发明家德福雷斯特(Lee De Forest)1926年说:"尽管电视(的推广)在理论上和技术上是可行的,但我认为它在商业上和财力上是不可能的。"在IBM研制成功电子计算机前夕的1943年,该公司董事长瓦森(Thomas John Watson,1874—1956)说:"我认为整个世界对计算机的市场需求只有五台。"英国皇家文学家协会 1956 年就职的主席说："空间旅行简直是想入非非的废话。"美国数据设备公司总裁在 1977 年说："没有理由认为人们会在他们家里装上电脑。"

这些公认的权威与专家对全新产品前景的预测，与之后出现的实际情况大相径庭，已沦为笑谈。这似乎不是他们自身的专业知识问题，而是因为他们面对的是自己不了解的领域，甚至是人们无法预知的领域。专家有自己的专业范围，在他们的专业范围之外，他们其实不是专家。在未知领域，还不存在真正的专家。迄今尚未出现的市场，对所有人来说都是一个陌生世界。

对于已存在的市场最有知识的人，面对超出他们专业领域的尚不存在的市场，他们其实并不比普通人知道得更多。或许由于他们的专业偏见，其作出的预测与事后的实际发展情况甚至相差更远。

对于不连续性创新来说，所要创造的新市场是一个黑箱，关于产品、顾客需求的信息都是潜在的，隐藏在黑箱里，创造新的市场知识就是要打开这个黑箱，识别和揭示它的内涵。要做到这样，需要的是与传统营销不同的手段与方法。

3. 不连续性创新中的另类营销与客户关系管理

在连续性创新中，传统的市场调研处理的是可以明确描述的顾客现实需求信息，获取的是显性知识。不连续性创新面对的是人们的潜在需求，潜在需求是难以明确描述与逻辑说明的，其知识的内涵属于隐性知识。隐性知识不能通过语言文字等方式有效地表达与传播，只能通过交往互动，在亲身经验中展现与传递。在不连续性创新中，要揭示人们的潜在需求，从而创造新的市场知识，必须将营销的出发点转向注重发掘人们的潜在需求信息与知识，设置与营造企业与潜在用户在特定的情境中交流互动的场合，从而创造新的需求和新的市场知识。

这体现营销观念与思维方式的重要改变。由此我们可以区别两类不同的营销：一类是传统的适用于连续性创新、建立在显性知识基础上的营销；另一类是以获取隐性知识为重点、适用于不连续性创新的营销。

前者称为第一类营销,后者称为第二类营销。

第二类营销强调创新企业与潜在用户合作,双方共同努力探索新技术、新产品、新服务及新市场的应用和内涵。这相当于两部分人使用互补的商业计划说明书:潜在用户参与者使用应用计划书,描述新技术的应用和带来的利益;企业一方使用技术计划书,描述为实现商业目标,新技术应该怎样被采用。

问题的关键是企业要找到一组志愿者,他们对新的技术与产品有兴趣,愿意了解新产品的使用和需要的能力开发。许多研究发现,人群中总有这样一些人,他们与大部分随大流的购买者不同,追求新颖、新奇,充满幻想,别出心裁,与众不同。希普尔(Eric von Hippel)认为许多创新就来自这样一批人,因而提出"用户创新"的概念。他所关注的这样一些人,虽然是少数,但可以影响与引导新的潮流。他们最可能成为不连续创新的参与者与志愿者,如果新产品成功,他们会成为新产品的第一批用户,所以被称为先导用户。由于先导用户的引导与示范,以及市场中的网络效应,创新产品市场就可能从无到有,从小到大,从局部到主流。

被邀请并承诺参与企业创新的志愿者,将同产品研发人员保持高效、直接、连续的联系。他们在真实的工作环境下同产品设计者一起工作,这有助于他们深入理解新的技术以及相关的应用计划书的内容,在真实的环境下检验新技术的应用,发掘那些能决定技术成败的关键因素。在这个过程中,隐性知识被显现出来,并被直接用于评估新技术的市场潜力,同时被应用于指导产品设计、生产能力开发和市场开发。这意味着不连续性创新的市场调研是两部分人共同研究的交互过程,在这一过程中可以揭示目标客户的潜在需求,并确定双方认可的新产品设计。

上海交通大学的一些人员创办的公司刚刚开发昂立一号口服液的时候,面对的是一个还不存在的市场。如何开发这一市场?开发昂立一号的企业实行了一种被称为"知识营销"的方式,即首先寻求一些志愿者,由企业人员对志愿者进行健康咨询报告和科普讲座,传播通过服用昂立一号口服液以"清除人体内的垃圾"促进健康的知识。通过科普讲座和一些志愿者的试用,发现了潜在用户,并吸收用户的建议,在产品设计、包装方面加以改进,使得这一产品被更多消费者接受,终于被搬上大型超市的货架。

第二类营销是企业营销方式的重要变化(见图1),但并不意味着创造了新的企业营销渠道。事实上,每个企业与外部的联系中都有两种渠道:一种是商品与服务的传输渠道,传输方向是从生产者到消费者,是单向的;另一种是信息与知识的传输渠道,是双向的。企业可利用信息与知识渠道,特别是人与人之间面对面的交流,支持现有产品和服务的连续性创新,并能为用户提供随时的服务。但连续性创新对信息与知识渠道的应用通常是很不充分的。企业在应用传统的方法进行市场调研时,主要是接受来自消费者的反馈信息,获取的是现有市场的显性需求信息。市场趋势分析与其说反映未来,不如说更好地反映现在的情况,因为这些预测是建立在已知的过去和看得见的现在的基础上。但对于不连续性创新来说,上述基础并不存在。不连续性创新的关键是拓展信息与知识传输渠道,而且主要是隐性知识的传输渠道。在潜在用户一方,潜在需求的内涵就是隐性知识。在企业一方,产品生产工艺技术的开发与使用也涉及隐性知识的运用与创造。知识渠道作为企业和潜在用户之间各种不同形式的互动途径,所支持的双向学习系统和交互作用可产生新的、可共享的经验。通过学习与交流,有助于认识和探索新技术的内涵,并使潜在需求显性化,这就导致了不连续性创新。

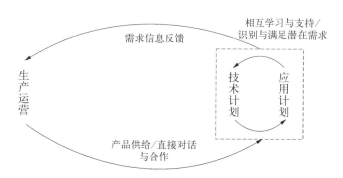

图1 营销方式的重大的变化

第二类营销的过程同时也是企业技术与产品开发的过程,营销和研发在市场前沿的职责合并在一起,技术开发与市场开发同时进行,技术与市场随着时间的推移同时演化,开发者与潜在用户交互作用。

现代企业越来越注重通过推行客户关系管理(customer relationship management,CRM)来提高对客户资源的利用效率,客户关系管理是企业营销管理的重要内容。有两类不同的营销,也就相应地有两类不同的客户关系管理。传统的客户关系管理关注的是现有的用户,包括最终产品用户、分销商和合作伙伴,强调改善与加强与他们的关系,培养他们对本企业及产品的偏爱或偏好,目的是留住他们并以此提升企业业绩,保证企业平稳发展。很明显,这类客户关系管理从属于第一类营销,支持着企业的连续性创新,可称为第一类客户关系管理。在不连续性创新中需要关注人们潜在的需求与可能的未来客户,为此必须物色合适的对象,这些对象对新的产品有兴趣,愿意与企业合作,或者愿意把自己的创新成果与智慧贡献出来。这是第二类营销中的客户关系管理,称为第二类客户关系管理。第二类客户关系管理的目标其实是寻找未来的用户,并吸收他们参与创新,实现制造商与用户合作,共同努力创造新的市场。

市场与组织

1. 创造新市场与企业商业模式

创造新的市场有可能创造高额回报的机会,但企业能否抓住这样的机会却是另外一个问题。20世纪90年代,安徽万燕公司的总经理姜万勐曾经开创了VCD市场,还创立了独一无二的品牌和成套成型技术。但万燕未能从新创的市场中实现盈利,反而随着新创造市场的成长而节节败退。

市场被创造出来之后,万燕本来可以利用先机,大量生产与销售,获得销售收益与尽可能大的市场份额,但是万燕的资源已大量用于早期的产品开发、生产及早期的市场开发,待到市场成功之后财源枯竭,在关键时刻却没有资源投入了。这是万燕走向失败最直接的原因。

与此形成对照,就在万燕推出第一代VCD产品一年以后,广东青年胡志标创办的爱多利用万燕创造的新市场机会,从大量生产与销售VCD崛起,后来居上。爱多的一个壮举是在中央电视台大做广告,1997年以2.1亿元巨资夺取中央电视台广告标王。其营销策略中还包括根据市场与生产库存情况调整价格,及时将积压产品销售一空,扩大自己的市场份额。依靠大量生产与营销盈利,爱多一时赚得盆满钵满。

在关键时刻没有资源去收割自己的创新成果,暴露了万燕对企业的运营与发展缺乏系统的安排。

姜万勐创造VCD的年代,正是信息技术迅猛发展的时候,他创造的VCD就是应用信息技术的图像解压缩(MPEG),将图像与声音同时存储在光盘上制成音像视听产品。可以说,姜万勐是信息技术创新与创业大潮中的一个弄潮儿。但是,在信息技术催生新经济发展的过程中,一个日益重要的概念却被忽视了,这个概念就是商业模式。商业模式也许算不上新概念,它所指的是企业盈利逻辑的模式。这个问题本来是每个企业都必须面对的一个根本问题,只不过在以信息技术为引领的新技术革命之前,技术创新没有这么多、这么快,企业可以在自己经营中慢慢摸索;而在技术与信息快速更新、创新与创业活动增多、大家都在追求高效的情况下,商业模式直接关系到企业的兴废,所以成为企业从一开始就必须重视的问题。特别是对于在新经济中风生水起的风险投资来说,这是选择投资对象时首先要考虑的问题。

商业模式是企业生存与发展的模式。企业要生存与发展,必须有体现产品与服务的价值主张,必须有自己的目标客户,还必须能把自己的价值主张变成产品与服务,并且能够传送到目标客户。价值主张与目标客户属于市场营销范畴,而价值的创造与传递由多种活动与环节组成,构成企业的价值链,属于企业的组织问题。价值主张、目标客户、价值链构成商业模式的三个基本要素,体现了市场营销与生产运营组织的综合。

在商业模式中,价值链是核心要素。价值链包括生产、运营、仓储、运输直到销售等多个环节，但不意味着所有环节都要在企业内部完成，企业也未必有资源完成所有环节。企业可以选择自己擅长的环节，其余的寻求外部合作。比如，企业可以委托别的企业生产，自己只负责销售；也可以两头在外，自己只负责生产。企业间的合作建立在优势互补与互利的基础上，依靠契约来保障。每个企业都有自己的专长，也都有自己的利益，合作有利于发挥各自的专长，并实现共赢。同一个产业中的企业不只有竞争关系，也可以有上下游的合作，在产业链中各有自己的定位。不同产业的企业，产品间也可能存在互补性关系。因此，一个企业的运营常常有多个相关企业的参与与配合，这时企业的价值链就演变成价值网，即企业的价值链环节联结而成的网络。因此，可以说企业内部价值链定位在产业链与价值网中，产业链与价值网中的利益主体就是各个相关企业。

企业与参与者构成的价值网是商业模式的核心，北京大学魏炜教授给出商业模式的另一说法就是利益相关者交易结构。价值网注重企业间的价值活动关联，如企业的供应商、客户、互补厂商与所考察企业的价值活动的关联，而利益相关者交易结构更注重价值网络中价值活动主体间的交易与利益关系。

人们对商业模式的关注点是适应现实的需要，既基于许多企业创新创业成功的经验，也基于许多像万燕这样的企业失败的教训。在实践中，其实每个企业家都有自己商业模式的意识，万燕也不例外。姜万勐也深知自己的资源不足，曾联系银行贷款，但没有成功；也试图与一家有名的企业联系合资，也没有成功。最终，万燕没有建立起利用外部资源的桥梁，未能建立可支持企业生产、销售即生存与发展的商业模式。万燕VCD案例表明，企业在创新中缺乏周密的商业模式设计，这样的创新未必能成功；或者即使有了部分的成功，也未必能实现自己的商业目标设想。如果万燕在创造新市场成功之后，能有一个价值网络或者说利益相关者交易结构这样的外部组织，就不至于在关键时刻资源枯竭，无法生产与销售。事后来看，可以逃过这一劫的设计应该是存在的。

2. 商业模式创新

作为企业盈利逻辑的模式，企业商业模式应当因时因势主动地作出调整、实施创新。我们曾说过价值链或价值网是商业模式的核心要素，但商业模式创新却往往是从价值主张开始的，可以说价值主张是商业模式创新的灵魂，决定着商业模式创新的方向。企业的价值主张来自企业家对创新机会的识别与把握，是企业家精神的集中体现。在姜万勐开启中国 VCD 市场之后，有多位企业家因为抓住了姜万勐没有抓牢的机会，而成为商界的风云人物。已提到的胡志标是其中的一个，他看准了 VCD 技术生产装配简单而市场巨大的机会，被称为依靠广告销售的商业奇才。VCD 的广告战也提供了另外的机会，这个机会被湖北青年阎志抓住了。他在当时专门招揽 VCD 广告，借机做成了湖北最大的广告公司，所创办的卓尔公司成为著名的民营企业。这些明星企业家正是抓住机会，提出了与众不同的价值主张，建立了合适的商业模式，才成就了商业神话。

姜万勐创造了 VCD，在创造新市场成功之际，他也有机会提出别人无法提出的价值主张，就是利用 VCD 进行知识资产经营。VCD 利用了别人的 MPEG 技术，但 VCD 作为创新产品，所包含的新产品知识可构成知识产权资产，关键配件可申请专利保护，某些技术可作为技术秘诀，还可做成自己的品牌与商标，所有这些联合起来可形成自我保护的组合拳。但是姜万勐没有申请专利，没有具有自己知识产权印记的零配件，也没有别人不可模仿的技术秘密，几乎没有任何保护措施，其悲壮结局是创新英雄创造的机会属于了别人，自己沦为"革命先烈"。也有人提到，姜万勐不是没有专利意识，他未申请专利是考虑到当年我国知识产权保护环境不理想。据说万燕生产的第一批 1 000 台 VCD 几乎被国内外各家电公司买去做了样机，成为解剖对象。这件事不仅构成了对万燕的直接侵害，而且影响了姜万勐所代表的企业家创新精神的发扬光大。VCD 之后出现的新技术产品 DVD，就不见了中国企业家的创新，多家国外企业率先申请专利，使作为 DVD 生产大国的我国，企业每生产一台

DVD,都要向专利持有企业支付专利费,为此我国在多年里每年付出的DVD专利费就多达十亿美元。

技术的发展、市场的变化、知识产权保护重要性的凸显等,对企业商业模式的设计不断提出新的要求。商业模式创新越来越成为企业创新盈利与持续盈利的关键。曾经创造商业奇迹的戴尔电脑公司创始人戴尔(Michael Dell)在谈到成功的秘诀时说:"我们取胜主要是因为我们拥有一个更好的商业模式。"

戴尔公司的商业模式被称为戴尔模式,又被称为直销模式。直销模式容易被误认为仅仅是市场销售模式,算不上什么创新。戴尔模式确实包含着市场营销的直销方式,但是仅有市场营销的方式并不能体现企业的商业模式。商业模式是市场营销方式与组织创新的结合,包含价值主张、目标客户与价值链(价值网)三个要素。直销体现的是戴尔的价值主张,是他的商业模式创新的出发点。戴尔进入的个人电脑市场本来是一个成熟的市场,电脑生产的主流厂商如IBM曾经代表了电脑创新与发展的方向,长期领导着电脑技术发展的潮流,企业负责从配件到整机的生产,生产的产品通过分销渠道销售。到了戴尔创办电脑企业的年代,电脑技术已非常成熟,电脑配件生产已形成网络模式。正是看到这一背景,戴尔提出了自己的价值主张,不是在技术方面与它们竞争,而是针对它们生产与销售的供应模式,提出了向客户直销的价值主张,即从消费者那里直接拿到订单,然后购买配件组装电脑,绕过分销商环节,而且无须生产配件,也无须研发投入,因而可以尽可能低的成本生产电脑[①]。

戴尔公司的目标客户是那些希望买到既便宜又能满足个性需求配置的电脑的用户。原来的电脑市场上虽然有多种品牌,但大多是标准配置,价格昂贵,对不少人来说这些配置过于"富余",他们希望买到能满足自己特殊需要的尽可能简单而又便宜的电脑。这是电脑的一个细分市

[①] 新华网:《戴尔的成功秘诀:低成本+高效率+好服务》,2024年4月11日,http://finance.sina.com.cn/jygl/20040411/1508712714.shtml。

场,对一个要进入的企业来说,却是一个足够大的市场。

核心问题是,戴尔通过直销方式与顾客建立直接的联系,能够更快更好地连接顾客的需求,然后尽快地按顾客充满个性的需求,以尽可能低廉的价格将产品交付给顾客。

戴尔模式的核心是在企业内部建立高效的生产服务价值链与流程。这个价值链直接面对顾客组织生产和销售,体现了对顾客价值链的前向整合,使顾客价值链和公司价值链直接联结,并成为一个有机的整体。戴尔对供应商进行后向整合,建立高效的供应链,让供应商及时掌握客户想要什么样的产品,以及何时需要这样的产品,以便及时生产并将配件送到戴尔的装配工厂,用信息代替了库存。与戴尔建立供应联盟与合作关系的零部件制造商包括思科(Cisco)、惠普(HP)、利盟(LXK)和3Com等全球知名公司,它们按时按需向戴尔提供零部件,而戴尔只负责小部分关键部件的生产和整机的组装。戴尔模式充分发挥了戴尔的核心能力和供应商的核心资源,使供应商价值链与企业价值链结合为整体。戴尔公司商业模式的特点是从顾客到供应商实现了"实质性一体化"。

戴尔的组织创新是整个商业模式创新成功的关键。这样的组织创新使戴尔电脑公司大大降低了各种支出,因而可以为客户提供更多价格低廉的电脑。但是要模仿戴尔看似简单的模式是困难的,因为戴尔在价值链环节有自己的"密码",别人无法从外部破解。这表现在戴尔公司简化流程的550多项专利,使自己创新的盈利模式得到保护;此外,戴尔模式所提供的质量保证与售后服务也是难以模仿与超越的。

企业创新空间

1. 企业创新的类型与企业创新空间

创新是复杂的多面体,需要从不同角度分析。企业创新有技术、市场、组织三个维度,每个维度上的创新都有必须解决的特殊关键问题。企业的创新一般不是发生在一个维度上,如技术创新往往是针对市场的新需求或人们潜在的需求而展开的,因而需要联合技术创新与市场创新,即要求同时开展技术创新与市场创新并考虑两方面的交互影响与关联。根据技术-市场维度,可以区分连续性创新与不连续性创新(见图 2)。

图 2　技术-市场创新

根据技术-组织维度,可以区分破坏性创新与延续性创新(见图 3)。

图 3　技术-组织创新

根据市场-组织维度,可以理解商业模式及其创新(见图 4)。

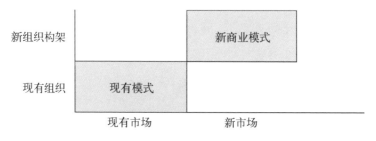

图 4　市场-组织创新

对创新作如此分类,不违背国际同行所公认的准则。但仅仅从"二维"来理解企业创新其实还不够全面。例如,技术-市场创新也可能要求在重构的组织框架内进行,这就必须同时进行组织创新。组织可分为内部组织与外部组织,延续性创新与破坏性创新是根据内部组织来区分的;企业的技术-市场创新也需要外部组织,以便分担风险与获取互补性资源。此外,企业通过客户关系管理来提高对客户资源的利用效率,无论是第一类客户关系管理,还是第二类客户关系管理,都体现着企业对外的组织联络方式。

市场-组织创新常常被误解为只有商业模式创新,不含技术创新。其实,新的商业模式也不能没有技术的支持。即使是戴尔的商业模式创新,也需要管理技术的创新。如果没有550多项简化流程的技术专利,戴尔模式也难以成功和持续发展。

在技术-组织创新的讨论中,我们关注的是技术创新需要组织创新支持,但是市场创新问题也是不可能回避的。破坏性技术创新意味着新技术开发对原有组织及与原有市场的冲击,需要的是原有组织特殊的支持,谋取的是在已有市场上的地位,所以,破坏性创新并不意味着要创造新的市场。因此,从技术-市场关系的角度看,这仍是连续性创新。著名的例子是从电子管到晶体管,这是破坏性创新,但是关于晶体管的市场知识与电子管相比并没有太大的差别,所以仍应视其为连续性创新。但是,如果新技术被用于开发全新的产品,面对不存在的市场,那就意味着不连续性创新。延续性技术创新强调技术的路径依赖作用和组织的保证作用,理应面对现有市场上主流客户的需求,即需要有市场调研,明确顾客的需求,针对特定的细分市场,降低产品的成本,或者开发更好的产品与服务。从技术与市场关系的角度看,这类创新同时也是连续性创新。但是,延续性创新并不等于连续性创新。基于延续性技术的结构性创新和融合创新也可能涉及全新的市场,从而构成不连续性创新。例如,施乐公司发明的第一台复印机并没有包含新的技术,而是已有技术的融合,但是却是历史上的新产品,是不连续性创新的案例。

即使技术-组织创新面对是主流市场,也需要有明确的价值主张和目标客户,需要有面对细分市场的市场创新策略。克里斯坦森对多个破坏性创新案例的分析都涉及企业从主流市场边沿或缝隙对主流市场的逐步渗透,因而起初并不起眼,但进一步的发展却可以对市场产生颠覆性影响,当主流厂商察觉到这一影响时,往往大势已去。这类案例中的破坏性创新其实主要是商业模式创新。在其组织创新中,既包含对技术创新的支持,也包含对新商业模式的支持。

一般来说,企业创新是为了盈利与发展,创新的目标先体现在市场方面,技术是为市场目标提供支撑的,使企业能保持持续盈利能力与市场上的竞争优势,而组织创新是为企业的市场与技术创新提供保障,服从于技术创新与市场创新的需要。企业创新有可能典型地表现在一个维度或两个维度,如技术创新、市场创新、组织创新,或者技术-组织创新、技术-市场创新、市场-组织创新。但是以技术创新、市场创新、组织创新三个维度所组成的企业创新空间概念,可以更全面地揭示企业的创新,展示企业创新的总画面,呈现企业创新的全视图。

2. 技术-市场创新的组织策略分析框架

相对于未来的发展,人们喜欢把现在的位置视为原点。对于企业来说,原点就是现在的业务,现在的技术、市场与组织。创新意味着从原点出发的向外扩展,体现企业创新的愿景在创新空间的定位:新的技术,新的市场,新的组织。

企业创新的最终目的是盈利,但企业创新的直接目标体现在技术维度与市场维度;组织维度具有工具性,即为技术创新与市场创新提供保障。考虑到这一点,并为了有更直观的效果,我们可以先构建技术-市场创新的二维平面图,然后利用二维平面图讨论相应的组织创新问题。这样,借助创新空间概念就可以为企业的创新提供一般的分析框架。

技术维度,按照技术创新的不同程度,可以区分为渐进性创新、结构与融合创新、根本性或突破性创新三个标度。市场维度,按照创新程度,可以区分为现有市场创新、细分市场以及创造新市场三个标度。根据二维平面图,我们容易区分哪些区域是连续性创新,哪些是不连续性创新。但这里,二维平面图可以被划分为九个方块(见图5),代表着企业创新的坐标,能够把技术创新与市场创新区分得更详细,有助于我们找到对应的代表性产品与服务。比如,对应于技术上的结构与融合创新,以及创造新市场,我们想到静电复印机;对应于技术上的结构与融合创新,以及细分市场,可想起戴尔电脑。对应于现有市场创新和突破性创新,有晶体管对电子管的替代。对应于创造新市场和突破性创新,我们想到VCD;对应于细分市场和突破性创新,我们想到DVD;对应于结构与融合创新,以及现有市场创新,有电动自行车、四通打字机;对应于渐进性创新和创造新市场,有家庭财务软件;对应于渐进性创新和细分市场,有斯沃琪(Swatch)手表等。这些代表性产品与服务背后的组织创新,为技术-市场创新提供了丰富的案例。

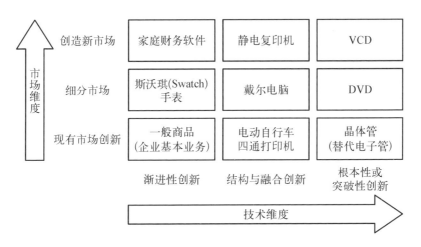

图5 技术-市场创新的组织策略分析框架与典型案例

在一般分析框架中对创新的维度以及创新空间的细分,使我们有可能以更宽广的视角更具有针对性地讨论企业的组织创新问题。

(1) 破坏性创新所在的区域。破坏性技术创新需要企业的内部组织变革。对于一个企业来说,根本性创新或全新的技术都与企业赖以经营的技术不同,从事这样的创新都需要企业在内部建立特殊的经营部门。按照企业的创新是否有必要实施内部组织创新,我们曾把技术-市场空间划分为两个区域,即原有组织可支持的创新与原有组织难以支持的创新（破坏性创新）。但是在一般的分析框架中，应对破坏性创新，不应再局限于企业内部组织创新，而应考虑对外部组织的利用及内外合作创新，如可以考虑设立风险基金或者产学研合作。虽然面对的是全新技术，但对应的市场问题却有三种不同情况，即企业现有市场（自己所熟悉）、细分市场（不够熟悉但具有其部分市场知识），以及全新的市场（未知）。据此，在企业从互补的视角选择合作伙伴时可以更有灵活性与针对性。

（2）不连续性创新所在的区域。企业的不连续性创新所需要的第二类客户关系管理，不同于通常意义下的市场营销，严格来说第二类客户关系管理涉及的是企业特殊的外部组织，即企业与新产品、新市场未来用户或先导用户的合作方式。市场包括需求与供给两个方面，不是单方面所能创造出来的，必须有双方的共同参与。借助一般分析框架，对于不连续性创新，企业在组织方面可以有不同的选择，因为对应于新创市场，企业在技术维度上有三种不同的情况。除了全新的技术、全新的市场已作讨论外，还有两种情况。第一种情况，市场是全新的，但技术是老的，因而企业面对的就是如何实施第二类客户关系管理问题。第二种情况，市场是新的，但开展技术创新本来并不一定要建立另类组织，只是考虑到面对全新的市场，这对于企业原有组织是新的问题，也许建立内部的另类组织仍有必要；即使在选择对外合作创新的情况下，以这样的新组织出面也是合适的。

（3）其余的区域。在其余的区域，市场维度包括现有市场创新与细分市场，技术维度包括渐进性创新以及结构与融合创新。在这个区域，没有新创市场知识与全新技术开发问题，企业也许可利用自身资源开展创新，但是更有效的途径应是从企业创新的需要出发，依据产业组织的惯例，通过正式或非正式的合约与合作对象建立互惠的关系，灵活地利用组织措施，争取更好的创新成效。我们讨论过的戴尔模式就发生在这个区域。对于处在面对细分市场但没有技术问题，或者没有市场问题但面对结构与融合创新这两个方块里的企业，通过收购兼并等措施，也常常能获得立竿见影的效果。

现代企业的创新越来越倾向于以自我为中心的网络模式,即借助信息、资源与通信等联系方式,建立以自我为中心的网络。网络中的关系包括与先导用户的紧密联系、与供应商的战略合作、与其他协作伙伴的横向联系和市场协调等。有了这些外部网络的联系,企业内部的集成将更有价值。因此,企业将强调内部各职能部门充分集成地并行发展,从各自的角度同时参与知识的创造与传递;对外将充分利用网络关系,在研究开发、生产、销售上进行广泛的横向联合,与合作伙伴高效合作,开展跨组织的学习。这样,创新过程变得更有效率、更为迅速、更具有灵活性,因而更有助于企业应对技术变化与竞争环境。

3. 创新与经营

企业的所有活动可以划分为创新与经营两个方面。企业创新可能是不连续性的,但创新的成功实施一定表现为一个从不连续性创新到连续性创新的经营过程;创新也可能是破坏性的,但经营过程一定表现为破坏性技术成功地替代或部分地替代原有技术,新的组织、技术标准与价值观被建立并不断得到强化,新的轨道、新的规范逐渐在企业内生根,从而企业的创新就演变为延续性创新,企业将开始延续性创新之路。

经营不仅仅意味着企业从不连续性创新向连续性创新、从破坏性创新向延续性创新的转化,更重要的内涵是确立企业盈利的商业模式。

创新与经营的重点不同。如果把企业创新视为企业从靠近创新空间原点的基本业务区域的对外扩展与发散(见图6),并在创新空间某一区域确定自己的创新定位,那么经营就是企业在创新空间的创新定位向基本业务区域的集中与收敛(见图7)。创新需要发散思维,依赖被激发的创意;经营则需要集中思维,通过资源与能力的集成,使创新的业务成为企业的基本业务,达成企业创新的最终目标。

这里我们所说的经营是指为了完成创新所进行的经营,可以称之为创新经营。在创新空间框架里,创新体现在从原点出发在创新空间确定

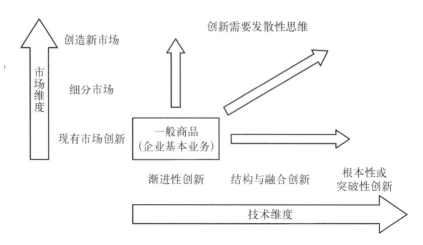

图 6 技术-市场创新的组织策略分析框架下的创新

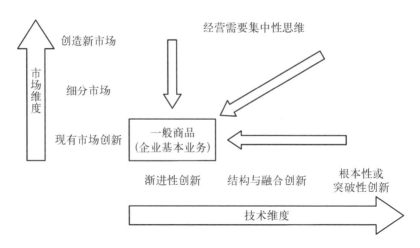

图 7 技术-市场创新的组织策略分析框架下的经营

一个目标定位,经营则体现在这一目标定位向原点的复归,通过商业模式的设计与创新把创新的目标变成企业的日常业务,即把新的技术转化为企业熟悉的技术,把新的市场转变成企业熟悉的市场。

另一个常用的经营概念是与企业的基本业务联系的,可称之为业务经营,包括降低产品成本、提高成品质量、开通新的营销渠道等,这种经营的直接目标涉及企业的成本、利润、销售额等。当然,企业创新是为了提升业务经营的效果,在产品成本与质量方面表现出竞争优势,因而在业务经营中实现更高的利润。但业务经营并不能实现创新的目标,也无从保障创新的实现与成功。

创新经营是为了保证创新的实施与成功,所面对的是技术与市场的创新带来的新问题,创新经营就是为解决这些新问题而提供系统的解决方案。比如戴尔模式,所生产的产品瞄准的是一个细分市场,并且销售是直接与顾客建立联系,所以戴尔模式首先表现为市场创新。要从这种创新中实现盈利,把成本降到最低,需要有特色的价值链给予保障。戴尔的价值链建立在生产流程中数百项技术专利的基础上,并通过别人无法效仿的专业服务来维护。由此可知,创新经营也表现为过程创新,它是企业创新流程中的重要组成部分。

相对于创新的发散思维,经营体现收敛与集中思维。但是如何集中、集成,采取怎样的收敛方式,这也需要创新,而且更需要商业智慧。企业经营的创新常常需要通过商业模式创新来实现。在商业模式创新中,除了需要技术创新与市场创新的支持,外部组织的创新更是关键要素。与技术创新和市场创新相比,外部组织在商业模式创新中的地位与作用有两个方面的不同。

其一,在技术或市场创新中,创新具有项目性质,外部组织完成项目的任务,就可以不存在了;但在商业模式中,外部组织是企业运营中不可或缺的环节,是企业业务组成的一部分,具有稳定性。

其二,在技术或市场创新中,外部组织的形成是基于分担风险,以及知识与资源的互补性;而在商业模式中,外部组织的形成是基于构建企业价值网的需要,是基于业务上的关联,体现共同价值创造。

作为企业创新流程的两个组成部分,创新与创新经营需要考虑平衡,这包括两个方面,如图8所示。

其一,从企业现状出发,对于创新目标作出评价。企业所要进行的创新与现有基本业务有什么关系?是否意味着进入新的市场?如果进入新的市场,那么企业是否具有新市场的知识?同样,对于新业务,现有技术是否支持?是延伸现有平台还是开发新平台?企业是否具有开发

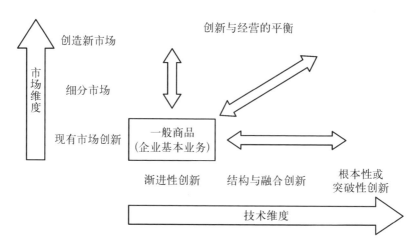

图8　技术-市场创新的组织策略分析框架下的创新与经营

新技术的知识？现有组织是否支持？如果不支持，主要的障碍与冲突表现在哪里？

其二，考虑可选择的策略与企业能力和组织的匹配。企业可以采取哪些策略？这些策略需要企业怎样的投入与参与程度？哪些与企业现有能力与组织相适应，适应程度如何？

两者的平衡不像给定的生产能力条件下怎样获得最大的产出，或者既定的目标产出情况下怎样付出最小的成本那样简单。平衡是一个反复的过程：需要克服只考虑眼前利益的短视观点，把关注的焦点从短期引向长期；又要兼顾目标的可行性，使企业的发展规划回到平衡状态。

［本文根据笔者所著《企业创新空间与技术管理》（清华大学出版社，2005年）主要内容改写］

商业模式创新的逻辑

导言

在21世纪以前,商业模式还是很少被使用的概念,原因不是它对企业不重要,而是企业的商业模式很少有变化。20世纪末至21世纪初,由于技术变革及其引起的产业组织变革,企业创新的重点与主要趋势表现为商业模式创新。企业创新的这一主导趋势,首先是由于以信息技术为核心的新技术发展不断激发出新创意,使新商业模式层出不穷;其次,新技术革命的影响并非仅限于新经济领域,而是深刻影响甚至改变着传统经济,从而使商业模式创新在传统经济中也成为大势所趋。商业模式创新成为企业创新的主要趋势,可以说是这一次新技术革命不同于以往蒸汽革命与电力革命的最重要的特征。

商业模式虽然算不上新概念,但是当它被用于识别新技术应用的多样性与商业目标的联系,被用于理解和把握新技术革命与新经济现象时,人们才认识到它的重要性,并促使理论研究者思考商业模式创新与熊彼特所提出的创新概念的联系,即思考技术创新、组织创新、管理创新与商业模式创新的联系。因此进入21世纪以来,关于商业模式的研究与出版物突然多了起来。但是,人们似乎还不清楚企业商业模式创新的主要理论应该是什么,以及商业模式创新有没有自身的规律与逻辑等。许多新商业模式的出现常常不是预先设计的结果,这也表明,商业模式理论的研究明显地落后于人们的实践。

人们对商业模式最初的理解,包含在企业管理理论中占主导地位的产业竞争理论中。也就是说,商业模式创新被视为一种竞争策略。德鲁克也说过:当今企业之间的竞争,不是产品和服务之间的竞争,而是商业模式之间的竞争。哈佛大学波特教授提出的价值链理论与竞争理论，可以说是第一代商业模式理论。

当21世纪初商业模式创新表现为企业创新的主要趋势的时候，价值链与竞争理论已难以解释新的商业模式了。人们看到，作为竞争对手的两个企业在参与两个不同的供应链竞争时，为了提高自己在各自供应链上的地位，它们面对同样的问题寻求新的解决方案，具有合作创新的动机，在面对高度不确定性的重要创新时尤其如此。最强的竞争对手往往成了最好的合作伙伴。因此，与其说竞争是商业模式创新的逻辑，还不如说竞合才是商业模式创新的逻辑。更重要的是，信息技术的广泛应用改变了企业的交易成本与交易方式，引起产业价值链的分解，企业间的竞合表现为复杂的交易结构，包括供应商、客户、互补企业、竞争者等。因此，商业模式被理解为一种价值网络，而不再是简单的链式结构。价值网络所描述的企业之间复杂的交易结构，成为商业模式的基本概念框架。利用这一框架，配合一些工具与方法，成为商业模式研究的主流方向。这是第二代商业模式理论。

作为企业商业模式核心的价值网络，其包含的价值活动联系不仅有物流，还有信息流。前者反映看得见的"市场场所"中发生的物理世界的联系，后者反映看不见的"市场空间"中发生的虚拟世界的联系。所谓的新经济一开始就与虚拟经济紧密相关，但是直到2012年，IBM企业咨询服务部全球首席执行官（CEO）调查才发现"互联互通"改变着消费者使用习惯及产业游戏规则，证实产生了新型的经济模式。这表明在波特理论的长期影响下，信息一直被视为价值创造的辅助因素，本身并不创造价值，因而新的商业模式未得到解释和认可；只有当新的虚拟价值链（网络）理论出现，并且虚拟经济获得一定的独立发展，这种新的商业模式理论才得到广泛认可。这是第三代商业模式理论。

最后是对商业模式狭义理解的怀疑。商业模式的狭义定义是企业的运营模式，也就是说，商业模式一向被认为是企业依靠生产与运营获得盈利的模式,创新被认为是提高竞争力与增强企业盈利能力的手段。但是,当企业通过技术创新建立知识产权资产,依靠知识产权资产获得盈利,从而以创新作为自身生存与发展的方式,并通过合作创新与互补资产带动众多企业一起创新,向社会不断提供新的知识、新的产品与服务的时候,也就出现了全新的企业——创新型企业。创新型企业区别于传统的企业,从而商业模式的定义便得到拓广。这是第四代商业模式理论。

我们所指出的四代商业模式理论描述的是商业模式理论的逻辑发展,商业模式理论的逻辑是对商业模式创新实践的合理解释,特别是对商业模式创新趋势有说服力的分析。本文提出,商业模式创新体现企业对新价值源泉的追求,企业商业模式创新最根本的逻辑是盈利的逻辑。企业需要根据自身的条件与环境的变化考虑如何实现盈利,如何寻找新的价值源泉。本文将通过理论探讨与案例分析指出：建立在价值链概念基础上的企业,通过商业模式创新获取竞争优势,企业的价值源泉就是企业的竞争优势;随着企业关系复杂性增加,从基于价值链的商业模式发展成基于价值网络的商业模式,企业间的竞合及其表现出的交易结构成为企业的价值源泉;当企业不仅在物理世界寻求价值源泉,还要在虚拟世界寻求价值源泉时,以实物关联的商业模式就扩展到虚拟关联的商业模式;当企业不仅依靠生产与运营获得盈利,还可以通过创新、依靠知识资产经营并带动众多企业一起创新来实现盈利时,企业就从以生产运营为核心的商业模式发展到以创新为核心的商业模式,从而传统型企业就发展成创新型企业。

基于价值链的商业模式

人们对商业模式的朴素理解,是把企业商业模式看成由企业价值主张、目标客户与价值链三要素组成的系统,即企业通过价值链把自己的价值主张(产品或服务)传递给目标客户,而价值链就是企业与客户间创造与传递价值活动的诸环节(见图1和表1)。

图1 最简单的商业模式概念框架示意图

表1 商业模式三要素

基本要素	描述
价值主张	企业可以提供怎样的产品与服务
目标客户	企业把产品与服务提供给谁
价值链	从企业生产出这些产品（服务）到把它们传递到客户手中的所有环节，即如何把企业的价值主张传递给目标客户

按照对商业模式的朴素理解，价值链是商业模式的核心要素。价值链是波特提出的一个概念。按照他的逻辑，一个企业要赢得和维持竞争优势，不仅取决于其内部价值链，而且取决于企业的价值链同其供应商、销售商及顾客价值链之间的连接。对应于波特的价值链定义，这个更大的价值系统就是产业价值链。企业必须识别和发现所在产业价值链的核心价值环节，将企业资源集中于此环节，培育核心能力与竞争优势，借助这种关键环节的竞争优势获得对其他环节协同的主动性和资源整合的杠杆效应。对商业模式的朴素理解意味着把企业商业模式理解成企业在产业价值链上的定位，这其实是波特产业竞争理论的核心。

基于价值链的商业模式的指导思想与基本理念是，商业模式竞争的主要问题是围绕着产业价值链的关键环节与对整个产业价值链的控制而展开的。因此，商业模式总是与企业特定的竞争策略联系在一起。所谓特定的策略，不是一般的成本定价等策略，而是涉及价值主张，以及目标客户选择与调整。基于价值链的商业模式创新的基本逻辑是识别与利用产业价值链的关键环节。

按照波特的理论，价值链各个环节对于利润的贡献不一，企业应将自己摆放在最有利的市场地位,掌握关键资源与关键能力,以获得更多的利润。因此,一个好的商业模式必须使企业掌握价值链中对于创造价值有重大贡献的关键流程与资源,并使企业本身拥有的核心能力与价值链中最重要的环节紧密搭配,以保障利润的实现。这一理论在实践中表现为一种策略,具有代表性的是宏基集团创办人施振荣在 1992 年为"再造宏基"提出的"微笑曲线",即要增加企业的盈利,不应满足企业在组装、制造上的定位,而应注意产业链中附加值更多的研发和销售两个关键环节。

但是,这一理论所指导的策略鲜有成功的先例。原因也很简单,如果每个企业都想要"占领"微笑曲线的"两头",那么已经占领"两头"的企业怎么可能拱手相让呢?其结果是,向"两头"移动以改变自己不利地位的企业最终发现,那条曲线不是微笑曲线,而是"苦笑曲线"。

另一位哈佛大学教授克里斯坦森发现,价值链的关键环节不是一成不变的,即使已取得行业内竞争优势和领先地位的企业,也需要应对产业价值链上价值重心的不断转移和变化。2004 年,克里斯坦森等人在《哈佛商业评论》上发表《滑向企业的利润源》,指出产业链上的利润源不断流动是必须面对的挑战。以个人电脑产业为例,当个人电脑对于主流用户来说已足够好时,利润就从客户手中流经组装商(IBM),停留在配件制造商那里,如操作系统制造商(微软)、处理器制造商(英特尔),同时又有一部分到达存储芯片制造商和磁盘驱动器制造商处。但当芯片和驱动器对于组装商来说已足够好时,钱就会进一步顺着价值链流向 DRAM 设备制造商以及磁头和磁盘的供货商。因此,他提出破坏性创新概念,教导人们利用关键环节的变化与新的规则取得价值链上的控制地位。

> **案例:上海佳豪的价值链创新**
>
> 在创业板上市的上海佳豪是我国企业中在这一方面成功的

> 案例。成立于2001年的上海佳豪所从事的船舶设计及海洋工程设计业务,处于船舶工业产业链的最上游。对一些大中型船厂来说,船厂设计部门只能从事生产设计,而大部分专业船舶设计单位只提供开发设计、合同设计和详细设计。此外,还需要再找一个监理公司进行监理。很多中小船厂连生产设计部也没有,更不要说工程监理部。这些中小型船厂如果要造船,往往在前期设计、生产设计、技术监理方面多次寻找不同的服务提供商。上海佳豪面向中小型船厂提供从开发设计、合同设计、详细设计到生产设计再到技术监理的完整技术服务链,其目标客户主要是中小型船厂,兼顾大中型客户,这是一个利润很可观的市场。至2008年,其主营业务收入复合增长率为79%,净利润复合增长率为102%,占国内市场份额5.24%。2008年公司主营业务收入达11 482万元,净利润达3 783万元。首次公开募股上市计划募集资金1.2亿元,实际募集资金3.22亿元,超募2.02亿元。有了充足的资金,上海佳豪的价值主张调整为提供船舶和海洋设计完整的技术服务链并开展其他业务方向,目标顾客转向中小型客户和大中型客户并重。

从价值链到价值网络

20世纪末以来,产业组织模式中出现了一种与钱德勒(Alfred D. Chandler,1918—2007)所谓垂直一体化革命不一样的革命——垂直一体化的分解(vertical disintegration)。垂直一体化的分解表现为企业个体谋求专业化发展,而产业组织表现为企业间越来越多的业务外包和模块化的分工协作。总体上说,就是由产业的垂直一体化逐渐演变为产业的网络化。这种变化的背后有两个相互关联的驱动因素。其一是国际范围内劳动分工不断增加,越来越多的企业谋求专业化的发展。其二是市场支撑机制发生变化。这些变化包括：信息技术的发展导致市场交易成本降低，从而引起企业规模与边界的调整，总体上降低了企业的规模效应；风险投资机制促进了科技创业，科技型的小企业与活跃的创业者不断涌现；日益强化的知识产权保护机制提高了专业技术知识市场的有效性，企业间的技术交易与合作变得活跃；专业化的知识密集型服务（knowledge-intensive business service，KIBS）机构为企业的创新提供越来越多的技术外包机会；等等。

这其实就是 IBM 企业咨询服务部全球 CEO 调查所发现的商业模式创新成为企业创新主要趋势的产业组织背景。最核心的变化是产业的网络化发展，产业组织表现为企业关系的网络。企业间的网络关系甚至突破了原有产业的界限，导致产业融合。企业需要在网络中而不是在产业价值链中寻找新的价值环节与源泉，发展新的合作关系，在互惠的基础上实施外包，借助因特网进行全球采购。如何利用网络关系成为企业必须面对的新挑战与新机遇。高科技企业的技术创新活动表现得更加活跃和主动。一方面，科技创业者通过产学研合作不断获得新技术知识和能力；另一方面，研发密集型企业借助其集成能力从外部获取大规模生产、销售所需要的互补性资产。网络化意味着垂直一体化的分解，但不意味着大企业的消失。由于受到预算限制，以及吸收、消化和集成新知识能力的限制，大企业必须明确，不断共享或者占有相关技术知识需要寻求外部合作。

在企业关系网络中，企业内部的价值链并没有消失，但是需要协调与合作。这里有两个问题：一是创造网络的价值，二是企业获得自己的价值。市场就好像一个蛋糕，参与者都希望能分得一部分，而且都想获得更多，但只有所有参与者共同把蛋糕做大，每个参与者最终分得的部分才会相应增加。这种共赢与共享的观念就是价值网络的核心思想。价值网络突破价值链的局限，为设计与创新商业模式提供更广阔空间。

企业要实现自己的价值主张，需要在一定的技术支持下，通过商业模式的创新与客户、供应商、合作单位甚至竞争对手等利益相关者联系起来,共同构建一个价值网络,共同为顾客创造价值。价值网络为企业的商业模式提供了理论依据,也为商业模式创新提供了指导。

第一,构建自我中心网络,实施商业模式创新。在新的条件下,企业必须从自身需要出发,构建与管理企业网络。这种网络为资源整合提供了渠道和平台,从而能够以相对容易的方式获取稀缺资源。在技术创新加速和市场变化方向不确定的情况下,利用网络更有利于对环境变化作出相机反应和更灵活地重新配置资源。在知识产权保护制度日益完善,风险投资、科技转让、科技咨询、中介组织日益发展的情况下,利用网络可使企业在寻找创新盈利的新途径方面有更多的选择余地。此外,各种新的思潮、新的科技信息与知识往往首先在网络中激发与传播,构建与参与网络有利于使企业通过各种渠道汲取外部的创意。

案例:耐克公司的设计、品牌运营与张江无实验室新药研发企业

耐克公司本身并不生产运动鞋,其97%以上的生产任务都是在韩国、中国等国家的制鞋厂完成,公司总部主要从事产品设计与营销。外包生产使耐克能集中自身优势,做好设计和品牌运营,为其在运动鞋领域成为领先者奠定了坚实的基础。耐克公司以独特的商业模式成为世界上最大的运动鞋制造商之一。

又如,上海张江高科技园区有一家在美国注册的生物医药公司,是专门研制新药与中间产品的。该公司并没有自己的实验室,因为张江地区集中了大量为世界大型医药企业服务的合约研究组织(contract research organization, CRO)企业所组成的网络,研发、分析、测试等都能找到合适的合作者。采取无实验室研发模式,能大大地降低成本,还节约了时间,该公司从开始建立到

> 项目启动只花了半年时间。无实验室新药研发企业运行模式中的关键因素包括由研发领域的专业人才组成的项目团队、由风险投资者提供的充裕的资金,以及由合格的 CRO 企业提供的研发外包服务。

第二,通过设立互补价值链,不断完善商业模式。一个企业的商业模式难以做到尽善尽美,但即使企业濒临绝境,在有些情况下仍有可能通过互补价值链走出困境。

案例:品香阁的互补价值链

品香阁是杭州一家面积 600 多平方米的茶馆,位于一条僻静的小巷内。自开业以来,上座率一直不高,原因有两个:一是茶馆的地理位置偏僻;二是在品香阁周围半径一千米范围内,有四家规模相当的茶馆,同行业竞争激烈。品香阁用什么方法能让茶馆摆脱经营困境,从而实现盈利呢?

虽然纯粹喝茶的人是有的,但相当一部分人是利用喝茶谈生意、读书、谈恋爱等,即使专门为茶而去,这也被视为优雅和闲适的艺术享受。这就为品香阁建立互补价值链提供了机会。

品香阁在认真研究消费者需求的基础上,对原有单一的经营模式进行了大胆的创新,逐渐打造出一个具有多种商业创新模式的多媒体平台。

首先是打造一个商务交流平台。经过市场调研发现,茶馆的目标消费群是企业的管理人员、销售人员,还有广告、法律、保险、信息技术、新闻从业者等,他们注重学习交流,并在不断寻求事业机会。为应对这些需求,对于茶馆来说,除了产品和基本服务,还应提供商务交流、商务培训等超值服务。

其次是提供婚介交友服务。品香阁与多家婚介机构沟通,希望他们能把茶馆作为征婚者见面约会的地点。品香阁为此开辟了专区,制作了充满温情的情侣贵宾卡,推出爱心活动,很多在品香阁相识的情侣成为茶馆的常客,因为这里是见证他们情感历程的地方。

再次是开辟茶叶销售终端,既卖茶又卖茶叶。经与一些茶厂联系,茶馆开设了茶叶展示、销售专柜,推出了无公害茶叶,由茶厂直接供货,很好地迎合了消费者的需求。茶叶销售也创造了非常可观的利润。

最后是以文化营销改善消费体验。明代杨慎《和章水部沙坪茶歌》曰"君作茶歌如作史,不独品茶兼品士",茶馆的目标消费群体大多数文化层次较高,他们有着较强的文化需求。根据消费群体的这一特点,茶馆设计了一个把文化与茶馆相结合的方案。在茶馆的一角开辟了一个书吧,根据目标消费群体的喜好,购置了一批热门畅销图书。同时,品香阁还推出了一项书籍代售和代租业务,消费者可以把自己不需要的书带到茶馆,由茶馆负责寄卖或出租,并且不收取任何费用。对茶馆来说,这样既不用花钱,还丰富了茶馆书籍的数量和品类。这项业务吸引了许多喜欢看书、学习的消费者,不但带来了茶水销售的增长,还通过图书销售和租赁给茶馆带来了利润。

通过以上四种商业创新模式,茶馆生意兴隆。茶馆从原先单纯提供卖茶服务变为集商务交流、交友娱乐、产品销售、传播文化于一体的综合服务体。

上述案例表明,在价值网络中,企业在有些情况下可以有两个甚至多个互补价值链。互补价值链可作为企业的新价值链,增加新的价值源泉。此外,通过对原来价值链的互补,也增加了原有价值链的价值。

互补价值链目前被较多地应用于生产性服务。随着规模化生产的推广,单纯的制造业已难以再产生更多的附加值,而与制造业直接相关的配套服务,包括物流、研发、信息、中介、金融保险以及贸易相关服务等,贯穿于企业生产的上游、中游和下游诸环节,与生产制造形成互补。

第三,应用竞合策略。不同利益主体共同创造价值建立在专业化分工和相应的网络治理框架基础上。通过一定的价值传递机制,处于价值链不同环节、具有各种专用资产的相关企业联合起来,共同创造价值,形成一个价值网络。价值网络是一种灵活的企业关系,不同的企业把它们各自的核心能力要素结合在一起,与其他企业展开竞争与合作。价值网的成员常常根据需要不断地进行调整和组合。

基于价值网的商业模式是利益相关者的合作共赢模式,包含两条基本原理:其一是价值共创,其二是价值分享。一个简单的价值网模型由布兰登勃格(Adam M. Brandenburger)与内勒巴夫(Barry J. Nalebuff)共同提出,这是一个以焦点企业为中心的网络模型,如图2所示。

图2 价值网模型

价值网络模型描述了所有价值创造参与者及其关系,表明焦点企业如何通过竞争与合作创造价值,使自己获得最大收益。纵向来看,供应商—企业—顾客构成主要的价值链。在这条价值链上的企业价值创造目标一致,为获得和保持整体竞争优势,上下游企业合作可以更好、更有效率的解决问题,共同为顾客提供更丰富的产品和服务,提升顾客价值。横向来看,价值网内企业间具有不同的核心竞争优势,各自专注于自己的核心优势业务,在价值创造中扮演着不同的角色。

竞争者、供应商、顾客和互补者存在着互动关系,如果改变商业博弈的竞合策略,一定会影响焦点企业与其他参与者之间的交易结构。按照布兰登勃格与内勒巴夫的模型,竞合策略有五个方面,即参与者(participators)、附加值(added values)、规则(rules)、战术(tactics)、范围(scope),简称 PARTS 策略(见图 3)。

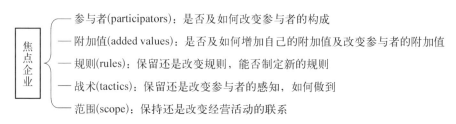

图 3　企业的 PARTS 策略

实际上,PARTS 中的任何一个要素改变,都会形成不同的博弈结局。有人把商业模式定义为企业间的交易结构,PARTS 策略的每个变化都会形成一种新的交易结构,因而商业模式的创新可以层出不穷。这样,利用价值网络模型就可以将竞合策略的应用与商业模式创新联系起来。

案例:宝钢股份的 PARTS 策略

2002 年前后,宝山钢铁股份有限公司(简称宝钢)市场部面临两方面的挑战(见图 4)。其一是来自竞争者的挑战:随着我国政府对钢铁产业的保护逐渐减弱,国外的钢铁巨头如新日本制铁公司(简称新日铁)与韩国浦项制铁集团公司(简称浦项)开始进入中国市场。其二是来自下游企业的挑战:宝钢的两个主要大客户即两大汽车集团——上海汽车集团股份有限公司(简称上汽)和中国第一汽车集团有限公司(简称一汽)——开始整合各自的采购部门,将由集团统一向宝钢采购,使宝钢不得不重新审视自己的营销策略。

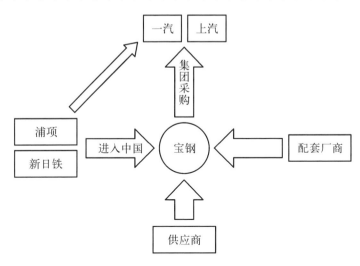

图4　21世纪初宝钢的市场环境简图

宝钢在客户关系管理方面一直被国内企业奉为楷模。通过把仓库建在下游厂商的厂区内,让客户享受零库存,以及派技术人员为客户提供技术指导与服务等,一向深得客户好评。但所有这些,新日铁与浦项也都可以做到,而且还可能做得更好。这使得宝钢对多年来建立与维护的客户关系感到忧虑。问题的严重性在于,由于汽车集团实行集团采购,失去一两个大客户就等于失去市场的"半壁江山",甚至整个国内市场。

我们在这种情况下曾承接了宝钢的咨询课题。课题组从一开始就意识到宝钢需要新的竞合策略,而且新的策略不应被限制在营销方面。这是因为课题组发现,宝钢面临技术创新的挑战:现代汽车制造的新趋势要求钢铁厂提供激光拼焊的钢板,而不再是普通的钢板,但宝钢尚未掌握这项世界先进技术。激光拼焊技术是用激光将不同材质、不同品种、不同厚度、不同板幅的冷轧钢板拼焊起来,以降低轿车重量,提高轿车性能,还可降低生产成本。该技术由德国蒂森钢铁公司与德国大众汽车公司合作研发成功，并逐渐成为主流技术。但上汽大众汽车有限公司（简称上海大众）只有激光拼焊实验室，国内厂商还没有掌握激光拼焊的核心技术。在国内，一些著名的汽车生产企业已开始使用激光拼焊板，但主要依靠进口。激光拼焊技术推广与应用是大势所趋，如果宝钢不能掌握这项技术，就意味着很快将退出汽车板材市场。在这方面，宝钢已经没有别的选择。

这一分析指出宝钢面前真正的挑战有两个方面：一是市场挑战，即来自新日铁与浦项的市场侵袭与剥夺；二是技术挑战，如果不能尽快掌握新的技术，就将失去市场。

激光拼焊技术的实施要求冷轧钢板与汽车制造一体化的流程，对该技术的研发，需要研发团队同时具备钢铁加工和汽车整车设计两种核心能力。宝钢的核心研发能力是钢铁加工和冶炼技术，尽管也对汽车制造技术有研究，但仍然无法满足激光拼焊技术研发对汽车制造技术的要求。宝钢亟须从外部获得相应的技术资源。此外，汽车企业的核心研发能力是汽车研发和制造。如果汽车企业自主研发激光拼焊技术，那么由于缺乏对钢铁领域核心技术的掌握，将无法完成这项研发任务。所以，宝钢的机会在于尽快与下游汽车企业寻求新的合作创新的机会。

这一分析不仅在理论上成立，事实上汽车企业也有潜在的需求。如果上海大众感到激光拼焊实验室的产品远远不能满足生产上的需求，需要从国外进口激光拼焊组件，那么成本一定较高，需求响应时间一定较长，供应的及时性可能难以保障。如果宝钢与上海大众可以联合生产激光拼焊组件，那就成为最可靠的供应商。不仅如此，如果合作研究得到加强与保证，当汽车制造发生创新的时候，宝钢就可以早期介入，甚至并行，使新车上市的时间大大缩短。另外，宝钢股份的技术创新成果给汽车工业带来的机会也可及时得到利用。通过合作与整合资源,在整个供应链的基础上可以更及时地响应市场的变化。

所以我们给出的建议是:在宝钢与上海大众之间建立一个新的组织,双方持股,深度合作,专门生产激光拼焊组件;另外,在全球范围内寻求提供成熟激光拼焊技术的企业(意味着最强的竞争对手)加盟。这样,不仅解决宝钢的燃眉之急,而且解决后顾之忧。

我们对合作采用新的实体组织的形式提出了较充分的理由,宝钢也认识到以往的客户关系管理并不能锁定客户,如果与上海大众建立一个合资企业,就能实现双向锁定,宝钢的难题就迎刃而解了。

2003年10月30日,上海宝钢阿赛洛激光拼焊有限公司(简称宝钢阿赛洛)成立,由宝钢股份、宝钢国际、上海大众和法国阿赛洛集团共同投资组建,专门为汽车制造企业生产激光拼焊板,产品覆盖直线焊、折线焊和曲线焊,同时提供开卷落料服务。宝钢阿赛洛公司规划在几年里形成1 000万件激光拼焊板的生产能力,成为拥有最先进的技术、设备和管理的中国最大的激光拼焊加工中心。一期投资总额2.43亿元(人民币),注册资本1.215亿元。宝钢国际持股38%,大众联合持股37%,阿赛洛持股25%。一期投资建设的主要内容包括一条开卷落料线、两条激光焊接线和厂房及附属设备。为应对市场的拓展,公司进行了二期投资,二期投资总额2亿元,注册资本金9 000万元。激光焊接线由一期的两条扩展到了五条,同时,第六条激光焊接线在2008年内投产。一个采用新技术、具有新的商业模式的企业就这样出现了。

从物理世界到虚拟世界

企业之间的网络联系不仅包括实物或物流联系,还包括信息联系。雷鲍特(Jefferey F.Rayport)和斯维奥克拉(John J.Sviokla)于1995年提出，进入信息时代的企业在两个世界中进行竞争：一个是管理者可以看到、触摸到的由资源组成的物理世界，称为市场场所（market place）；另一个则是由信息组成的虚拟世界，称为市场空间（market space）。在市场场所中，企业运用传统的物质资源来为顾客生产、加工有形的产品或提供具体的服务；在市场空间中，企业可以利用的资源只有信息，企业只能通过对信息的加工和利用来为顾客创造无形的产品或服务。

雷鲍特和斯维奥克拉把企业在市场空间中的价值活动称为虚拟价值链。他们所说的虚拟价值链其实不是一条链，因为有许多潜在的输入输出点，而且每一个价值增值环节都可能构成一种新的产品或服务，所以其实是一个价值网络。他们所说的虚拟价值链，主要是指互联网的商业应用。之所以称为虚拟价值链，是相对于波特提出的价值链而言的，波特所提出的价值链基于物流概念，在他那里信息只是辅助性或支持性的因素，本身并不创造价值。

基于虚拟价值链发展起来的都是网络。互联网可以利用虚拟价值链每一个价值增值环节构成一种新的产品或服务，用信息流以新的方式向顾客传递价值，为企业创造价值或开辟新的市场。于是，就出现了以信息作为创造价值关键环节的互联网广告、网络通信、网络招聘、网络教育、网络旅游、信息内容服务等商业模式。

所以，虚拟价值网络的意义包括三个方面。

1. 利用信息为顾客开发新的价值或服务

互联网最初的商业应用是靠独立的网站为用户提供各种信息及便捷的联系，这些网站可以说是报纸、广播等媒体的电子版，被称为新媒体。它们虽然并未提供或者很少提供原创的实时新闻，但作为一个信息的汇聚和推送平台，比传统媒体能更快更广地传播信息，并能在为网民提供免费信息的同时获取大量的流量，根据流量提供广告服务从而实现盈利。

面对各种门户网站提供的海量信息，如何尽快地获取所需要的信息？搜索网站应运而生。搜索网站为用户提供检索服务，提供了极大的方便，以特定程序让用户轻松地获取所需的信息。搜索网站在提供免费检索服务时可根据用户搜索内容展示相关广告，精准地定位潜在客户，产生极高的广告效果，因而谷歌、百度成为最赚钱的广告公司。

更有蓬勃发展的电子商务向用户提供各种专业商品信息，使人们足不出户就可以买到自己想要的商品，而且还能享受远低于传统超市和商店的优惠价格。

互联网企业对人们生活的影响，首先表现为提供各种类型的信息。有人认为这样的互联网应被称为信息互联网：网站就是信息提供者，一个网站就是一个信息中心，用户只是信息的接受者。但是，人们不仅需要获得信息，还需要分享、互动。人们不能仅从互联网被动地获得信息，还需要实现相互交流与分享信息。用户既是信息消费者，也是信息提供者。互联网秉承的理念应是人人参与，信息的处理与控制不应完全由网站负责。

为了实现用户参与、用户与网站互动，互联网的进一步发展方向是成为信息平台，把信息的处理和控制最大限度地交给终端节点（包括服务器和用户），网站只是传递信息。这被称为第二代互联网（Web2.0）。Web2.0网站成为一种信息平台，用户就成为中心。用户不仅能从网站接收大量信息，而且更重要的是可以构建自己的网络，分享信息。新的互联网的特征被概括为个性化、开放、共享、参与和创造。

Web2.0的应用繁多，博客、播客、简易信息聚合（Really Simple Syndication，RSS）、社会性网络服务（Social Networking Service，SNS）等应用向人们展示了个性化时代丰富多彩的生活。基于互联网发展起来的网络社区或社区论坛，包括BBS、论坛、贴吧、公告栏、群组讨论、在线聊天、交友、个人空间、无线增值服务等形式的网上交流空间，集中了具有共同兴趣的访问者。网络社区成为人们现实生活的延伸，使人们的生活内涵更丰富，生活方式更加多元化、更加精彩。在人类历史上，还没有哪一项技术能给人类的生活方式带来如此大的变化！

社交网站体现出人们对建立社会性网络的重视程度。互联网社会化的应用不断融入新的技术与传播工具。互联网本来是电脑的联网,随着人工智能的发展,互联网也变得日益智能化,iPhone等智能手机的出现使互联网变成了移动互联网。视频网站的发展,则以更大的信息量和更高程度的个性化将人们带入虚拟世界。三网融合将通信网、电视网和互联网统筹在一起,为个性化互联网提供了强大的网络基础设施,也促进了围绕个性化互联网的商业模式创新。

互联网日益普及,并融入了人们的生活,人们几乎可在任何时间、地点,用任何终端、任何接入方式通过网络满足自己的各种需求。腾讯控股有限公司董事会主席兼首席执行官马化腾提出了在线生活社区的概念。的确,在城市公交车、地铁、咖啡厅、候机大厅里,人们用手机或iPad上网读写微博、聊天、读小说、浏览新闻,这已成为现代的日常生活景象。越来越多的人通过移动终端下载音乐视频、预订餐饮机票,或实现网上购物和网上支付,移动互联网正在改变人们的生活、沟通、娱乐休闲,乃至消费方式,由此也改变着企业制造产品和提供服务的商业模式。同时,移动互联网还在改变整个信息产业,信息技术企业、通信企业、传统互联网企业等纷纷围绕移动互联网推出自己的全新业务战略。

2. 新的商业模式框架:双边市场

互联网是交互作用的平台。交易有买卖两方,互联网企业可作为第三方为买卖双方提供服务。这种交易与传统市场的不同,不仅在于平台企业可以促成交易,而且在于买卖双方中任何一方的数量越多,就越能吸引另一方的参与,这被称为交叉网络效应。这种市场形态被称为双边市场。

双边市场具有两个鲜明的特征。一是作为交易平台,互联网企业同时向交易双方提供相同或不同的服务,这些服务在促成交易双方达成交易方面是相互依赖、相互补充的。只有交易双方同时出现在平台上,并同时对该平台提供的服务有需求时,平台的服务才能真正体现其价值。二是交叉网络外部性。网络外部性是指某个产品或服务的价值随着消费该产品或服务的消费者数量的增加而更快地增加。交叉网络外部性是指，交易平台上买方（或卖方）的数量越多，所吸引的卖方（或买方）的数量就会越多。

作为双边市场的第三方平台，互联网企业为两边提供服务，但互联网企业的商业模式常常被概括为以免费聚集人气，也叫"吸引眼球""注意力经济"。所以，如何通过免费与收费发挥交易平台与网络外部性的作用，是互联网企业的一个重要课题。

双边市场上最有创意的商业模式是直接应用于技术创新领域的商业模式。"威客"（Witkey）是刘锋杜撰出的一个词，意指可以让智慧、知识、专业专长通过互联网转换成实际收入的人。按照这一思想，刘锋于2005年开始建立威客网（witkey.com），试图将中国科学院的专家资源、科技成果与企业的科技难题对接起来。

威客模式网站上的用户按照其行为可以分为两类：需求者和服务者。其中，需求者提出难题和发布任务，在获得合适的解决方案后支付报酬给服务者。服务者接受任务，当服务者的解决方案得到需求者认可后，服务者获得约定的报酬。在威客模式中，每一个人都可以将自己的知识、技能、经验、学术研究成果作为一种无形的知识资本通过网络进行销售，通过威客网站把自己的知识、经验、成果转化为个人的财富，同时也可以通过网络来索取知识与寻求帮助。

无独有偶，中国人提出威客模式，美国人也杜撰了一个词叫作"crowdsourcing"，译为"众包"。众包指的是一个公司或机构把过去由员工执行的工作任务，以自由自愿的形式外包给非特定的大众网络的做法。与此对应的是外包（outsourcing），外包是把任务包给特定的人，强调的是高度专业化，通常有较高的费用。众包通过悬赏向公众征求解决方案，以公开招标的方式把需求传播给未知的解决方案提供者群体，是典型的组成在线社区并提交方案的模式。众包吸引业余人士或志愿者利用他们的空余时间提供解决方案，所以企业可以在花费较少的情况下得到对其问题的探究和讨论，而且有了结果才付费，有时甚至不用付费，这样可以依靠比自己组织内部更广泛的人才资源。

众包模式已经对一些产业产生了颠覆性的影响：一个跨国公司耗费几十亿美元也无法解决的研发难题，被一个外行人在两周的时间内圆满攻克；过去要数百美元一张的专业水准图片，现在只要一美元就可以买到。威客与众包在国内外已经有不少成功的案例。

威客与众包实际上是同一种商业模式，只不过视角不同（见图5）。威客与众包都由三个要素构成，也就是双边市场中的三方：一方是提问者，或求索者，也就是需求方；另一方是回答者，或解决者，总之是供给方；还有一方是网站平台。威客模式是从供给者的角度出发，利用自己的智慧、知识、经验等为需求者提供解决方案；众包模式是从需求者的角度，利用外部的公众的智慧、知识与经验，来解决企业内部的难题。

图5　威客与众包

3. 两个空间形成互补，用新的方式和途径向顾客提供价值服务

虚拟价值网络中的信息产品是数字产品。数字产品与大部分普通产品不同，其边际成本为零，而且一个用户的使用并不妨碍其他用户再使用，这样一来就可以充分面对个性化的需求，所带来的营销观念的重大变化被安德森（Chris Anderson）用"长尾理论"来描述。网络时代是关注长尾、发挥长尾效益的时代。互联网企业通过提供人们感兴趣的内容吸引大众的注意力，而一旦网络用户达到一定的数量，由于网络效应，就会吸引更多的用户加入网络。庞大的客户群是互联网企业最大的资产。如果网络企业成功地掌握了大众的注意力，则可以认为该企业已经成功完成了经营销售的战略目标。网站的访问量越大，该网站蕴藏的商业价值就越大。当一个网络吸引了足够多的人参与，只要少数人去购买他们的收费产品，就足以使网络企业实现盈利。例如，360安全卫士网站在

中国有 2.4 亿用户,其中只有 1% 的人需要付费服务,意味着该企业拥有 240 万的付费消费者。即使这样,这一数量也远远超过任何传统经营模式中在商店或书店能销售出去的商品总量。

互联网的作用不仅仅表现在交易方面。有共同兴趣、需要和经验的消费者借助信息平台会自发地集结成消费者社区,分享通过互联网获取的世界各地的产品、技术、性能、价格、消费者倾向和反应等信息,同时也借助网络亲自从事实验,甚至开发新产品,使之在网络与社区中流传与扩散。在这种情况下,消费者不再是被动地等待着被满足的群体,企业也不能再像以往那样进行单边思考和采取单边行动,因为价值不再只是由企业单独创造。海尔的负责人张瑞敏说,生活在互联网时代,企业和用户之间不再是信息不对称,而是变成了信息对称。

"现在是企业和用户之间信息不对称的主动权改变了。过去传统经济下,不对称的主动权在企业手里,我生产什么,用户就被动接受什么。但是现在的主动权到了用户手里,用户现在可以在互联网上看到所有产品、所有的价格,并自主选择。这个时候不是以企业为中心,而是以用户为中心,这是非常大的改变。如果你不能改变,还抱着低成本、大规模制造不放,那肯定是不行的。"[①]

普拉哈拉德(C.K.Prahald,1941—2010)在《消费者王朝:与顾客共创价值》一书中提出消费者和企业共同创造价值的时代已经来临,认为共创价值的核心思想是使消费者成为对等的问题解决者。价值的概念在发生变化,它不再是产品或服务与生俱来的特质,不再由产品的生产者或服务的提供者提供,而是必须有消费者参与,由双方共同创造,并通过消费者的亲身体验来实现。互联网就成为人们讨论问题的平台。消费者可以与生产者讨论有没有更好的解决方案,生产者也可以提出新的解决方案供消费者选择。也许最终的解决方案难以一下子达成,需要持续的交流,互联网是消费者共创价值的平台,市场

---

① 张瑞敏:《互联网时代,企业必须改变》,《中国民营科技与经济》2012 年第 Z1 期。

就成为论坛。

这是企业商业模式的重要变化。长期以来,许多企业接受市场导向的观念,强调以市场的需要引导企业的经营活动,往往先通过市场营销人员进行市场调查,将客户的意见与建议反馈给产品开发部门与制造部门,这些部门的人员再经过研究与改进提出新的方案。虽然有市场调查,但是产品的创新与制造一直被看作企业自身的事。消费者处于被动,只不过是企业销售的对象,甚至是企业的"猎物"。但在互联网环境条件下,借助社区的论坛,消费者处于主动地位,消费者要求有以多种渠道与企业互动的自由,要求以自己偏好的语言和方式进行互动和交易,企业必须尽力满足消费者的个别选择,并重视交易过程的体验。企业生产人员、研发人员与营销人员可以与客户与准客户直接对话讨论交流,生产者与用户处于互动过程中,并有各种跨渠道的互动与共创。DIY "do it yourself"的英文缩写,译为"自己动手"。DIY 的概念在国内的计算机、家具、装修等行业兴起和普及,并广受好评,成为个性化商品的标志,同时也是一种逐步发展成长的新商业模式。

致力于研究用户创新的希普尔教授发现,用户创新是为了满足和实现现有产品不能满足的隐性需求。希普尔认为,用户选择与制造商一起创新的原因是,在使用过程中积累的隐性知识由于黏性过高难以转移,如果自己不创新则未满足的需求可能永远处于未满足状态,只有与制造商合作才能获得所需的解决方案。一方面,随着技术日益复杂化和市场需求日益多样化,用户存有的隐性知识比重增大,没有用户参与,制造商很难满足个性化的市场需求;另一方面,由于职能定位不同,用户也难以具备制造商所拥有的技术设施和人才储备,没有制造商的合作,用户进行的创新很难达到满意的效果。两者合作,可实现制造商与用户的资源优化配置,实现双赢。

制造商与用户的合作未必是一次性的。具有代表性的情况是,制造商先行提出创新成果,并预留一定创新空间,供部分选定的用户依自身情况创新后,再将含有用户创新的成果转至制造商,由其进一步完善后生产、市场化。用户创新的起点是制造商提供的创新构思或原型,通过增强用户需求与制造商创新系统的匹配性,可提高创新成果市场化成功的可能;同时,充分预留创新空间,将能充分容纳用户的创新需求,可有效实现制造商对用户所拥有的隐性知识的获取。

在这种情况下,制造商与用户就可能形成一种创新社区,他们共同感兴趣的是创新,反复交流、互动学习,共同探索新技术、新能力、新产品及新市场的应用和内涵。

从传统企业到创新型企业

狭义的商业模式定义为企业的运营模式,包含着企业主要靠生产与运营获得盈利的含义。但在我们提到的无实验室研发的案例中,企业的盈利模式不是生产与运营,而是产品创新。一个企业如果走向依靠创新获得盈利,从而走向依靠创新生存与发展的道路,就不再是传统意义上的企业,其商业模式的逻辑也就不同了。管理学者德鲁克把这类企业称为创新型企业,以区别于以往的传统企业。创新型企业是以信息为基础的知识创造组织,这种组织将主要依靠专业化的知识工作者,知识工作者依靠信息创造知识并贡献信息;如同研究所、医院、乐队等专业化组织,现代企业的组织成员主体是领域内的专家,其主要活动是知识创造。德鲁克还认为,企业依靠创新实现盈利、生存、发展的问题,不是企业某个方面或者某个因素的问题,而是企业整体模式的问题。

通过获取知识产权、创造知识产权、经营知识产权并周而复始,创新型企业就能够依靠创新实现盈利、生存、发展。相较而言,传统企业采取的是以耗费自然资源为代价,有效利用物质资源并使其转化为产品与服务的经营方式,其直接后果是耗费自然资源和影响人类赖以生存的环境;创新型企业采取的是注重有效创造,将知识资产转化为产品与服务的经营方式,其经营结果是提供更优的解决方案,降低资源耗费,推动整个产业价值网络向更高级演变。因此,创新型企业以知识产权为核心的经营模式突破了传统产品经营的模式,成为真正意义上的现代企业,是推动产业网络乃至社会经济发展的主导力量(见图6)。

传统企业		创新型企业
• 传统企业的生存与发展主要依赖垄断、保护、模仿、复制已有的技术、产品、市场等方式,仅适合社会经济条件变化比较慢而且竞争不十分激烈、创新能力与速度对企业的生存与发展并不那么重要的时代 • 传统企业的创新活动只是企业获取竞争优势的可选手段之一,研发等创新部门是企业的非核心部门		• 创新型企业依靠创造新技术、新产品、新服务、新市场等方式求得生存与发展,适合技术与产业链变化加快的社会经济条件,是具有真正现代意义的企业。 • 依靠创新获得盈利是创新型企业的核心,创新是创新型企业生存与发展的核心手段,研发等创新部门是企业的中枢职能部门

图6　传统企业与创新型企业

创新型企业商业模式相关的关键环节是创新与知识资产经营。

1. 以创新创造价值

如果把价值网络应用于创新,自然就可以得到技术创新价值网络的概念。创新价值网络中的参与者共同参加新产品的形成、开发、生产和销售过程,共同参与创新的开发与扩散。当企业在进行技术创新的时候,面对的问题是根据企业自身的知识产权资产与创新能力状况,选择某些环节在企业内部进行,通过内部创新价值链实施;另一些环节则通过与外部合作,采用某种合作方式,如合作创新、产学研相结合、外部购置等,构建创新价值网络。创新价值网络中关于科学、技术、市场的直接或间接、互惠和灵活的关系,可以通过正式合约或非正式安排来维系。

企业需要通过创新价值网络实现创新,这有多方面的原因。例如,一些比较复杂的技术或者系统性的技术,其创新仅由个别企业难以独自承担,而必须依靠有合作关系的企业与组织共同参与才能完成。同时,也有产业组织与企业研发组织变革的原因,例如,企业面对预算约束就有可能寻求合作伙伴,或通过外包方式解决创新中的困难问题。特别是在发现外部组织比自己更有能力,也能更有效地完成创新任务的情况下,会作出这种理性的选择。

以制药为例,医药企业的长久生命力来自不断推出新药,因此,传统的大型医药企业均设有规模巨大的研发部门。新药研发的人工与管理等成本都非常高,因此,这样的研发部门往往成为"烧钱部门"。每当经济危机来临的时候,新药研发部门便会首当其冲,许多医药企业为节约开支大力削减研发费用,纷纷裁员甚至将整个研发部门裁撤,企业内部研发基本停止。但药品的研发停止会造成整个企业的自主产品链断裂,为避免失去竞争力,一些医药企业转而寻求专门的研发外包企业。它们发现采用这一途径的花费远低于自主研发,却可获得相同的效果。由于新药研发周期长、投资资本高、风险大、同行业竞争加剧等因素,很多大公司都感到巨大的研发压力,因此,医药大公司选择研发外包不再是权宜之计,而逐渐成为一个战略性的选择。外包已涉及研发的各个阶段,包括早期药物发现、药理毒性、剂型、配方开发、工艺开发、中间产品和有效药品成分、分析测试、Ⅰ期至Ⅲ期临床研究、政策法规咨询、产品物理成型、包装、推广、市场、产品发布和销售支持、药物经济学评价、商业咨询及药效追踪等。外包服务已渗入制药产业链的各个环节,导致现代生物医药技术公司的企业创新网络中参与者的多元化和复杂化,从而使治理模式由过去大型制药企业主导的层级型逐步向多个参与者合作的网络型转变。

现代生物医药技术公司创新网络的参与者主要包括合约研究组织、合约制造组织和合约销售组织。目前,发达国家的大型制药企业委托合约研究组织(即CRO公司)进行新药研发和临床试验(即研发外包)的现象非常普遍,全球将近1/3的新药研发都是通过这种途径实施的,而委托CRO服务的全球市场以每年20%~25%的速度增加。2010年,全球CRO市场达到360亿美元的规模。

由于中国和印度的人力成本相对低廉,许多跨国CRO企业都将分部设于这两个国家。在中国,全球医药临床研究领域排名第一的昆泰(Quintiles)公司在北京设了分支机构,全球第二大CRO公司科文斯(上海)中心实验室2007年8月在张江药谷落成。张江药谷附近已拥有科文斯、睿智化学、和记黄埔、桑迪亚、方达医药等多家CRO企业。位于上海外高桥的药明康德，是国内排名第一的CRO企业。CRO企业与国内的大学或研发机构有各种不同方式的合作，使得其业务水平不断提高。随着这一模式的日益普及，中国的CRO企业越来越成熟，提供的服务范围也越来越广。在短短的五六年时间内，我国已涌现出了100多家CRO企业，从事在化合物研究外包、原料药研究外包、制剂临床前研究外包和临床研究外包等细分领域的研发外包工作。

企业创新的目的是通过创新实现盈利。企业创新的成果就是能带来利润的产品。企业的研发成果可以是新药的生产方案，也可能是新药生产过程中的某个中间产品。由于国际上大型药厂的新药开发纷纷采取外包与合同研发模式，合同研发组织得到充分发展，一些小企业瞄准医药发展的方向，中间产品市场获得迅速发展，所以中间产品研发成果就可以进入交易；而购买这种中间产品的企业经过自己的进一步研发，也可以将自己的产品用于交易而获取附加价值。

在知识产权保护制度日益完善，风险投资、科技转让、科技咨询、中介组织日益发展的情况下，通过创新价值网络的连接，企业在寻找创新盈利的新途径方面有了更多的选择。

2. 知识产权资产经营

一般来说，企业技术创新的成果并不直接是新的产品与服务，而是有赖于一定的技术载体才能展现，可在一定时期内对市场经济行为产生显著影响，并带来经济利益。创新者生产知识，应该得到法律保护的各种权利。所以对于创新者来说，创新的目的不是纯粹地获得新的知识，而是获取知识产权。知识产权既可以作为企业生产新知识的资产，又可以作为帮助企业经营活动获取收益的资产。所以，知识产权是企业最重要的财产之一。随着企业创新活动的增加，创新成果不断积累，知识产权资产经营就成为企业经营管理最重要的内容。每个企业都重视对自己拥有的知识产权的保护，众多企业都把知识产权资产经营看作企业的发展战略，或者在战略层面上对其进行管理。

知识产权的价值是由它能转化的产品、服务与工艺流程改进所能带来的经济收益决定的。知识产权转化为产品、服务与工艺流程改进的途径与方式，就是企业利用知识产权及其组合获取收益的方式。企业可以将新的知识用于现有产品、服务与工艺流程改进，增强企业的市场竞争力；也可以通过技术咨询、技术服务、技术许可、技术转让等方式实现知识资产的价值；还可以建立新的组织，通过投资孵化，选择恰当的商业模式进行商业化。

知识产权是由法律确认和保护的，知识产权成果所有人所应享有的专有权利，表明所有人对其拥有的知识产权成果可以做什么、不可以做什么。完整的技术产权包括四个方面的权能，即技术所有权、技术使用权、技术收益权和技术处置权。知识产权资产经营的管理对象是知识产权组合。知识产权组合的数量与质量反映了组织在这些核心技术领域所具备的知识产权资产与能力水平。

3. 知识产权资产与互补资产的结合

沃顿商学院教授蒂斯（David J. Teece）认为，如何从知识产权资产中获取经济价值，已超越了传统价值分析的范围，需要提出新的理论加以解释。蒂斯指出，知识资产由于自身的特性并不能单独产生经济价值，需要拥有相应的互补性资产。知识产权经营是以知识产权为对象，利用互补性资产实现其经济价值的管理活动。知识产权资产的自身特性、互补性资产（包括生产能力、销售渠道、顾客忠诚等）、法律制度、产业结构、动态能力等因素都对知识资产实现经济价值有着重要影响。

如果企业之间的产品互相配套，就表明具有互补关系。互补性资产网络强调的不是企业产品之间的关系，而是企业之间在资源方面的互补性。创新型企业从事研发活动，对于通过研发获得的新技术或新工艺，常常需要其他企业（如OEM厂商、渠道厂商、零售企业）以及金融服务业、管理服务业、要素市场等诸多参与者提供配套服务。这些参与者构成创新型企业的互补性资产网络。互补性资产网络的存在是创新型企业实现其知识产权潜在价值的必要条件。所以，创新型企业的价值网络中应该包括互补性资产。

正是由于知识产权资产与实物资产的分离,创新型企业才能区别于一般传统企业;正是由于知识产权资产与实物资产的互补性,才能使创新型企业通过可持续的创新和知识产权资产经营而生存与发展。

总结与讨论

我们在本文中分析了商业模式逻辑的发展(见表2)。在商业模式创新没有表现为企业创新的主导趋势之前,朴素的商业模式的核心概念建立在企业间竞争的基础上,我们称之为第一代商业模式。当新技术与产业组织的变化使商业模式创新成为企业创新主要趋势的时候,商业模式的核心概念由价值链演变成价值网络,它建立在竞合的基础上,形成第二代商业模式理论。互联网深入与广泛的应用表明企业竞合的领域不只在物理世界,还在虚拟世界,而且两者可以结合,这就在第二代商业模式的基础上产生了第三代商业模式理论。第四代商业模式理论则指出了创新型企业与传统型企业商业模式的区别,以及创新型企业商业模式出现的条件与必然性。

表2 四代商业模式

商业模式理论代次	核心概念	价值源泉	核心价值创造活动	价值活动结构
第一代	价值链	竞争优势	识别控制关键环节	竞争:五力模型
第二代	价值网络	竞争机制	共赢与分享	竞合:价值网模型
第三代	虚拟价值网络	信息收集与共享	利用信息创造价值	长尾理论双边市场
第四代	创新价值网络	知识产权资产经营	创新盈利	互补资产网络

本文在导言中就指出,商业模式的逻辑是企业不断追求新的价值源泉的逻辑。四代商业模式理论的发展,并没有一代比一代先进,或一代被另一代替代的意思。代次的划分只是因为出现了新现象,从而需要新

的理论来解释,并不区分孰优孰劣。事实上,新的商业模式出现后,原来的商业模式并不一定消失,经过创新之后还可能焕发出新的生命力。一些百年老店的商业模式一直被保留下来,以不变应万变,仍可能在新的条件下生存与发展。每个企业都应该找到适合自己的商业模式,而不应盲目地模仿与改变。商业模式是企业的盈利模式,评价商业模式优劣的唯一标准应该是能否实现盈利,而不是新与旧,最能实现盈利的商业模式才是最好的商业模式。

但是,我们指出商业模式逻辑的发展仍有意义,它有助于我们理解商业模式的创新,对于企业商业模式创新的实践也具有参考价值。

如果不算人们对商业模式朴素的理解,那么人们对商业模式创新的关注与理论上的思考也不过十余年的时间。从如此短的时间里总结出四代商业模式理论,似乎把理论的发展看得太快了吧。但是,我们处于快速变化的时代,市场在快速变化,技术也在快速变化,理论的研究似乎还赶不上实践的发展。促使我们划分四代商业模式理论的原因,正是这些变化以及商业模式中核心概念的变化。

21世纪以来商业模式创新的重要见证者是IBM全球企业咨询服务部。这个服务部自2004年以来,就企业CEO以及企业高层管理者最关心的问题,每两年进行一次全球调查,每一次调查都会发现引起全球关注的变化。2006年的全球CEO调查开始涉及中国,这一年的调查发现企业创新的重点与主要趋势表现为商业模式创新,而不是技术与市场局部的改进。2008年的调查进一步发现,几乎所有的CEO都在调整企业的商业模式,2/3的CEO正在实施大规模的创新,超过40%的CEO正在改变企业运营模式。2010年的报告则指出,面对复杂性、不确定性,转型和变革正在成为新时代的特征和焦点,企业应采取的三大创新策略是展现创新的领导力、重塑客户关系和构建灵活的运营体系。从这些调查中,我们似乎能看出第二代商业模式的实际背景。

2012年调查的目标是在数字化、社会化媒体、移动化相互融合等科技因素影响下,CEO面对复杂的企业经营环境如何规划未来、接受挑战。所采用的调查问卷内容包括"客户、产品商业模式"等。调查发现，互联互通正改变消费者使用习惯及产业游戏规则，所产生的新型经济模式已经成为在全球范围内影响社会、组织以及经济变革的重要因素。这些现象使我们看到与第三代商业模式理论所揭示的商业模式创新的联系。

2014年的调查发现新兴的技术对组织产生深远的影响，全球CEO在三个方面采取行动以重新定义参与规则，这三个方面的行动是拥抱颠覆性变革、建立共同价值观和勇于开放。拥抱颠覆性变革是指应对来自新领域的竞争，企业必须跨出既有圈子，延揽多元人才，通过扩大合作范围来深化创新能力，加速企业发展新技术和新业务模式的步伐。建立共同价值观是指借助数字化技术部吸引顾客参与决策制定。勇于开放是指将协同合作视为首要任务。这一调查，指出了商业模式创新的新趋势。

由此可以看出，IBM企业咨询服务部这个全球最大的信息咨询服务机构调查的核心问题是企业的创新问题，特别是商业模式创新问题。他们所发现的企业的变化与采取的行动，有助于理解本文指出的商业模式创新的逻辑发展背景。

主要参考文献

1. Chris Anderson, *The Long Tail: Why the Future of Business Is Selling Less of More*, Hyperion, 2008.
2. Adam M. Brandenburger and Barry J. Nalebuff, *Co-opetition*, Doubleday, 1996.
3. Clayton M. Christensen, Michael E. Raynor and Matthew Verlinden, "Skate to Where the Money Will Be," *Harvard Business Review* 79, No.10(2001): 72.
4. Clayton M. Christensen, *The Innovator's Dilemma: When New Technologies Cause Great Firms to Fail*, Harvard Business Press, 1997.
5. Peter F. Drucker, *Innovation and Entrepreneurship*, Harper & Row Publisher, 1986.
6. Peter F. Drucker, "The Coming of the New Organization," *Harvard Business Review* 66(1988): 45-53.
7. Peter F. Drucker, "The Theory of Business," *Harvard Business Review*, 72, No.5

(1994): 95–104.

8. Eric von Hippel, *The Sources of Innovation*, Oxford University Press, 1988.

9. Michael E. Porter, *Competitive Advantage: Creating and Sustaining Superior Performance*. The Free Press, 1985.

10. Jeffrey F. Rayport and J. J. Sviokla, "Exploiting the Virtual Value Chain," *Harvard Business Review* 73, No.6(1995): 75–85.

11. David J. Teece, "Profiting from Technological Innovation: Implications for Integration, Collaboration, Licensing and Public Policy," *Research Policy* 15, No. 6 (1986): 285–305.

12. David J. Teece, "Capturing Value from Knowledge Assets: The New Economy, Markets for Know-How, and Intangible Assets," *California Management Review* 40, No.3(1998): 55–79.

13. 王云美,司春林,夏凡,李金连:《传统企业如何转型为创新型企业:理论模型与宝钢案例》,《研究与发展管理》2012 年第 06 期。

14. 司春林:《商业模式创新》,清华大学出版社,2013。

15. 司春林:《创新型企业研究》,清华大学出版社,2016。

16. 普拉哈拉德(C. K. Prahalad):《消费者王朝:与顾客共创价值》,机械工业出版社,2005。

创新型企业

以波特的价值链理论为核心的管理学理论强调企业的核心增值环节为制造、销售和物流,如何在这些环节获取竞争优势被认为是企业经营获利并获得生存发展的关键。但在德鲁克看来,波特的价值链理论仅适用于传统企业。

德鲁克认为,传统企业的生存与发展主要依赖垄断、保护、模仿、复制已有的技术、产品、市场等方式,这样的企业仅适合社会经济条件变化比较慢而且竞争不十分激烈、创新能力与速度对企业的生存与发展并不那么重要的时代。在技术与产业变化加快的社会经济条件下,企业需要依靠创造新技术、新产品、新流程、新服务、新市场等方式求得生存与发展,这样的企业的生存与发展模式不同于传统企业,他称之为创新型企业。创新型企业是以信息为基础的知识创造组织,组织成员的主体是知识工作者和领域内专家,其主要活动是知识创造。创新型企业依靠创新实现盈利、生存、发展是企业的整体模式问题,而不是企业某个方面或者某个环节的问题。

但是,为什么在技术经济变化加快的条件下会出现创新型企业?创新型企业究竟是在怎样的背景条件下才出现的?传统企业是否能转变为创新型企业,如何才能转变为创新型企业?创新型企业商业模式是怎样的?创新型企业成长的内部条件、外部条件和路径又是怎样的?

这一系列的问题远没有被清晰地解释和说明,但要系统地作出解释也并非易事。

21世纪初,欧盟、欧洲工商管理学院(INSEAD)协会和美国国家科学基金会曾支持经济史学家拉佐尼克(William Lazonic)对创新型企业的研究项目,这项研究以广泛的视角探讨了创新型企业与社会经济条件的相互影响,但主要的研究是对历史上的创新型企业作历史比较分析。所谓历史上的创新型企业,实际上是不同历史阶段的典型企业,而不是德鲁克所说的作为"现代意义下真正的企业"的创新型企业。如果从历史演变的角度把历史上的典型企业与德鲁克所说的创新型企业联系起来,应当看到的是企业的主要价值增值环节从制造环节向研发环节的历史转变,企业的核心价值资源从有形物质资产向无形知识资产的历史转变。这一转变,其实质可以说是传统企业转变为创新型企业的历史表现。

创新型企业是依靠创新生存与发展的企业,是知识经济时代的典型企业。在知识经济时代,企业的创新成果不是一般的知识,而是受到法律保护的权利,形成企业的知识产权;知识产权能给产权人带来价值,因而可作为特殊的资产来经营。因此,如果一个企业善于通过创新获得知识产权,并且善于进行知识产权资产经营,就有可能走向一条依靠创新生存与发展的道路。

本文对创新型企业的理解就建立在对知识经济特征的这一基本认识的基础上。

产业与技术创新的网络化发展

传统企业管理的重点与实质是把主要的经营活动及其环节都控制在企业内部,这就是企业大而全或小而全的经营模式。这一模式最典型的例子是20世纪20年代美国福特汽车公司。福特汽车公司不仅自己进行技术研发、生产、组装汽车,独立培训本身的员工,而且还要自己生产钢铁、轮胎,甚至拥有自己的橡胶园,自己管理运营铁路来运输生产的汽车。

在这样的经营模式之下,企业的技术创新传统上被理解成受企业内部控制的一系列活动相连接的链:从最初的创意开始,到形成新的产品或工艺,最后产生商业价值,每一个活动都是链条上的一个环节,环环相扣。每一个活动都不可缺少,而且前一个活动没有完成,就会影响后一个活动。它告诉人们,创新活动不能前后脱节,否则创新就要停滞,或者因此半途而废。对创新的管理表现为围绕着整个创新流程对企业开发部门、支持部门、服务部门和销售部门等进行的链条式管理。

但是到了 20 世纪 90 年代,传统企业的经营模式与创新模式遇到了挑战:信息技术与互联网的广泛应用带来了信息成本与交易成本的降低,企业在做什么、怎么做、为谁做这些问题上可以有更多的选择。特别重要的是,企业可以重新考虑自己的边界以及与其他企业的关系,对业务范围、客户关系作出新的调整。与此相关联,国际范围内劳动分工不断强化,越来越多的企业谋求专业化的发展。企业在产业价值链与企业价值链的分化与重组中寻找新的价值环节与源泉,发展新的合作关系,在互惠的基础上实施外包,借助互联网进行全球采购,其结果使得企业间的网络关系突破原有产业的界限,导致了产业组织模式的重要变化:大而全、小而全的模式逐渐被产业的网络化代替。

信息与网络技术为产业的组织模式与企业的创新模式改变提供了可能与机会,而更直接的因素还包括企业大而全经营上的困境。企业仅仅因为预算约束就有可能寻求合作伙伴,如通过外包方式来解决创新中的困难问题。特别是在发现外部组织比自己更有能力,也能更有效地完成创新任务的情况下,会作出这种理性的选择。这样的合作关系得到维护和加强,并稳定地发展,就形成了技术创新网络,成为技术创新的有效组织与方式。

海尔负责人张瑞敏形象化的说法是"拆掉企业的篱笆墙"。如果企业在市场上可以买到的产品、配件、半成品,比企业内部生产的更便宜、质量更好,企业就不应自己生产,而应在市场上购买,从而企业相关的业务部门就没有继续存在的理由。张瑞敏认为,"拆掉企业的篱笆墙"的压力不断传递到企业内部,有利于克服企业过于封闭的"大企业病"。"拆掉企业的篱笆墙"的活动使海尔优化了内部价值链,也使得企业的创新活动更加开放。

在技术创新加速和市场变化方向不确定的情况下,利用网络更有利于对环境变化作出相机反应和更灵活地重新配置资源,从而使企业在寻找创新盈利的新途径方面有更多的选择余地。

技术创新网络是新的条件下企业技术创新最合适的主导方式与制度安排。网络是介于企业与市场之间的组织。网络化交易是一种介于纯组织和纯市场之间的交易方式。这种组织形式与制度安排表现为一定的程序、规范、规则,这些程序、规范、规则包含在产业组织的惯例与协调机制中。技术创新网络基本的功能与意义可以从以下四个方面来说明。

1. 信任机制

技术创新中的交易与合作具有复杂性与不确定性,行为主体间的信任可使得行动者的预期更加准确,从而有利于降低交易的监督成本,甚至还可能在遭遇难关时获得关系伙伴的支持。虽然网络关系不足以保证百分之百的信任度,但比起市场机制,网络关系在合作伙伴的选择及形成未来合作的期望等方面起着更为关键的作用,并为资源和信息在企业间的流动提供便利。

2. 优质信息共享

信息是有质量差别的,通过关系网络传递的信息通常质量较高。在网络内部,成员之间的信息交换可能包括产品的早期研发信息、成本信息,他们还可以共同讨论未来产品的发展计划以及合作制订预期的供给和需求等。

3. 协同或协作利益

在企业间长期的互动经验中,网络关系提供了协商解决争端的机制,这种机制采用协商、惯例、相互谅解等灵活的方法解决争端,促进企业间的协同或协作,甚至共担风险。

4. 企业与网络共同演化

创新网络致力于知识的创造、积累和扩散,可以根据新技术的要求不断改变自身结构和行为模式。

创新价值网络与企业自我中心网络创新模式

技术创新网络中，企业的联系包括实际发生的与可能发生的所有联系，如果我们专注于企业创新时实际发生的价值联系，而不包括可能的但实际未发生的联系，这样的网络可被称为创新价值网络。创新价值网络是通过真实的信息、资源、通信等方式相互联系、相互制约的技术创新网络，表明创新是在多个参与主体所组成的网络中产生、采纳、传播和实现。创新价值网络是企业合作创新的实现方式，包含着合作创新参与者之间的价值关系，是创新过程中真实发生的关系。创新价值网络意味着每个参与创新的企业都实现了自己的创新价值。

当企业为了技术创新，寻求与合作者共赢的机会，实施互动与协同，交换各种知识、信息和其他资源，促使创新要素整合、共享，共同参加新产品的形成、开发、生产和销售过程，共同参与创新的开发与扩散，就形成了创新价值网络。

创新价值网络的表现是企业充分利用网络资源，通过与合作伙伴的高效合作，最大限度地提高技术创新绩效。换句话说，在网络环境条件下，企业创新模式表现为一种以自我为中心的网络模式。

自我中心网络模型对内强调各职能部门充分集成、并行发展，同时参与知识与信息的产生；对外将充分利用网络关系，在研究开发、生产、销售各环节进行广泛的横向联合。这种模式强化了企业内部集成和外部网络的联系，使创新过程变得更有效率、更为迅速、更具有灵活性，有助于企业应对技术迅速变化、产品生命周期缩短以及时间重要性日益突出的竞争环境。如图1所示的网络模式描绘了创新型企业与其他企业和组织之间通过信息、资源、通信等方式发生的跨时空的相互联系、相互影响关系。

企业自我中心网络的组成源于企业创新对网络资源的利用，主要是对外部知识的利用，而对外部知识的利用源于企业的内部知识需求。企业知识需求分析需要回答在目前或将要开展的事务中企业的知识缺失

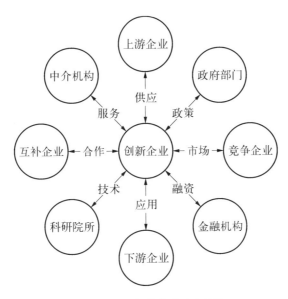

图 1 企业创新的自我中心网络

问题。需要在清点企业知识状态的基础上分析企业的知识缺口,明确企业所需要的知识内容,评估可选择的方案等,这些活动构成了知识管理的内容。

知识管理面对的主要机制与活动包括:

- 清点(审计):调查企业内外部的技术资源,清点企业目前所拥有的、必须拥有的、未来必须获取的技术与知识(主要是专利、技术秘密等),确认企业所需求的技术与知识。
- 评估:评估符合需求的选择方案。评估它们是否适合现在与未来市场的需求,以及技术强弱、管理效率、竞争者技术的竞争力等。
- 监测:跟踪市场和技术动态,掌握技术发展趋势,分析各种解决方案,监测所需要的资源、可用的资源以及发展的进度。
- 规划:在清点、评估和监测的基础上,提出最佳的解决方案及选择标准,确定企业技术需求与技术获取方案。

企业自我中心网络是企业创新中与网络成员间真实的网络联系(见图 2),在企业的创新实践中是一个不断扩展的开放系统,因为企业在创新的各环节都会越来越关注从网络中获取资源与帮助。创新的环节包括知识的流动,人才、资金等要素的参与等。企业根据市场环境与条件、自己拥有的技术资源、外部可取的资源,以及创新过程中的成本投入、风险分担,创新成果的分享、转移与交易,考虑如何利用网络关系与资源实现新技术的价值。合资研究、合作研究、研发外包、虚拟联盟、交叉许可等代表着不同的合作方式。企业也可借助风险投资实现创新与创新成果的商业化,包括外部风险融资或自设风险基金。通过对外融资可在风险投资的帮助下实现创新,创业成功之后可选择回购或出售自己的股份而获得收益。自设的风险投资基金可以资助内部员工的创新与创业行为,也可以参与对外部创新成果的投资,以便获得大量的科技创新成果与可观的投资收益。

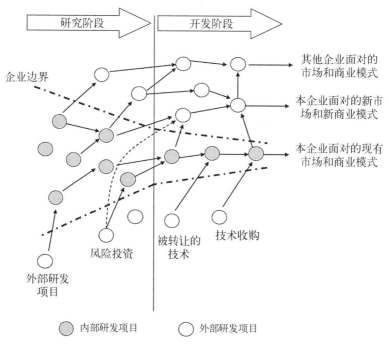

图 2　企业自我中心网络创新模式

概括地说,企业创新管理的主要任务是明确企业如何进行开发与创新,以寻找它所需要的技术,可选择的主要创新方式与活动包括:

- 内部创新：内部创新意味着依靠企业研发资源和能力开展技术创新。内部创新的管理包括建立研发组织、遴选合适的研发领导人、整合内外部资源等。
- 外部购置：外部购置即购买外部创新成果，通过消化吸收和模仿创新等途径掌握引进技术。
- 产学研合作：产学研合作即通过与高校、科研机构、企业等合作进行技术创新。
- 研发联盟：研发联盟是利用双方或多方的优势互补，合作研发新的技术。合作伙伴包括上下游企业，也可能包括竞争对手。许多企业家相信，最强的竞争对手同时也是最好的合作伙伴。

创新经营——以知识产权为核心

技术的本质属性是它的知识性，企业创新是企业知识的扩张。从知识的视角来看，企业其实是知识一体化的制度。企业生产中最重要的投入产出是各种专业知识，而且很多知识（特别是隐性知识）依附于个人，知识的专业性决定了生产活动需要不同类型知识的专家共同协作。这样一来，企业就成为知识生产的制度，它作为组织者为个人集中使用其专门知识提供环境与条件。所以，企业其实是生产活动所需知识的获取、运作和积聚的有效制度，通过它，知识得以积聚，并形成不同于个人的企业知识。

企业知识的隐含性与专业性决定了其难以通过市场积聚，由此也就决定了企业的存在与边界。企业通过知识的获取、积聚与创造追求经济价值的目标。但这不意味着企业不关心知识的社会价值；相反，企业所创造的知识也可能产生巨大的科学价值与社会价值，而且企业经济目标的实现常依赖于向社会转移它所创造的知识，如向社会推介新产品的知识。企业也十分注意从社会知识中获取所需要的知识，如通过大学、研究所、合作伙伴、客户获取所需要的知识。有时候，企业还需要与用户共同创造知识。这就是为什么企业技术创新离不开技术创新网络，企业创新与经营的模式表现为创新价值网络。

作为企业技术创新成果的知识依赖于一定的技术载体而存在,可在一定时期内对市场经济行为产生显著影响,并给企业带来经济利益,因而是企业最重要的财产之一,具有产权性质。对于创新者来说,创新的目的不是单纯地获得新的知识,而是获取知识产权。

创新价值网络描述的企业创新实现的方式,就是企业创造知识产权的模式,它同时也是企业知识产权交易的模式。企业自我中心网络创新模式中通过外置创新成果进行的创新,就是企业搜索、购买外部的知识产权;产学研合作及创新联盟则一定是建立在知识产权的有关协议的基础上。可以说,企业的创新价值网络就是企业获取与创造知识产权的模式,同时也是企业利用知识产权进行经营的模式。

为知识产权经营提供服务也成为最受关注的知识密集服务内容。非常值得一提的是,一家以色列私募股权基金叫作英飞尼迪(Infinity)基金,其知识产权银行模式包括通过搜索与股权投资发现与获取知识产权,通过共建、共投与政府合作建立知识产权价值传递网络,通过提供知识产权、资本、专业管理人才、国际市场运作经验、当地政府政策支持等传递知识产权价值。在知识产权传递之后,再通过收取知识产权费用或者企业上市、战略收购等方式获取投资收益。这样的知识产权银行模式是创新型企业所特有的。

广义地说,知识产权是指企业通过创新与投资得到法律保护的各种权利的知识资产,包括专利、商业秘密、商标、版权与工艺设计等。知识产权的英文是"intellectual property",考虑到英文的本义,将其翻译成知识产权或知识产权资产的译法其实是不够准确的。在我国台湾地区,将其译为"智慧财产",更符合英文字面的意义。"智慧"其实与"知识"是不同的概念,一个有知识的人可能缺乏智慧。对于企业经营来说,智慧比知识更为稀缺。技术创新是人的智力活动,所创造的新知识作为资产与财富,似乎被称为"智慧财产"更贴切,不过本文中我们还遵循知识产权与知识产权资产的习惯叫法。

技术创新作为一种"知识生产"活动，有产出，也有投入。技术创新的产出就是知识产权，而其投入除了有形的，还有无形的投入。无形的投入包括人才、社会关系、组织结构等所体现的知识资源，还有企业通过研发活动所积累的专业知识，特别是已有的知识产权中包含的知识。由于具有价值创造和赢得竞争的重要作用，越来越多的企业都把企业的知识积累视为资产，而且是企业最重要的核心资产，注重对知识资产的发现、评估、利用和保护。

知识产权具有无形性、可复制性和创造性，又同时具备法律赋予的权利，即权利人对其所创作的智力劳动成果享有的专有权利。知识产权资产被作为企业最重要的资产，是以它们具有巨大的商业价值、能够产生巨大的生产力为前提的。但是，知识产权的商业价值是潜在的，直到以某种形式将其商业化以后才能具体体现出来。企业在充满技术和市场的不确定性的环境下进行创新活动时，有无数种方法可以把新技术与新市场连接起来。创新产出的商业化途径不仅包括通过自身渠道进行商业化，还可以通过许可、出售、风险投资等方式实现经济价值。

企业知识产权资产经营的实施包括知识产权的保护、发展与利用。知识产权的保护是指以法律、专利组合、技术秘密等方式防止对手侵犯企业核心知识产权与技术发展路径；知识产权的发展是指形成数量与质量较优的知识产权库，体现创新管理的扩展；知识产权资产的利用是指实现知识产权资产经营的方式或途径。

知识产权资产经营的主要方式包括：

- 内部创业：技术创新的主要目的是满足企业自身生产经营的需要，这里内部创业指知识产权资产的实施和推广。当企业拥有了足够的技术与专利后，可以用与其相关与相近的核心技术与专利，在企业内部创立新事业部或子公司。
- 技术收益：通过转让技术与专利资产来增加企业的营运收益。技术许可是利用技术产权进行对外技术输出的主要方式。所谓技术许可，是指许可方（一般为技术产权权利人）以书面合同方式许可对方在约定的某一区域、应用范围和时间期限内,对许可项下的技术产权享有使用权。
- 技术移转:技术与专利的移转可扩大企业的营运规模,或使企业从技术交易中直接获取收益。
- 技术购并:技术与专利的购并可以提升创新技术的领先性、独占性与系统性,还可以提升技术与专利的营运价值。

创新型企业的创新价值链与知识产权资产管理系统

企业一旦走向持续创新并依靠知识产权资产经营实现盈利、生存与发展,就不再是传统意义上的企业,而是创新型企业。创新型企业的核心资源就是知识产权资产,围绕知识产权的生产(创新)与经营成为创新型企业的核心价值活动。

创新型企业的经营活动从在技术创新网络环境条件下构建自我中心网络开始,通过企业自我中心网络创新模式获取与创造知识产权,通过知识产权资产经营获取利润,得以持续地生存与发展。概括地说,创新型企业的经营活动是以知识为基础的价值创造活动,可划分为相互关联的三个部分:知识管理、技术创新管理与知识产权资产管理。它们构成了创新型企业创新价值链的三个环节。创新价值链是创新型企业商业模式的核心要素。知识管理解决"企业需要什么技术"的问题,创新管理解决"如何满足技术需求"的问题,而知识产权经营解决"如何充分实现技术的经济价值"的问题;三者构成了企业从确定技术需求、进行技术研发到实现新技术经济价值的全过程管理模式。它们形成复杂的价值网络与价值创造过程,而知识产权的获取与知识产权资产经营是关键环节。

1. 知识管理

知识管理意味着在调查企业内外部技术与知识的基础上明确自己所需要获取的新技术与知识,搜索、选择和评估各种可能的解决方案,跟踪分析技术与市场的发展动态,最后确定包括利用网络资源和合作机会的企业创新规划,为实施这一规划而构建自我中心的创新网络。

2. 技术创新管理

技术创新管理是在知识管理的基础上对实际采取的创新行动实施管理。企业的创新是通过企业内部创新价值链与外部的创新价值网络共同承担的。企业根据自身的知识产权资产与创新能力状况,选择某些创新环节与活动在企业内部进行,另一些环节和活动则采用合作创新、产学研相结合、外部购置等外部合作方式。技术创新管理意味着围绕创新活动的各环节,内外结合,整合互补性资源,实现优势互补,争取最好的创新绩效。

3. 知识产权资产管理

知识产权资产管理的对象是知识产权组合,采用知识产权组合模式有三个方面的原因。首先,单个创新产品/流程/服务的市场寿命周期越来越短,必须依靠一系列的创新组合才能应对动态复杂的市场变化。其次,采用知识产权组合有助于发挥多个知识产权之间的互补效应,这样更能够充分发挥每个知识产权的潜在经济价值;最后,单个知识产权本身很容易被超越,只有通过知识产权组合才能有效保护重要的技术发展路径。

企业知识产权资产管理包括知识产权的保护、发展与利用。知识产权的保护是指以法律、专利组合、技术秘密等方式防止对手侵犯企业核心知识产权与技术发展路径。知识产权的发展是指对知识产权优化组合,形成数量与质量较优的知识产权库,体现创新管理的扩展。知识产权资产的利用是指实现知识产权资产经营的方式或途径,利用自身的资源实现知识产权商业化,包括生产新产品、应用新技术、开拓新市场等;或者利用合作伙伴的互补性资源对知识产权资产进行商业化,包括许可(特许经营)、出售、转让等。

创新型企业的创新价值链构成知识产权资产管理系统。知识管理、技术创新管理与知识产权资产管理体现了知识产权资产管理的规划、执行与实施三个阶段。反过来说,知识产权资产管理系统描述了创新型企业的价值创造、传递与获取的逻辑结构,如图3所示。

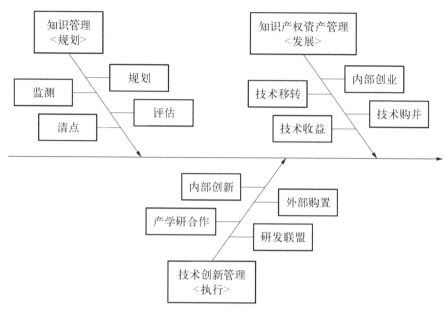

图3 知识产权资产管理系统

创新型企业的创新价值链实际上并不是线性的链条结构,而是包含着多个反馈回路的价值网络。同样,知识产权资产管理系统也不仅仅是三个环节的结构,而是一个不断循环的价值网络活动。技术创新管理的结果会形成企业的知识产权,汇入知识产权资产管理的范畴;同时,某些结果(如企业技术开发过程中的经验、教训等)汇入知识管理平台,为以后的创新管理活动提供借鉴和指引。知识产权资产管理聚焦于管理企业内已经存在的知识产权,其管理活动的结果也会汇入知识管理的平台,为之后的技术创新管理与知识产权资产管理活动提供借鉴与指引。知识管理聚焦于管理技术创新过程和知识产权资产管理过程中出现的各种新知识,以及与企业创新相关的外部知识,当这些知识出现时,便会沉淀下来,并被反馈到技术创新和知识产权资产管理的过程中,为其发展提供导向。这样,知识管理、技术创新管理和知识产权资产管理就形成了复杂的价值网络和良性的发展循环。

创新型企业的商业模式及其类型

企业生存与发展的方式叫作商业模式，创新型企业的商业模式特征就是通过创新获取知识产权，并利用知识产权实现盈利，求得生存与发展。我们已讨论的企业的创新价值链是创新型企业商业模式的一个核心问题，涉及企业的创新与知识产权资产经营。创新是获取新知识与知识产权的途径，知识产权资产经营是实现企业经济目标的手段。

商业模式还有两个问题：其一是企业的价值主张，即企业要创造什么价值；其二是为谁提供价值，即企业的客户是谁。这是企业商业模式中两个根本的问题。

企业的商业模式首先明确的是企业要创造什么价值，这也是企业存在的价值所在；其次是通过价值链或价值网络创造和传递价值，这是企业的核心职能；最后是把价值传递给目标客户，从而实现客户的价值。概括地说，企业的商业模式包含的是企业的核心职能，还有价值主张与目标客户两个基本点。

在一体化的产业组织或产业价值链的情况下，企业的商业模式可以归结为企业在产业价值链上的定位，这种定位综合表明了企业的价值主张、价值链与目标客户。在网络组织的情况下，企业的价值主张意味着企业在网络化的产业组织中的定位，这一定位同时也决定了在企业网络关系中哪些企业与组织是企业的客户，哪些是企业的互补性企业、供应商与竞争者等。对于创新型企业来说，企业的价值主张意味着在技术创新网络中的定位，这一定位同时也表明企业如何通过内外部价值活动的匹配来实现其核心价值活动。

完整的知识活动过程可分为问题出现、设想形成、知识创造、知识扩散、知识应用等过程。并不是所有的环节都在同一个知识主体内实施，可能从某些环节开始由外部主体输入，也可能从某些环节开始向外部主体输出，知识活动的组织模式表现为一个以链条结构为基础的开放式网状结构。对创新型企业来说，重要的是将上述某些活动进行优化组合，提炼出一些基础知识活动环节,如外部知识获取、内部知识提取、知识评估、知识更新、知识保护等知识活动,以支持企业的技术创新和知识产权资产经营活动。创新型企业的定位同时也确定了哪些活动在企业内部开展、哪些知识活动与外部进行合作,所形成的相互匹配的企业内部价值链与外部价值网络构成了完整的企业知识产权资产经营管理的价值网络。

创新型企业的出现与发展,从根本上说源于信息技术发展所支持的实物与信息的分离。知识产权资产与实物资产相分离,同时也产生互补性;正是知识产权资产与实物资产的这种相互联系,才能使创新型企业通过可持续的创新获取知识产权、通过知识产权资产的互补性资产获取价值实现的机会,从而实现依靠创新生存与发展。

在许多情况下,知识产权并不能直接产生经济价值,而必须与实物结合,即以实物资产作为互补性资产,才能产生经济价值。创新型企业的经营活动需要相关企业的配合与参与,与参与者组成互补性资产网络,这对于创新型企业知识产权价值的实现是不可或缺的。

因此,有理由把创新型企业的商业模式划分为三类。

第一类企业的知识产权资产经营建立在纯粹的知识产权交易的基础上,并不参与实物的生产与销售,可称之为知识产权经营型创新型企业。这类企业主要是一些新创企业,它们拥有专家组成的团队,利用自己人的专业知识,设计和规划高潜质的项目,充分利用创新网络中的资源实现创新的目标与价值。这类企业还包括那些专注知识产权经营服务的企业。它们作为知识产权所有者与使用者之间的桥梁,通过与知识产权所有者和知识产权使用者的双边交易,参与知识产权资产的经营活动,但未必拥有知识产权的所有权。

第二类企业的知识产权资产经营体现为创新成果并不作为"产品"销售,而是通过与传统企业的生产销售相结合,直接实现其经济价值,可称之为整合型创新型企业。这类企业内部价值链包括创新管理、知识产权资产经营、传统企业的制造销售等活动。此类创新型企业依靠自身具备的制造和销售等资产实现创新及其知识产权的经济价值。

第三类企业介乎上述两类之间,这类企业内部价值链包括创新管理、知识产权资产经营和部分传统企业的销售活动,也就是说此类创新型企业将制造等环节外包给互补性资产网络完成,自身专注于研发和销售等环节的活动。这种混合型创新型企业是当前主流的创新型企业类型。

> **知识产权经营型创新型企业:生物医药研发企业 A**
>
> 一些医药大公司的外包企业往往形成由众多 CRO 组成的创新网络。借助网络资源,一些 CRO 在短时间内迅速组织起一个高度专业化和具有丰富研究经验的临床研究队伍,开展高潜力的创新项目研究,获取丰厚的创新价值。这类企业运行模式中的关键因素包括:由研发领域的专业人才组成项目团队,优秀的项目团队与富有潜力的项目吸引风险投资者提供充裕的资金,基于业务能力和水平评估选择 CRO 企业提供的研发外包服务。
>
> 上海张江药谷有一家国际合资公司 A,创业团队成员由擅长化学和生物两个领域的专家组成,他们大多在医药行业从业多年,带过很多团队或曾任公司高层职位,在新药研发中积累了丰富的实践经验和管理经验。不仅如此,团队成员在知识与经验方面还具有互补性。项目团队利用他们的知识、经验与智慧提出的项目具有发展潜力,管理团队能较准确地确定项目的目标,并负责管理项目的进程。
>
> A 公司的团队还有一支在美国的"后方"支持团队,他们积极参加一些重要的相关学术会议与新产品活动,从专业学术会议和专业杂志中搜集医药领域最新的科研成果、医药研发动向等,形成情报信息,提供给"前方"的项目经理们参考。这些情报信息成为最早的"项目源"。

临床前研究的典型模式就是"科学家+风险投资家"。A公司的研发项目吸引了风险资本的参与,风险资本是A公司临床前研究阶段的主要资金来源。不仅如此,风险投资者对风险与机会的识别和管理对项目的选择与顺利进行具有重要意义。A公司的核心技术是新药前端的化学合成,企业的创新成果是为新药的化学合成提供解决方案。化学合成由多个阶段组成,在选择为某一阶段的化学合成提供解决方案还是继续对下一阶段的项目作进一步开发的问题上,风险投资者更有经验,他们的参与有利于企业争取最大的创新收益。

　　A公司通过与中国CRO企业建立合作网络开展生物医药技术开发,采取不建立实验室、全部项目外包的方式。A公司所在的张江地区具备非常强大的药物研发生态系统。在这样一个生态圈中,即便不设立实验室、不走出张江,也能完成药物研发所要做的上百种实验的全过程。A公司的合作伙伴主要包括化学CRO企业和生物CRO企业,所选择的外包服务企业具有彼此高度信任的基础,并能满足专业技术水平与能力的要求,可提供专业的临床前研发服务,熟悉相关的业务和流程,拥有先进的管理方式。与多家外包公司形成的组合方式不仅分担了企业可能会遇到的合约风险,还在特殊情况时有备选方案。

　　经过近十年的发展,A公司在全球范围内筛选最有潜力的新药项目,引进项目的开发权和营销权,直接在中国进行临床研究和商业化运作,特别是围绕中国患者的疾病需求特征来研发新的产品、新的药物。其研发成功的新药已获得生产许可,该新药为国际原创、中国首发,有人估计将改写中国在重大慢性疾病领域原创新药研发的历史,并有可能催动一个百亿级的市场。A公司的成功引起了一家国际著名制药公司的关注,在与A公司签订的战略合作协议中,A公司承担产品的临床开发等工作。

专注知识产权经营服务的创新型企业：
英飞尼迪基金

英飞尼迪基金是1993年成立的以色列私募股权基金，投资并管理那些具有出色创业精神和产销能力但是需要创新技术和专利知识的中国企业，以及那些具有先进成熟技术但是需要拓展中国市场的以色列企业。

英飞尼迪基金来到中国，成功投资了晶方半导体科技（苏州）有限公司。通过这个成功案例，英飞尼迪不仅熟悉了中国，而且形成了自己的商业模式。

英飞尼迪基金具有独特的知识产权银行模式。英飞尼迪基金在以色列、欧美等地区对先进成熟的知识产权项目与企业进行投资，形成知识产权库。然后，在中国寻找具有出色的创业精神和产销能力但是需要创新技术和专利的中国企业，把上述知识产权项目与它们结合，或者在中国建立新创高新技术企业以实现知识产权的产业化，通过投资运作实现投资价值。

英飞尼迪基金知识产权银行模式基于两方面的现实因素。一方面，以色列具有先进成熟技术，但是市场规模小并且风险大。以色列拥有众多高科技公司，但是以色列国土面积狭小，人口不足1 000万，长期处于地区争端之中，政治风险很大，所以以色列高科技公司的技术常常在本国不能充分实现经济价值。另一方面，中国市场规模巨大，经济高速发展，经济转型需要新的技术与专利。中国政府鼓励企业创新与建立品牌，但是中国企业常常缺乏核心技术，亟须提高技术水平，增强技术创新能力。知识产权银行模式能同时满足中国企业提高技术水平与以色列企业实现市场扩展的双重目标。

英飞尼迪基金的知识产权银行模式主要操作分为四个步骤。

第一步,发现与获取知识产权。英飞尼迪基金主要目标是实现知识产权的快速商业化,主要收集发达国家较为成熟、具有广阔市场前景的专利技术或者处于发展低谷期的知识产权。通过地毯式搜索与重点掌控相结合的方法,英飞尼迪基金集合了绝大部分以色列高科技公司的知识产权信息和部分欧美高科技知识产权信息;对部分市场前景比较明朗的知识产权,基金采用股权投资的方式获取专利所有权公司的部分股权。这个阶段,知识产权通过投资而被"储蓄"起来。

第二步,建立知识产权价值传递网络。英飞尼迪基金选择中国具有较好经济发展基础、对技术创新有较高需求的地区,与当地政府(以科技产业园区为代表)共同出资建立基金,英飞尼迪基金提供知识产权与部分资金,当地政府提供部分资金,即形成了知识产权银行。双方共同建立管理公司,对知识产权银行实行创业投资管理。在这个安排当中,英飞尼迪基金不仅提供了资金与知识产权,而且提供了具备丰富资本运作经验的专业管理人才;当地政府不仅提供了部分资金,而且提供了当地项目资源与需求信息等。所以,知识产权银行不仅能够快速地接触到潜在合作企业,而且能够克服潜在的投资交易障碍。

第三步,传递知识产权价值。那些具有出色创业精神与产销能力但是需要创新技术与专利的当地企业具有寻找先进知识产权的强烈需求,他们与知识产权银行签订合作协议,支付版权费或者授权使用费,获得该知识产权特定范围内的使用权。企业引进知识产权后将进行扩展性研究,从而获得相应知识产权,提高企业技术水平与市场竞争能力,使企业得到发展。知识产权银行不仅提供知识产权,还提供相应的资本、专业管理人才、国际市场运作经验以及当地政府政策支持等,对合作企业进行全方位的提升。

第四步,获取知识产权价值。知识产权银行是通过对知识产权所有者进行股权投资而获得控制权的,在知识产权传递过程中也附带了资本投资,因此,知识产权银行通常能够获得目标企业的部分股权。在知识产权传递完成之后,知识产权银行可以通过收取知识产权费用或者企业上市、战略收购等方式获取投资收益。

知识产权银行模式构建了知识产权、专业管理人才、市场运作、资本对接、科技园区、政府资源等汇聚的网络平台。管理公司具有丰富的产业经验与资本运作经验,它们针对目标企业综合运用平台上的各种资源,使得知识产权能真正在目标企业落地生根。在知识产权银行模式中,目标企业通过引进已被市场证实的先进技术,获得快速成长;当地政府通过引进知识产权,能够促进地方经济的快速转型;知识产权来源企业的知识产权获得了更大市场的应用;知识产权银行在帮助地方政府和企业成功的同时获得了巨大投资回报。

整合型创新型企业:宝钢集团

宝山钢铁集团公司(以下简称宝钢集团或宝钢)是中国规模最大、品种规格最齐全、高技术含量和高附加值产品份额比重最大的钢铁生产企业。2006年,宝钢集团被确定为首批中国国家创新型企业试点企业,其子公司宝钢股份被评为"上海市知识产权示范企业",并入选由国家统计局社会与科技统计司负责评选、在人民大会堂发布的"中国自主创新能力行业十强"企业。

宝钢集团的商业模式与战略可被概括为"精品+规模"。所谓精品战略,是指宝钢集团致力于建设全国乃至世界先进水平的高档优质钢铁产品生产加工基地。所谓规模战略,是指通过扩建、新建及兼并重组战略,扩大宝钢集团的高档优质钢铁产品生产及供应能力。"精品+规模"意味着通过技术创新不断推出新品种与新工艺,保证宝钢集团在高档产品上具有技术优势,同时利用内部技术推广机制,扩大高档钢铁产能,从而获取技术创新的经济收益。

"精品+规模"的核心是精品战略,该战略要求宝钢集团建立和积累在先进钢铁品种和工艺方面的核心技术能力,不断推出适应市场需要的新型钢铁产品。核心产品和工艺技术只有通过自主创新才能获得。

宝钢集团通过联合上游知识提供者、产业中的竞争者、下游的钢铁产品客户,共同进行研发活动,拓展了技术创新活动的范围与深度。

宝钢集团建立了网上知识产权信息系统,通过整合企业内部资源成立了科技情报中心,持续对国内外钢铁产业技术研发动态与专利申请情况进行搜集整理,为企业技术研发活动提供情报支持。对企业开展的每项技术创新活动,都要从专利角度事先进行相关情报分析,为企业研发提供参考,避免花钱引进已经失效的专利或不受中国法律保护的专利,同时通过规避已有专利,创造自己的知识产权。

宝钢集团在课题选择中以知识产权指导技术创新的方向。例如,上海磁悬浮列车建设项目委托宝钢研制项目所需的软磁钢,德国某公司认为他们已在中国申请了专利并获得授权通知,要求宝钢集团支付20万美元获取专利许可。宝钢集团专利管理人员与产品工程师通过研究其专利文献发现,该公司所谓的专利是在1983年申请的专利基础上改进的,而1983年的专利并未在中国申请。于是根据专利的地域性,他们建议宝钢可以在该公司1983年专利的基础上改进,只要与后一专利有区别便可获得专利所有权。宝钢技术人员据此研制出宝钢自己的软磁钢,并申请了自己的专利。此后,宝钢专利人员经与材料专家们进一步研究认为,该德国公司的软磁钢专利不具有创造性,于是对该公司在中国申请的专利向专利复审委员会提出无效请求,专利复审委员会作出了该德国公司专利无效的行政裁决。

宝钢集团认为,技术创新申请专利不是目的,更好地保护创新成果及其经济利益才是最重要的目的。因此,宝钢集团制订了较完善的规章制度,依靠知识产权制度进行技术创新成果保护。

在是否申请专利的选择上,宝钢奉行如下规则:(1)要考虑具体技术内容。对外销售的产品,无论配方还是结构都应申请专利进行保护;生产工艺方法,只要不能从产品的反向工程得知,那么通常采用技术秘密保护。(2)要考虑地域性问题。若不想到国外申请专利,那么倾向于选择利用技术秘密保护。(3)要考虑时间性因素。

宝钢充分利用多种知识产权保护方式。对技术创新的内容,通常采取的是专利和技术秘密复合保护、延续式保护、多件专利申请、主专利之余再申请若干辅助专利、前瞻性专利申请等不同的模式,确保发明创造得到更有效、更长时间的保护。

伴随着宝钢技术创新与知识产权经营机制的逐步完善,宝钢的技术创新与知识产权经营模式得到进一步发展,知识产权经营效益作为利润增长的重要来源越来越引起重视。宝钢集团不仅生产与出售钢铁精品,而且还创造与出售自主知识产权。相较于产品收益的增长,知识产权收益的增长逐渐加速,知识产权经营成为公司利润增长的加速器。

混合型创新型企业：展讯通信

展讯通信有限公司（以下简称展讯通信）是2001年成立的半导体设计公司，致力于为无线通信及多媒体终端制造商提供核心芯片、专用软件以及参考设计平台等多种产品与设计方案。展讯通信是中国首家开发出GSM、TD-SCDMA等手机核心芯片的本土公司，曾被评为中国通信行业最优秀公司，获得国家科技进步奖，2007年在美国纳斯达克（NASDAQ）上市，2009年收购美国Quorum System射频芯片公司，具有强大创新盈利能力。

展讯通信认为混合商业模式是公司取得成功的重要原因。展讯通信通过全球化的组织机构设置，充分利用全球化的技术服务目标市场，整合全球化的技术精英保证研发活动成功，提供软硬件一体化架构的产品与解决方案。

展讯通信建立了全球化的组织架构，充分利用全球技术创新网络。展讯通信总部设置在上海张江高科技园区，在美国硅谷与圣迭戈设有子公司；在中国北京、天津、深圳、香港等地设有子公司或者办事处。美国尤其是硅谷地区是世界信息产业发源地，是全球信息技术的集聚地。展讯通信的硅谷与圣迭戈子公司贴近全球最先进技术源，能够获得最新产业技术与信息。展讯通信的中国子公司或者办事处则贴近中国手机市场与制造商，能够及时捕捉市场需求变化，满足客户需求。

展讯通信的组织架构能够充分整合全球技术精英，并充分发挥中国人力资源优势。展讯通信的创业团队由30多名海归人员组成，他们具有海外留学与通信行业长期工作经验，熟悉风险投资等现代高科技公司经营管理模式。展讯通信的上海总部与中国各地子公司则能够吸引大量具有低成本竞争优势的高质量技术研发人才。外国公司由于人力成本的限制只能做硬件设计或者软件设计,展讯通信则能够拥有近600人的研发团队,同步开展硬件与软件的研发工作。

展讯通信的组织架构能够使公司彻夜不停地进行研发工作。中国与美国时差约12小时,因此,公司两边的研发团队能够交替接力进行研发活动,董事长武平博士戏称公司是"日不落的展讯"。这种组织架构与管理机制大大提高了公司的研发工作效率,缩短了产品开发周期。展讯通信研发世界首颗GSM/GPRS(2.5G)多媒体基带一体化芯片仅用了两年时间;2001—2008年,公司以平均1.5年/颗的速度研制出六种世界领先水平的手机与多媒体核心芯片。

展讯通信的软硬件一体化产品架构契合了中国手机制造产业的实际需求。多功能手机芯片系统由通信模块、多媒体模块、软件平台与第三方应用软件等组成。按照行业惯例,通信模块与多媒体模块由芯片厂商分开设计与制造,手机制造商需要完成两个模块的整合工作并进行软件系统开发。当时,中国手机制造商研发能力较低,在整合模块与系统开发方面耗时较长,加上国际芯片公司对中国手机制造商供货与售后服务时间很长,导致中国手机制造商比国外手机制造商推出相同功能手机产品的时间要多3~6个月,在市场竞争中处于极端不利地位。

针对这种情况,展讯通信确定了交钥匙芯片方案,该方案包括通信模块与多媒体一体化芯片,并附带提供软平台与第三方应用软件。采用这种芯片,中国手机厂商只需要进行简单的功能开发就可以快速推出具有多媒体功能的手机,缩短了研发周期,因此,交钥匙芯片方案受到中国手机制造厂商的欢迎。依靠交钥匙模式,展讯通信与中国大量中低端手机制造商建立了紧密的产业联系,快速提高了市场对展讯通信公司芯片产品的认可度。

　　随着3G的发展,运营商主要采用向手机制造商定制手机的方式开发大量商务应用业务,这给产业价值网络带来了较大的变化:手机制造商需要通过研发快速响应运营商的定制要求,而芯片厂商并不直接与运营商联系,在技术能力方面也难以满足应用业务需求。展讯通信如果继续进行应用层面的开发就力不从心,同时也没有必要,因为随着中国手机制造商逐渐成熟,其软硬件开发能力已得到增强。在这种情况下,展讯通信不应再插手应用层面开发,经重新定位后决定为合作伙伴提供核心技术平台。展讯通信技术总监陈大同博士认为,当中国的手机厂商研发能力越来越强之后,他们就可以慢慢地退出本应由手机制造厂商承担的软件开发工作。此后,展讯通信分别与手机设计公司闻泰,系统设备提供商中兴,手机品牌厂商联想、海信等建立了密切的合作关系。展讯通信董事长武平博士认为:"我们做得的是芯片和软件,我们希望把平台架构起来后,下游厂商可以在这个上面做很多差异化的应用,这也是我们跟一些竞争对手的差异。"[①]

　　通过从交钥匙模式向平台模式过渡,展讯通信与联想、中兴、夏新和海信等手机制造厂商建立了完整的产业链,在国内芯片市场上的份额仅次于德州仪器与联发科,位居国内市场第三。展讯通信的交钥匙芯片业务占营业收入的比例从2005年93%急剧下降到2009年的不到0.5%,而基带芯片业务占营业收入的比例从2005年的7%快速上升到2009年的99.5%。

[①] 《赶上手机芯片产业历史机遇,展讯继续拼死往前冲(下)》,2007年9月7日,http://product.dzsc.com/news/2007-9-7/47010.html。

创新型企业成长的条件与成长之路

整合型创新型企业中有传统企业的影子,但其知识产权资产管理系统和知识资产的经营模式是传统企业不具备的。传统企业具有发展成创新型企业的可能性,这种可能性成为现实性的前提,应是知识产权代替有形资产成为企业最重要的资产,知识、知识资产的管理成为企业管理的核心。所以,传统型企业要向创新型企业发展,首要的前提条件是把知识管理放在最突出的地位。

对于知识产权资产管理,知识管理是最基本的层次。对传统企业来说,知识管理主要是围绕着文档进行,以建造知识库为主要内容,以知识的分类、共享、沉淀等为基础。这意味着知识管理被理解为信息管理的延伸。将信息管理延伸或提升到知识管理,面对着许多技术问题,如研究团队通信与协作的技术、知识表示和知识库、知识地图系统、知识分类系统、经验分享系统、统一知识门户技术,以及整合知识管理系统与办公自动化(office automation,OA)系统、企业资源计划(enterprise resource planning,ERP)系统等。

解决从信息管理到知识管理的问题,以及知识管理中更复杂的问题,需要考虑数据、信息、知识和智慧这些基本概念的联系与区别。数据是原始、彼此分散孤立、未被加工处理过的记录,不能回答特定的问题;信息反映的是数据与其他数据的联系,信息可以由电脑处理获取;知识与信息的区别主要在于它们回答的是不同层次的问题,知识很难由电脑创造出来;而智慧与前三者的不同在于,前三者与过去有关,涉及已经有了什么或已知什么,只有智慧与未来有关,借助智慧,人们能创造未来,而不仅仅是抓住现在和过去。智慧是以知识为基础而产生出来的,强调的是分析和解决问题的能力,所回答的问题层次更高。

技术创新管理突破了知识管理这一层次。创新是把知识与不断改变着的一系列复杂、动态的过程联系起来,意味着知识的转化或创造新的知识是人的智力活动与智慧的体现。创新中的问题不是靠信息管理能解决的，创新管理涉及个体的技能或行为的评估、改变或改进，适应企业技术创新的组织结构、文化与学习模式等。区别于第一层次的知识管理，基于知识的创新管理是知识管理的第二层次。

第二层次的知识管理涉及知识与智慧关系的一些侧面，没有包含这些关系的全部，尤其没有包含智慧的主要内涵。智慧是人类所表现出来的一种独有的能力，主要表现为收集、加工、应用、传播信息和知识的能力，是对一些基本原理的理解，以及对事物发展的前瞻性看法。它以知识为基础，随着所具有的知识层次的提高，人们的智慧向更高的层次发展。把知识作为资产进行充分利用和管理，建立创新型的组织体系，为企业知识资产管理提出一套整体解决方案，建立完整的知识资本或知识产权资产管理系统，这构成知识管理的第三层次，面对的是如何处理知识与智慧的关系。

具有较高的知识管理层次，是企业能成长为创新型企业的第一个条件。

企业能成为创新型企业的第二个条件是知识密集型服务的高度发展与企业对知识密集型服务较高的利用能力。

知识密集型服务的高度发展是一个客观条件。知识密集型服务网络包含在技术创新网络的概念中。技术创新网络中的交易离不开服务的支持，为技术创新提供的服务需要依赖专业知识，被称为知识密集型服务。知识密集型服务业企业在广义上就是咨询企业，为其他企业提供智力附加值服务，在知识的生产和传播中具有重要的作用。

知识密集型服务业向客户提供服务的宗旨是知识的创造、积累与扩散。知识密集型服务业提供的咨询就是问题解决方案，其服务过程强调与客户之间的互动。更重要的是，知识密集型服务业具有高度的创新功能，在为客户提供服务的同时，自身必须不断创新、吸收新知识、学习新技术，创造出适合技术和生产发展新要求的知识应用模式，而且作为客户的创新合作者，知识密集型服务业在创新过程中扮演着重要角色。

知识密集型服务业以顾客专业化、员工知识化、手段高科技化、产出高增值、信誉高渗透为特征。为企业技术创新提供服务的主体有高校科研院所、中介机构、金融机构、行业协会、政府部门、相关企业等,它们是企业创新网络的重要成员,作为创新服务的提供者推动着技术创新。如果我们对创新网络中的成员进行划分,其中一些作为创新主体是服务的对象,组成核心创新网络,而所有的知识密集型服务主体则组成社会化创新服务网络。换言之,创新网络可视为由核心创新网络与创新服务网络组成的复杂网络。在技术创新过程中,核心创新网络与创新服务网络的联系表现为服务机构与创新型企业以技术创新成果为目标,共同参与完成整个技术创新过程,并分担技术创新的风险、分享技术创新的收益。其中建立的各种各样的联系包括技术咨询、技术转让、合作开发、资金支持、风险投资、外包等。

知识密集型服务与创新是紧密联系在一起的,其本质特征表现为它是创新的推动者、载体和来源。作为创新的推动者,知识密集型服务在客户企业创新过程中的主要作用是帮助客户企业实施并完成整个创新(也可能是合作创新)。作为创新的载体,它扮演中介的角色,将合适的创新引入客户企业,同时帮助客户实施创新。作为创新的来源,知识密集型服务在客户企业的创新过程中扮演了创新概念和项目开发来源的角色,即提供创新思维并与客户一起具体实施。

创新型企业的成长,在内部依赖知识管理层次的提升,在外部依赖知识密集型服务网络。创新型企业的成长对企业知识管理的层次与对知识密集型服务网络的利用程度的双重依赖,决定了其成长路径具有多样性。图4展示了创新型企业成长的三条路径。中间的一条是平衡成长路径,它表明企业通过利用知识密集型服务不断提高知识管理的水平,创新活动的绩效不断提高,知识产权资产积累不断增加,其典型情况应是传统企业向创新型企业的发展。

最上面一条曲线表示的是企业从一开始就拥有较高的知识管理水平,其具体体现可能是拥有较高素质的管理团队,或者是已拥有部分科

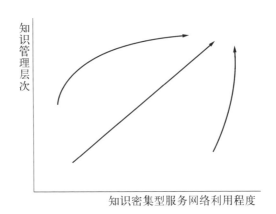

图 4　创新型企业的成长

技成果,但要实现其商业化,还需要经历一个创新或创业的过程;在创新或创业过程中,需要识别与评估市场机会,还需要融资、整合资源和构建创新网络,而这一切,没有知识密集型服务网络的支持是很困难甚至不可能的。这条成长道路的典型就是科技创业模式,其中最著名的是硅谷模式。

最下面一条曲线表示的是企业从一开始就充分利用了知识密集型服务网络,也许它本身就是知识密集型企业或知识密集型服务网络的组织者,但比一般企业更擅长知识产权的获取与经营,因而可以通过提高内部知识管理的层次发展成创新型企业。

创新型企业的成长是企业内部因素与外部社会经济条件相互作用的结果。创新型企业成长的内部决定因素是知识管理的层次:创新型企业的发展需要经历知识管理、创新管理、知识资产管理三个阶段。现代创新型企业成长的外部决定因素是对知识密集型社会化服务网络的利用程度。具有代表性的培育创新型企业的三条路径表现为三种不同的模式。

1. **传统企业转型**

从传统企业走向创新型企业,需要从两个方面努力:一是不断在知识管理方面突破信息管理的层面,提高自己的知识管理水平,建立创新管理系统,并进一步提高到知识产权资产管理的层次;二是在提高自己的知识管理水平与层次时注意利用知识密集型服务网络,并不断提高自己利用知识密集型服务网络资源的能力,从而不断提高创新活动的绩效,不断增加知识产权资产积累。实施战略性知识产权资产管理框架,是企业从传统企业转型为创新型企业实现跨越发展的关键。

2. 从科技创业到创新型企业

技术创新社会化服务网络的发展为科技创业提供了一条高度有效的途径,从科技创业到科技企业,再从科技企业到创新型企业,社会配备了日益成熟的孵化器、科技园等创新服务网络。成功的科技创业所依赖的团队往往在知识管理方面具有较高素养,在利用知识密集型服务方面具有卓越能力。所以,从科技创业起步将越来越成为培育创新型企业的主要路径。对科技创业来说,选择具有市场前景并具有发展潜力的项目、建立合适的商业模式和实施正确的发展战略将成为关键。

3. 知识密集型服务企业演化为创新型企业

创新型企业与创新服务网络常常一起成长,相互促进,共同演化。在新的条件下,知识密集型服务企业或知识密集型服务网络的组织者,通过平台式的知识密集型服务网络,适应直接参与创新与知识产权资产经营的需要,不断提升自己的知识管理水平和调动知识密集型服务网络的能力,也有可能发展成创新型企业。

传统企业转型:宝钢集团

宝钢集团从引进国外设备与技术起步,一步步向创新型企业发展,中间经历可划分为引进消化吸收、"精品"战略、知识产权经营探索三个阶段(见图5)。

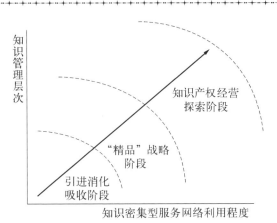

图 5　宝钢集团商业模式与发展战略演变

一、引进消化吸收阶段：判别与选择

从 1978 年 12 月宝钢一期工程开工到 2000 年 6 月宝钢三期工程建成，这一阶段主要是通过引进国外最先进的技术设备，掌握与应用先进的知识。战略目标是建成具有同期国际先进技术水平的大型钢铁企业，形成同期国际先进水平的制造能力。

（一）知识管理基础

建设宝钢集团是中国改革开放初期中央政府的重大决策，旨在从引进国际领先的钢铁制造设备与技术开始，最后建成国际先进水平的大型钢铁企业。建设项目开始时获得中央财政拨款，集中全国钢铁产业研发、技术、工程、建设等相关人力，又得到项目所在地上海政府的全力支持，因而具备强大的资源基础。

但是，引进国际先进技术意味着更新知识和学习新的知识，所以宝钢项目一开始就要做好知识管理基础的准备，包括知识的审计、评估、监测与规划。宝钢最初的知识管理体现在如下具体措施中：(1) 坚持设备与技术同时引进的原则；(2) 建立专家决策委员会，分析技术发展趋势，制订宝钢集团的战略和技术发展规划；(3) 建立中心实验室等技术机构，消化吸收引进的工艺技术,跟踪国际技术发展趋势,研发新产品和工艺等;(4)组建技术联合攻关小组,通过出国考察、对口培训、资料研讨等方式,真正掌握引进技术。

(二) 知识密集型服务网络利用程度

宝钢对知识密集型服务网络的利用体现在两个方面:一是利用政府的建议,二是利用社会化的服务网络。初期对知识密集型服务网络的利用主要是采纳来自政府的建议。

宝钢是国有特大型企业,从成立开始就受到国家与政府的高度重视。宝钢发展的每一步都得到政府的建议,这些建议是政府组织全国专家在广泛论证的基础上提供的。

1988年,宝山钢铁联合(集团)公司的组建就是根据国家发改委、国家经委关于组建和发展企业集团的意见,以上海宝山钢铁总厂为主体的横向经济联合的结果。

(三) 技术引进战略实施

宝钢建设的决策者从项目初始就认识到技术的重要性。引进的不仅是成套设备,还包括专利和技术秘密。专利和技术秘密之类的技术产权所包含的核心技术是消化吸收的重点,有的还能结合宝钢的实际情况加以改进。宝钢一、二、三期工程共引进专利695件,引进技术秘密1 563项。其中,对一、二期工程引进的技术(包括专利、技术秘密)的吸收达到71.9%,有所改进的达11.3%,三期工程的相应数据分别为70.3%和8.1%。

消化吸收的进步过程体现在一、二、三期工程的建设方式转变中。宝钢集团一期工程由新日铁总承包,而二期工程就采用"外商负总责、合作设计、合作制造、技术转让"的方式引进关键设备和主要设备,很大部分设备采取合作制造的方式,整个工程中设备国产化率达到60%以上,充分实现了消化吸收后的仿制效益。在三期建设中,基本上实现了"点菜式引进",即工程设计"以我为主",只在关键设备上从国外引进。引进方式不是单纯依赖某个厂家,而是参考各国先进技术,引进最先进的设备与技术,由国内进行整体方案的整合设计,设备国产化率高达80%以上。一、二、三期工程建设方式与技术进步状况如表1所示。

表1　宝钢三期工程建设的情况

阶　段	投资状况	设计者	技术来源	知识产权状况	技术贸易
一期工程(1977—1985)	国家投资	新日铁总承包	基本全套引进,国产化率12%	购置国外知识产权	以技术输入为主
二期工程(1986—1991)	企业贷款	合作设计	国产化率61%	模仿或仿制国外核心技术	逐步使现技术自给
三期工程(1992—2000)	自筹资金	国内设计	"点菜式引进",国产化率80%以上	按照自己计划,整合自主产权与引进技术	出现技术外销与返销

(资料来源:安维复、周丽昀、陆祖英:《宝钢的创新进路:从"点菜式引进"到集成创新》,《自然辩证法研究》2006年第5期。)

二、精品战略阶段:技术创新的进展

(一)技术创新管理

宝钢的技术创新管理从组织落实开始。1995年,宝钢成立技术中心,所下设的科研管理处、知识产权处于1997年并入技术中心,从此开始对生产中的技术创新进行梳理和科技成果统计。1999年,在宝钢与上海冶金控股(集团)公司及上海梅山(集团)有限公司联合重组后,组建了上海宝钢研究院,负责承担公司重大、前沿、基础性技术研究与开发,开展新产品、新工艺、新技术、新装备研究,解决生产中出现的各种质量、技术难题,为公司重大工程建设、用户技术服务提供技术支撑。

通过近30年的发展,宝钢形成了:以研究院为核心,以各分公司与子公司技术中心为主体,以高校及社会研究机构为辅助的三级技术创新组织;以研究院为主体的产销研和产学研紧密结合的研究开发体系;以工程项目为载体的生产、研发、设计和装备四位一体的工程集成体系;以生产现场为重点、以稳定提高和精益运营为特征的持续改进体系。

2006年,宝钢集团颁布了《宝钢集团技术创新体系发展纲要》,提出了宝钢集团"开放式自主集成创新体系"。该创新体系包括研究开发体系、工程集成体系、持续改进体系等。

(二) 知识密集型服务网络利用程度

1. 来自政府的建议

1998年,国务院批复国家经贸委,决定以宝山钢铁(集团)公司为主体,吸收上海冶金控股(集团)公司和上海梅山(集团)有限公司参加,联合重组为上海宝钢集团公司。同时,中央要求联合后的上海宝钢集团公司的战略定位不是简单做大,而是做高做强,成为我国汽车用钢、不锈钢、石油管、造船板、电工钢和高效建筑用钢六大钢铁精品生产基地,同时成为我国钢铁行业新工艺、新技术、新材料开发的重要基地。根据这个要求,宝钢集团制订了精品战略规划。

2. 来自社会化的知识密集型服务

宝钢集团重视与高校和研究院所的产学研合作,探索多种形式的产学研合作体制。在合作层面上,包括科研项目的单个外协,也有急企业之需和取院校之长的集群式战略合作;在合作渠道上,从以高校为主,逐步向科研院所、行业协会、国家自然科学基金、同行及产业链等拓展；其地域范围，从以国内为主，逐步向国外拓展；在合作方式上，从科研项目合作，向共建实验室、领域合作、人才培养、继续工程教育、联合办学等发展。

- 战略合作布局：宝钢先后与国内55所高校及科研院所开展科研合作。2006年以来，与上海交通大学、同济大学、上海大学、东北大学等七所高校和院所开展了全面合作。

- 聘请"宝钢教授"：2006年以来，宝钢聘请了八位享有国际声誉的国内外专家为"宝钢教授"。

- 合作建立"钢铁联合研究基金"：2000年，宝钢与国家自然科学基金委建立了"钢铁联合研究基金"，宝钢分六批共资助了146个基础研究项目，由41个国内院校承担，受资助项目获发明专利授权47项，发表论文840余篇，培养硕士、博士研究生近500人。

- 共建研究机构：宝钢与上海交通大学共建了"汽车板使用技术联合研究室"，与同济大学共建了"金属功能材料开发应用重点实验室"，与东北大学共建了"EPM联合研究材料电磁过程实验室"。

- 申报国家和区域重点计划项目：国家项目如"基于氢冶金的熔融还原炼铁新工艺开发"等子课题，区域重大产业科技攻关项目如"连续退火快冷技术""汽车高强度钢板开发与应用"等。

- 联合培养人才：宝钢积极参与高级人才培养，除48名高级管理、技术人才被聘为大学博士生、硕士生导师，宝钢还在全日制硕士生联合培养、建立博士后工作站和联合培养基地方面作出积极贡献。

- 搭建合作交流平台：宝钢每两年举办一届宝钢学术年会，每年邀请大批国内外教授、专家来宝钢开展交流此外,宝钢在拓展国际合作、依托高校开展继续工程教育、设立"宝钢教育基金"等方面也有积极的探索与实践。

(三) 精品战略实施

精品战略是指把宝钢建成中国最大的汽车用钢、不锈钢、石油管、造船板、电工钢和高效建筑用钢六大类产品的精品生产基地,成为中国钢铁行业新技术、新工艺及新材料研发基地。主要任务是:大力发展钢铁精品,完善产品结构;提高工艺装备水平,挖掘潜力;推进清洁生产,降低能源消耗,全面提升钢铁主业综合竞争能力。

精品战略需要依靠企业的持续创新来支持。宝钢集团的技术创新通过"开放式自主集成创新体系"来实施与贯彻。在该创新体系中,研究开发体系以宝钢研究院为主体,通过产学研与产销研等组织方式,结合各子公司技术中心和现场力量,联合高等院校和科研机构等外部资源,结合公司客户需求,重点支撑公司新材料、新技术、新工艺的研发;工程集成体系以工程建设为载体,集中公司内外的制造工艺、设备开发与设计、工厂设计、设备制造与安装、生产准备、一贯制技术开发、工程管理等技术资源,重点支撑公司新建和改造工程项目,将技术创新成果顺利转化为生产能力和经济效益;持续改进体系通过集合生产现场技术、操作、设备、管理等基层力量,重点围绕生产工艺改进、产品质量攻关、设备功能完善、生产成本降低等进行持续改进创新,不断提高企业技术和管理水平。

宝钢集团创造了一批拥有自主知识产权的成套技术,例如:宝钢分公司的炼铁六项技术指标保持世界领先地位;钢水纯净度控制等多项关键技术也达到国际水平;已形成低成本铁水生产技术——纯净钢冶炼技术——高精度轧制技术的核心技术链;围绕战略产品和核心技术链,宝钢每年都有一批自主开发的新产品填补国内空白或替代进口。2000年以来,宝钢的专利申请量以每年20%的幅度逐年递增,表明了宝钢集团从引进、消化、跟踪已进入自主创新阶段。

宝钢发展初期新建与改建项目都得益于技术创新活动的大力支持,技术创新活动是宝钢能够顺利实施大规模新建项目与改建项目的关键。这种模式是以经营为主导的技术创新活动,其创新出发点在于解决产品、工艺、技术等方面的问题,满足市场需求,而技术创新尚没有成为企业经营的主导因素或核心。

三、知识产权资产经营的探索阶段:经营模式的选择

(一)知识产权资产管理

宝钢对技术专利与技术秘密较早就开始重视,设置了管理专利与技术秘密的岗位,在1984年国家颁布《中华人民共和国专利法》时就申请了第一件专利。从2006年起,宝钢集团将知识产权明确列入年度经营总目标,之后明确提出"拥有自主知识产权"。2008年制定了《宝钢知识产权战略蓝本》,明确提出将知识产权战略作为企业战略的重要组成部分,建立以知识产权为主线的管理体系,"开创实物产品输出和无形资产输出并重"的综合经营。

宝钢集团知识产权资产管理涵盖IP积累、创新引导、权益抗争、价值实现四方面协调发展的扩展式知识产权经营体系,如图6所示。

宝钢集团扩展式知识产权经营体系有以下特点:(1)通过催生广大职工的创意、将知识转化、系统化知识体系等方式,把宝钢集团技术资源知识产权化,形成和积累宝钢知识产权存量。(2)通过以知识产权分析工具确定创新战略、选择创新课题、调配创新资源等活动,引导技术创新,提高创新质量。(3)通过专利申

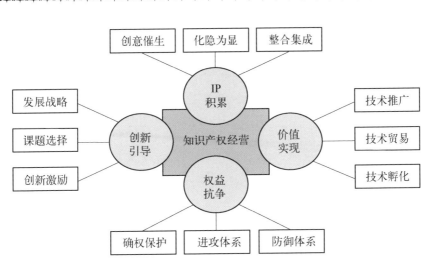

图 6 宝钢集团扩展式知识产权经营体系

(资料来源:根据宝钢集团 2008 年《宝钢知识产权战略蓝本》资料整理。)

请、专利组合、技术秘密等方式取得创新成果的法律保护,通过跟踪、监控、化解等手段保护产品市场,维护自身权益,通过在目标区域进行知识产权申请和保护工作,限制竞争对手,开拓目标市场。(4) 通过将知识产权在内部推广、对外贸易、产业孵化等方式,获取知识产权的经济价值。知识产权在集团内部不同单位之间的推广应用,简称技术推广;知识产权的对外输出贸易,简称技术贸易;将知识产权培育成企业以实现产业化,简称技术孵化。

(二) 知识密集型服务网络利用程度

知识产权资产经营本身离不开社会化的知识密集型服务网络,宝钢涉入的专利纠纷的解决、专利法的颁布、宝钢申请的专利,都依赖社会化的知识密集型服务网络及其服务体系。宝钢集团的知识产权资产管理体系是在国家产权局与上海专利局的直接帮助与指导下建立起来的。

（三）知识产权资产经营战略实施

初期阶段，内部实施与推广是宝钢集团知识产权经营的重要实施形式之一。宝钢专利、技术秘密所产生的直接经济效益很高，据估计截至2005年，历年累计技术秘密产生直接经济效益达27.58亿元，历年累计专利产生直接经济效益达16.23亿元。

宝钢集团的知识产权数量存量可观，增量迅速。到1999年年底，宝钢的知识产权存量已达专利499件，技术秘密647件，且发展势头迅猛，已超过一、二、三期引进的专利和技术秘密总量。面对数量日益增多的知识产权，宝钢集团知识产权部开始探索依托知识产权的经营活动，实现经济价值的最大化。截至2004年，宝钢集团的知识产权经营活动主要是以专利、技术秘密及其相关技术的组合为标的，对内实施应用推广，对外进行技术输出。

技术输出主要集中在纯技术输出和单体设备输出相结合。公司成立了科技发展部技术贸易室，建立了公司技术输出的一系列管理制度，如技术输出综合管理制度、定价制度、财务管理制度、关键技术输出决策制度、合同评审制度、项目后评估制度等，逐步形成了技术输出的规范管理和经营体系。宝钢的实践表明，技术输出尽管增长速度很快，但是对宝钢集团总体利润贡献很小，每年技术贸易额占总营业收入比例不超过0.5%；宝钢集团认为，在经济法律环境不利于技术贸易的情况下，核心技术输出对公司产品竞争力还会造成直接损害，技术贸易前景并不理想。

技术推广则在宝钢集团内部得到了广泛应用。宝钢集团的核心知识产权主要通过在子公司间进行产线级整体技术移植实现其经济价值。2007年，宝钢集团正式确定了"精品＋规模"的战略，规模扩张方式从以前的"新建为主"转变为"兼并重组与新建相结合"的方式,利用技术推广机制,把宝钢集团先进的产品、工艺技术及管理模式迅速覆盖到被收购企业,在短时间内激发了被收购企业的资源价值,获取了良好的经济回报,壮大了宝钢集团整体实力。

宝钢集团认为,知识产权管理侧重保护,知识产权资产管理侧重运作,要从知识产权管理向知识产权资产管理转变还需要持续的努力。宝钢集团尚没有完全形成以知识产权主导企业发展、以知识产权整合产业价值网络资源的态势,主要表现是:(1)生产销售等环节仍然是集团管理的重心,技术创新和知识产权等职能在公司的重要性和主导性不够突出;(2)技术创新体系建立时间较短,创新基础较差,拥有核心技术和知识产权较少,高新技术产品竞争优势不够明显;(3)实现知识产权经济价值的途径不够丰富,主要以集团内部技术推广为主,技术贸易占整体收入比重很小,技术孵化效果较差。因此,从整体上判断,宝钢集团商业模式还是处在以核心能力为主的创新管理阶段,正处于向知识产权经营模式转变的探索阶段。

从科技创业到创新型企业:硅谷模式与展讯通信

从科技创业开始培养创新型企业,一条有效的也是人们最感兴趣的途径是硅谷模式。所谓硅谷模式,简单地说就是创业者基于某种科技成果的创意而创立一个企业,在科技园与风险投资的帮助下成功。

中国科技园区是全球化的产物,在过去20多年里,中国科技园区一直和全世界最先进的生产力、经营模式、发展理念互动,与硅谷、新竹、班加罗尔等全世界重要的创新集聚区进行链接。科技园区从有限开放到汇聚全球资源,在全球化过程中持续受益。在此过程中,也涌现了从科技创业开始的一批创新型企业。

展讯通信就是其中一个代表。展讯通信的目标是"在中国做一个技术程度从一开始就是国际领先的企业"。企业创始人武平认为,公司能够成功,必须做核心的技术。展讯通信选择的是移动通信最核心的芯片和全套软件。

武平说:"在我们之前,没有一家初创公司做成过这件事,不管是在中国还是美国、韩国甚至欧洲,没有一家公司能够做出来。而且没有一家公司自始至终做芯片,然后成功上市的。所有的企业都是百年老店,像欧洲飞利浦半导体这些都超过百年的公司,它们是在其他领域赚了钱,通过慢慢积累进入半导体领域再赚钱,然后投入移动通信。现在别人没有做成的事,我们来做,还要拿到中国去做,而且在中国也找不到一个类似的人做过类似的事。"①

为使自己能力更强,展讯通信选择资源全球化、团队全球化、技术全球化,市场也全球化。揽全球资源为我所用,整合全球资源,于是展讯通信构筑美国硅谷和中国大陆两地优势互为嫁接的"硅谷-大陆"发展模式。美国硅谷有成熟的技术、领军人物、经营管理模式和风险资本运作体系,中国大陆有巨大的市场、主要客户和质高量足的人才。展讯通信正是通过把两者完美嫁接,创造了一次次自主创新的奇迹。武平说,展讯通信在起步之初就有全球化的眼界和思路——利用全球人才资源库、利用全球不同地区的政策优势、利用全球不同地区的技术优势,迅速成长壮大(见表2)。

---

① 赵明华:《海归展讯 攀登手机核心技术"珠峰"——访展讯通信有限公司总裁兼CEO武平博士》,《半导体行业》2008年第3期。

表2　展讯通信的里程碑(2001—2012)

2001年4月	展讯通信有限公司成立,同时在美国加州成立全资子公司
2001年7月	展讯通信在中国上海成立全资子公司
2003年4月	展讯通信研发成功世界首颗GSM/GPRS(2.5G)集成多媒体和电源管理功能的基带单芯片SC6600B
2004年4月	展讯通信研发成功世界首颗TD-SCDMA/GSM双模基带单芯片SC8800A
2007年10月	展讯通信发布世界首款双卡基带单芯片
2007年6月	展讯通信在美国纳斯达克成功上市
2008年1月	展讯通信成功收购美国射频芯片公司Quorum Systems,Inc.
2009年2月	展讯通信发布世界首款TD-SCDMA/HSDPA/EDGE/GPRS/GSM单芯片射频收发器
2010年9月	展讯通信发布世界首款三卡GSMGPRS基带单芯片-SC6600L7(随后11月发布四卡基带单芯片-SC6600L6)
2011年1月	展讯通信发布全球首款40纳米商用TD-HSPA/TD-SCDMA/EDGE/GPRS/GSM多模基带芯片-SC8800G
2011年9月	基于展讯通信基带调制解调器和射频收发器的三星GALAXY SⅡ在中国上市
2012年1月	展讯通信发布TD-SCDMA&EDGE/WIFI版的1GHz安卓智能手机平台SC8810
2012年1月	展讯通信发布首款单芯片多模TD-LTE/TD-SCDMA/EDGE/GPRS/GSM基带调制解调器-SC9610

展讯通信于2001年创立,2003年就推出全球首颗GSM/GPRS(2.5G)多媒体基带一体化单芯片,次年推出业内首颗TD与GSM双模基带单芯。针对芯片的核心关键技术,展讯通信形成了数百个专利发明群,其中上百项发明专利在中国和欧美国家

获得受理。展讯通信手机核心芯片技术不断创新,为用户送去精彩的"掌上世界",为中华民族拓展世界手机市场增添新的驱动力。

知识密集型服务企业演化为创新型企业:孵化器的演化

孵化器为创业企业提供服务与支持,是知识密集型服务的集聚地。孵化器利用集聚的服务型企业提供的服务包括基础服务、孵化服务(企业核心创业团队的系统培训,企业商业模式、规章制度和法人治理结构建设咨询,创业激励咨询服务,创新创业论坛或平台等)、融资服务等。

作为知识密集型服务企业的集聚地,并不意味着孵化器就自然地拥有利用这些知识密集型服务的能力。有的孵化器只是为新创企业提供办公场所,缺乏对新创企业的服务与指导。作为一个企业,应该利用知识密集型服务资源的优势,在与入驻的新创企业的共同演化中不断提高自己利用知识密集型服务的能力。为了做到这一点,提高自己的知识管理层次与水平是关键。

一个孵化器企业要发展成创新型企业,不可能单独成长,它总是与服务的对象一起成长,共同演化。为分析孵化器成长为创新型企业之路,我们从孵化器不同类型的商业模式开始。

商业模式的基本要素包括价值主张与客户定位。根据孵化器价值主张是有形服务还是无形服务,以及客户定位是否明确,可区分出如图7所示的四种类型的孵化器,即简单模式、专一模式、价值链陷阱模式和资本模式。

图 7　孵化器商业模式四种类型

简单模式孵化器没有明确的客户定位，孵化器内的企业共性不明显，因而很难提供精细的创业孵化服务，这也导致不会招聘高成本的职业化团队和建设较完善的制度体系。简单模式的孵化器提供的服务以房屋租赁和物业为主，并带有一些简单的科技政策咨询服务及政府关系服务，如工商税务关系协调等。因为可有稳定的房租收入和物业费，现金流模式与服务能力基本匹配。

简单模式代表着国内孵化器初期发展阶段那些以政府出资为主以及带有事业单位性质的传统型综合孵化器。简单模式的孵化器对企业的服务和影响力有限，与企业的关系犹如房客与房东的关系。如果政府给孵化器的政策对企业没有吸引力，就会严重影响孵化器的招商，进而影响租金收入的稳定性。更为重要的是，由于政府和企业对孵化器服务能力的要求越来越高，即使简单模式的孵化服务，其成本也会不断上升，而孵化器的房租和物业收入较低，最终有可能很难弥补这些上升的成本。

专一模式孵化器的特点是定位明确，专门服务特定行业的创业。孵化器可根据创业企业的专业特征，寻找有闲置技术服务能力的科研机构一起提供相应的技术服务。孵化器内的企业具有相同的行业特征,因而孵化器可开展有针对性的咨询服务。但专一模式除了特定的技术服务之外,其给初创企业提供的其他创业孵化服务内容较少,网络资源也往往相对缺乏。

价值链陷阱模式孵化器的出现是由于孵化器本意是为创业企业提供更多的孵化服务,加强与孵化企业的关系,但因为孵化器对入驻企业定位模糊,共性不足,服务效果大打折扣。为给企业提供高质量的个性化孵化服务,就需要一支高素质的职业队伍,还要维护会计师事务所、律师事务所和各种各样的管理咨询等网络关系,导致孵化器成本大幅上升。孵化器相对低的收入很难长期维持高成本的支出,也无法给团队成员有效的激励,造成孵化器无法留住高素质团队,因而其发展不具备可持续性。大多数孵化器解决这个问题的方法主要是通过打造创业孵化服务的品牌,加大招商力度,争取招到更多税收大户,同时获取更多的政府补贴。这种状况造成孵化器越来越关注大企业,而不是初创企业,违背了孵化器成立的初衷。

资本模式孵化器的显著特点是孵化器与创业企业存在着直接或间接的股权关系,因此,创业企业的成功即孵化器的成功。孵化器定位明确,即投资和服务有潜力的特定行业的创业企业,当企业发展到一定阶段,将其股权出售获取收益。孵化器有着明确的制度和服务流程,服务团队由各类专业的人员组成,他们与外界保持紧密联系,特别是与有关的行业研究机构和资本市场有更紧密的合作关系。孵化器通过和投资机构的合作,共同向创业企业提供全程的专业技术和管理咨询服务。这种模式的孵化器在国外成功的案例较多,如软银专门投资于互联网的孵化器模式、美国一些以技术及创业孵化服务入股创业企业的大学孵化器模式、以色列国家资本与民间资本共同投资创业企业的孵化器模式等。

根据上面的分析可知,按照客户定位和价值主张而划分出的四种类型的孵化器,它们在动态能力、价值链和现金流模型方面也有差别,如表3所示。

表3 不同商业模式类型孵化器三因素比较分析

	动态能力	价值链	现金流模型
简单模式	弱 制度不全 非职业化团队	价值链：简单 服务：租赁、物业、工商税务政策咨询 资源：政府	政府补贴 房租和物业费
价值链陷阱模式	弱或强 制度全 职业化的团队	价值链：复杂 服务：租赁、物业、工商税务政策咨询、咨询服务 资源：政府、服务机构	政府补贴 房租和物业费
专一模式	弱 制度完善 职业化的团队有待建立	价值链：简单 服务：租赁、物业、工商税务政策咨询、专业技术服务 资源：政府、研究机构	政府补贴 房租和物业费 技术服务费
资本模式	强 制度完善 职业化的团队有待建立	价值链：复杂 服务：租赁、物业、工商税务政策咨询、专业技术服务、管理咨询 资源：政府、投资机构、服务机构、研究机构	政府补贴 房租和物业费 股权收入或投资服务收入

孵化器行业发展初期,简单模式孵化器占多数。简单模式的孵化器发展到一定阶段后,为了提高自己的服务能力,如果要采取增加孵化服务内容的办法,就会向价值链陷阱模式方向发展,而价值链陷阱模式孵化器容易陷入收支不平衡状态。简单模式孵化器也可能向专一模式发展,但很难在短期内实现,因为简单

模式孵化器起初没有对客户进行定位,而向专一模式发展,就意味着要确定自身服务的优势行业,主动淘汰某些行业的创业企业,这会影响孵化器经营的稳定,要转型往往也需要经历一定时间。简单模式孵化器要直接发展到资本模式,则不仅需要在资金上有一定的积累或股东能进一步提供资金,在经营模式与专业人才团队等方面也需要有很大的改善。

价值链陷阱模式孵化器的服务能力和资源渠道都很强,能为创业企业提供丰富的创业服务,但因解决其自身的收入问题乏术而可能陷入价值链陷阱。为了持续生存,该模式的孵化器必然面临"瘦身运动",收支出现危机且动态能力较弱的孵化器会退回简单模式,状况还好且动态能力强的孵化器能抓住机遇发展到资本模式。价值链陷阱模式转到专一模式是不现实的,资金状况不好的情况下,主动淘汰创业企业、减少收入来源,更会加快危机的到来。

专一模式孵化器能给特定行业的企业提供特色服务,其收入能力相对简单模式有了一定的提高。专一模式孵化器的专业技术咨询服务能力较强,但专业技术以外的服务能力较弱。专一模式孵化器是在人们认识到服务特定行业能更高效地为创业企业提供满意的孵化服务,而又没有资金成立资本模式孵化器时出现的。因有明显的行业特征,比较容易与创业投资合作,发展到资本型模式相对容易。

综上所述,简单模式、价值链陷阱模式和专一模式都有动力发展到资本模式(见图8),其途径共有五种:(1)简单模式→价值链陷阱模式→资本模式;(2)简单模式→专一模式→资本模式;(3)简单模式→资本模式;(4)价值链陷阱模式→资本模式;(5)专一模式→资本模式。

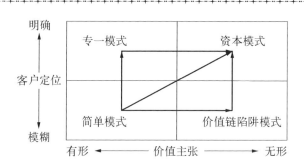

图 8　孵化器商业模式演化

我们曾经分析过英飞尼迪案例,它属于我们这里讨论的资本模式的孵化器。英飞尼迪最大的孵化器集团叫玛雅孵化器,专注于创建新的技术公司、帮助它们建立品牌、进行营销推广,同时能够帮助创业者最大限度地利用自身的技术优势来增强自身的业务强项。玛雅孵化器在企业创立初期就开始进行投资,不仅为新创企业提供了资金保障,也使创业企业明白在它们在最需要支持的时候可以获得必要的支持。玛雅孵化器还可以为其投资的企业在后面的几轮投资中进行再投资。

英飞尼迪把玛雅孵化器和知识产权银行的成功经验和模式搬到中国,支撑了英飞尼迪对中国创新创业项目的孵化,为中国风险投资基金可持续发展提供了宝贵的经验。英飞尼迪能够为所投资或所孵化的企业提供更多的增值服务,具有技术与资本的双重优势,是因为英飞尼迪能充分利用集团在以色列、中国和北美拥有的商业网络、知识产权、技术专利以及创业和经营管理经验,与中国市场上的领先企业建立牢固的合作关系,通过技术与资本相结合的独特商业模式为合作各方创造价值。

(本文是笔者所著《创新型企业研究:网络化环境、商业模式与成长路径》的缩写,该书 2016 年由清华大学出版社出版)

实践篇

为宝钢集团做过的两个咨询

宝钢是在中国特定的经济与历史条件下建设起来的具有世界先进水平的大型国有钢铁企业。我对宝钢最初的印象与两件事有关,一是宝钢建设初期曾抽调一批高校教师与科技人员加入建设者队伍,其中就包括我当时所在的复旦大学数学系的青年教师和我的同学。二是稍后几年对上海经济作数量分析时,被上海市统计局告诫,考虑上海的固定资产数量信息时,须注意宝钢的因素,因为宝钢的固定资产是一个占全市总量40%的增量。

我与宝钢有稍微直接的联系,与宝钢发展战略的一个咨询项目有关。这个项目原本是要一家著名的国际咨询公司做的,但宝钢的负责人感到对方要价较高,因为那时人们对较高费用的咨询费还难以接受。在复旦大学管理学院读过工商管理硕士(Master of Business Administration,MBA)的这位负责人希望借助我们的力量压低对方要价,所以就拉我们参与。最后对方退却了,项目就由我院王其藩(1935—2016)教授接手负责完成,王教授又拉我参加,成立了由王教授负责,主要成员为他的博士后与博士生的项目组,我在其中担任顾问的角色。实际上我在这个项目中只参加过几次关于方案设计的讨论,并没有参加后期的实地调查。但我本人先后负责并完成的宝钢咨询项目也有两个。

为宝钢做过的第一个咨询

由我负责为宝钢做过的第一个咨询,是通过我的一个博士后介绍的,他在与就职于宝钢研究院的同学聚会时,得知宝钢研究院为建设宝钢集团的战略管理决策支撑系统急需一个关于这一系统的框架设想方案。这其实是一项"预研究"项目。至于这一项目是我这个博士后争取来的,还是他的同学找上门来的,我不知道。反正这个博士后带着他那个同学来找我时,我知道了有这么回事。

这个项目的背景是,宝钢研究院意识到宝钢已发展成为一个庞大的企业集团,除了主营的钢铁之外,还有十大非钢产业。企业领导面对这样一个大型企业,在考虑企业战略发展时迫切需要一个决策支撑系统;而要建设这样的决策支撑系统,需要有一个设想方案。

项目的主旨显然偏重企业信息系统方面,与我自己的专业方向不合,所以开始我很犹豫,但我的几个博士生得知后跃跃欲试,甚为积极,极力撺掇我接手下来,他们承诺会全力投入,而且表现得很有信心,因为这些博士生中有的是信息系统专业硕士,担任过相关课程教学,甚至参与过信息系统咨询项目。我决定先与宝钢研究院的领导和研究者们见面谈谈再定。几位同学因为决心要做成这件事,所以见面之前做了精心准备。第一次面谈,他们就通过PPT演示文稿展示了对项目的设想方案,宝钢研究院的项目负责人听完介绍给予了充分肯定,甚至说他们多次参与国际著名咨询公司类似的展示,感到我们的水平其实与他们差不多。老实说我当时还没进入角色,也没参加过国际著名咨询公司的项目展示会,凭着几个博士生与博士后的PPT,能产生这样的效果,令我一时感到惊愕不已。

说实话,我内心其实并没有因此对这几位学生刮目相看,认为他们只不过凭着自己的小聪明,熬了几夜,从一些国外咨询公司的大量咨询报告案例中汲取了一些炫人的概念与术语,有点哗众取宠的嫌疑,尚缺乏实事求是的分析。

但我也分明感到宝钢研究院的赞赏其实是对我们的鼓励,即鼓励我们接下这个项目并尽力把它做好,毕竟这个项目的咨询费不多,而国际咨询公司的要价要高得多。

接下这个项目后我就想:企业咨询项目的设计或提出,一般都出于企业负责人的设想与思路,以此作为项目的指南,他们也希望项目的承

为宝钢集团做过的两个咨询

担者按照他们的思路去完善,并提出可操作的方案。这大约是有咨询要求的人较普遍的想法。项目的承担者希望自己的咨询报告最终被接受,也尽量这么做。

虽然这是惯例,但我觉得承担咨询项目,需要承担者的独立思考,需要坚持实事求是的原则,没有必要完全顺应项目提出者的思路。所以,在决定承担这一项目之后,我觉得首先要摸清项目提出者最初的想法,特别是他们想通过这个项目达到什么样的目标。然后,分析这样的设想与目标是否真正符合企业的需求,是否有必要纠正与改变他们的某些想法,或者修正与补充他们设立项目的宗旨,最后才是提出我们认为重要的建议。

宝钢研究院对企业战略管理决策支撑系统的初步设想,是希望最终能将宝山钢铁与十大非钢产业的信息及时汇总,并快速传递到领导者们的办公桌上,为他们作战略决策提供方便。

企业的战略管理决策确实需要一个信息系统收集、加工、传递企业内部的信息,方便企业负责人随时调看。但是仅仅靠下属单位报上来的信息其实并不能保证信息的及时性与正确性,还需要定时与不定时的会议制度加以保证与补充。企业内部信息系统不仅包括通常的报表,还有企业负责人与下属部门负责人及时与通畅的由会议制度保障的交流。所以一开始我就意识到,建立有效的决策支撑系统,除了狭义的企业内部的管理信息系统,还需要一个会议制度系统,而且通过企业会议制度来解决企业内部信息问题,可能是一个更有效的途径。

在我看来,企业战略管理决策信息支撑系统中,除了必要的内部信息系统与会议制度系统,还有更重要的,就是搜集与处理企业外部的信息。企业战略管理本质上是企业面对企业内外部环境(特别是外部环境发生变化时)能及时作出战略调整。但是,影响宝钢经营的外部信息涉及钢铁与十大非钢产业,而要获取所有这些行业的信息,仅靠宝钢集团内部的力量也许是不足够的;更重要的是,影响这些行业发展、竞争、合作的还有许多难以预先界定的外部环境因素,虽然宝钢为此投入了不少的资源,但是不可避免地需要求助外部的专家咨询系统。所以,宝钢集团的战略管理决策支撑系统中,还必须包括外部专家咨询系统。

在提出这些设想,加上每一设想所包括的细目之后,可以说大体回应了咨询项目的要求。但是,作为从事企业创新管理教学与研究的教授,我不会忘记企业最基本的战略应是创新战略。围绕着企业战略管理而设计的信息支撑系统,以实现企业战略管理为目的,而企业战略管理最重要的内容应包括如何促进与保障企业的创新。企业通过战略管理决策支撑系统收集与处理的内部与外部的信息,最重要的是那些足以影响企业创新方向、创新方式或模式、创新制度建设等方面的有关信息。要作出这样的反应,企业必须具有支持、鼓励与引导创新的机制与制度。如果没有这些,建立战略管理决策支撑系统是没有意义的。所以,这是企业战略管理中一个更为重要也更加根本性的问题。虽然项目设计者当初在这方面没有提出要求,但无论从自己的专业与职责来说,还是为宝钢考虑,我觉得在这方面提出某些设想与建议都是必须的。

据我所知,宝钢也有自己的创新战略,但我们想强调的是创新战略在战略管理中的核心地位。我们还想表达的意思是创新战略也需要根据企业内外部环境的变化作必要的调整。此外,借鉴、学习一些标杆性企业的经验,使自己的创新战略更有效,也应是企业战略管理决策支持系统的重要内容。

抱着这一想法,我们选择了当年在创新管理方面最出色与最负盛名的企业去调研。我与我的三名博士生,加上宝钢研究院的研究人员,一行五人选择了青岛的海尔与海信。

海尔与海信都是国内家电行业的翘楚,在企业创新方面都有出色的表现。虽然行业与宝钢有差别,但在企业创新方面有共同面对的问题。

走进海尔,迎面大楼上是一条大标语,从上而下写着企业负责人张瑞敏的名言"创新就是创造有价值的订单"。这条标语足以说明创新在海尔战略管理中的地位,体现海尔对创新的理解,即面对市场,通过创新创造出消费者愿意购买的产品。在走访企业负责人与研发人员时,我们发现这一口号深入人心,人人都面对着创新和创造订单的压力。海尔对企业使命的理解就是要盯着市场需求进行创新,企业上下形成共识,是海尔员工共同的行动纲领。

走访中给人留下深刻印象的还有在企业内部被称为"海尔大学"的内部培训机构。该机构是海尔干部与职工培训与交流的场所,企业内外部创新的信息在这里交汇,创新管理的许多案例在这里讨论,企业关于创新战略的设想在这里酝酿,企业的创新与内部创业项目也在这里发布并得到支持。

海信是我们走访的第二家企业。海信的企业创新特点是重视员工的学习与创新,特别是对企业内部创新与创业十分鼓励与支持。对于这一点,我们在访问海信总部后有了更深切的体会。

那天我们走近海信的大楼时,就着实为大楼上从上而下的大标语吓了一跳,上面赫然写着:"热烈欢迎复旦大学司春林教授一行莅临我公司访问指导!"老实说,我还是第一次受到如此规格的接待。在此之前,我们只是联系企业调研。当初还生怕给人添麻烦而被拒绝,原想人家肯接待我们就已经求之不得了,未曾想到还受到如此礼遇!

在企业的接待室,三四位企业有关部门负责人接待了我们,就我们想要了解的企业创新管理中的问题作了介绍,并安排了我们与企业技术开发人员和研究所员工座谈。海信有为人称道的企业内部创业机制。有些员工从外部获取技术信息,结合企业实际产生的创意,就有可能获得企业的支持,支持力度包括成立新的研究团队与研究机构。创新产品允许失败,一期不成功,可以总结改进完善,再出二期或三期产品,最终可形成商品或留下经验教训。在与技术员工座谈时,发现他们普遍对企业的支持与鼓励感到满意。对于创新中遇到的困难与问题,他们能从容面对,虽然企业容许失败、不给压力,但他们都普遍给自己加压,渴望成功。因此,技术员工有非常强烈的学习欲望,注重自己的学习与提高,积极争取学习与培训的机会。座谈中就有几位在职研究生,更有几位当场就提出希望我能帮助他们联系来复旦大学进修。似乎他们对复旦大学还特别高看,认为读书不完全就是读个学位,能去哪个学校,感受与学习更多新的东西,才是最重要的。

海尔与海信在创新战略管理方面的特点与模式给我们的印象是深刻的,在参观访问之后,我们从宝钢可借鉴的角度作了简短的总结,作为咨询报告的一部分。在此之后,海尔与海信还成为我后续的企业创新管理研究所关注的对象。

我们提交的最终咨询报告主要有三个要点。

(1) 企业内部支撑体系中,除了通常的自下而上的信息传输与汇总,有效的会议制度可使信息传递更有效与及时。

(2) 企业战略管理虽然需要内部信息支撑体系,但更重要的是要获取企业经营环境与产业发展的外部信息。获取这些外部信息有必要借助专家咨询系统。

(3) 对企业管理更有价值的,是企业如何发现与鼓励员工的创新精神。

咨询报告最后能被宝钢研究院认可与接受,我认为主要是这个报告所提出的建设性意见,对他们当初提出这个项目时的设想给出了某些补充。

为宝钢集团做过的第二个咨询

宝钢集团最核心的企业是宝山钢铁。我为宝钢集团做的第二个咨询就是关于宝山钢铁的。

这咨询既不是我个人主动联系来的,也不是他们主动找来的。2002年前后的某一天,几个研究生带着他们的同学闯进我的办公室,向我说起宝山钢铁市场营销部发布一个咨询项目,提出他们面对重要的市场变化,希望借助外脑制订新的营销策略。几位学生在向我介绍时兴致勃勃、跃跃满志,希望由我出面承接这一课题。随他们一起来的一个同学来自宝钢,声称有把握拿下这个项目。我听后先泼了一瓢冷水,说这是营销策略问题,与我们的专业方向不合,应去联系市场营销系的教授做。

同学们不肯放弃。他们提出,他们自己已经有过充分讨论,有了较明确的思路与研究路线,希望由我出面揽下。他们说只要我愿意出面承接下来,他们就保证能做好这个咨询,绝不会给老师丢脸!

据这几位同学介绍,原来2002年前后,宝山钢铁市场营销部面临两方面的挑战。其一是来自竞争者的挑战,随着我国政府对钢铁产业的保护逐渐减弱,国外的钢铁巨头如新日铁与浦项已进入中国市场,成为宝山钢铁的竞争对手。其二是来自下游企业的挑战,宝山钢铁的两个主要大客户(上汽集团和一汽集团)开始整合各自的采购部门,由原来集团中的企业分散采购改为由集团统一采购。两方面的挑战使宝山钢铁感到腹背受敌:一方面,国际竞争对手兵临城下,虎视眈眈;另一方面,原来购买者分散采购模式将演变为分散采购和集团采购并存、集团采购主导,宝山钢铁市场营销部将不得不重新审视原有的大客户应对策略。

宝山钢铁一向引以为豪的让客户享受零库存,以及委派技术人员为客户提供专业技术指导和服务的客户关系管理,在咄咄逼人的日本新日铁和韩国浦项钢铁面前也面临挑战。在汽车集团实行集团采购的情况下,走失一两个客户就意味着失去市场的半壁江山,甚至全部!

面对这一严峻的情势,宝山钢铁积极思考对策,同时也渴望借助外脑出谋划策。我的学生们自认为学习了不少企业销售策略理论,也研读了一些关于咨询的理念与案例,加之他们中有人来自宝钢,自认为很了解宝山钢铁,所以觉得这是一个非常难得的实践机会。他们央求我出面,还有一个重要原因是觉得我这个人不那么讲究师道尊严,在他们看来比较通情达理,所以如果他们自信满满,我大概率不忍心扫他们的兴。

也的确如此。出于对同学参与实践的支持,我还是在项目承诺书上签了字,相信他们应该不至于让人失望。此外,了解到这个项目咨询费不高,我想宝山钢铁这么出价,要求不至于太高。

接下这个项目两个多月后,几个同学带着他们初步准备的阶段性成果,满怀信心地去宝山钢铁市场营销部作第一次汇报,但几小时后他们就被打发回来了,一个个都灰溜溜的。他们告诉我,营销部的总经理要我亲自去一趟。他们在传达市场营销部负责人对我的要求时,完全没有了当初的豪气,让人分明感到了他们对老师"一世英名"的担忧与歉意。

我只好硬着头皮去了宝山钢铁市场营销部。宝山钢铁市场营销部占据了一座大楼,是宝山钢铁的一个重要部门。总经理见了我,没有多少客套话,心事重重地告诉我:我们现在从上到下都在为销售环境的变化心急如焚,你的几位学生花了两个月搜集的资料,都没有超出我们已知的范围。他告诉我,他们营销部有不少硕士与博士,同学们也没有贡献出与他们这些员工不同的主意。这位总经理指出这些问题,只是实事求是地说明情况,让人觉得他们确实遇到了难题,并没有感到对同学们有过多的责难。总经理最后诚挚地请求我自己多些投入,与他们一起想点对策。我顿时感到了压力,答应要好好研究一下。

我回来后召集学生们开了个会,对他们说,你们主要的问题,是仍然沿着市场营销部的思路思考问题。宝山钢铁市场营销部本来就是因为沿着这样一个思路想不出对策才求助于外部的。看起来沿着这个思路思考问题无解,如果有解,人家自己早就想出来了。我对他们说:"人家那里的工作人员可大多是博士与硕士,可你们还没有毕业。"

其实宝山钢铁市场营销部的工作一向做得很出色。我曾参加过某大学营销学博士论文的答辩,那位博士对宝钢的营销策略进行了专门的案例研究,记得较精彩的部分是宝钢的战略大客户策略,即为战略大客户提供仓储和技术服务,把仓库建在客户厂区,客户需要的钢材可直接到本厂区的仓库去领,完全享受零库存。在市场营销领域,宝山钢铁的营销一直是企业的样板。

但是现在一切都变了。自从中国加入世界贸易组织(World Trade Organization,WTO)后,中国钢铁市场开放,新日铁和浦项钢铁进入了中国,宝山钢铁的营销策略对它们来说已不是秘密,而且宝山钢铁能做的,它们也都可以做。在中国国内市场上,它们已成为宝山钢铁最强有力的对手,而在此之前宝山钢铁还几乎难有对手。

对宝山钢铁来说,还有致命的一点,是他们原来的战略大客户采购策略的变化。两大汽车集团开始实施集体采购与全球采购策略,意味着在钢材市场交易中力求主动。原来两大汽车集团实施分散采购时,宝山钢铁面对着众多客户,可以说客户盈门,几乎形成卖方市场。现在大客户实施由集团出面的全球集体采购,宝山钢铁的国内大客户只有两个,而且还要面对国外钢铁企业的竞争,完全是买方市场。对宝山钢铁来说,这确实是前所未有的挑战!

我本人并没有市场营销领域的专业背景,但我想,现在的问题可能不是纯粹的市场营销问题。否则,怎么会有那么多营销专家都一筹莫展、无计可施呢?也许需要把眼光放远、放宽一点,考虑钢铁企业与汽车企业的客户关系在未来会发生什么变化,哪些因素会导致这些变化,透过这些变化或许可发现新的思路。

经深入考虑,我们开始从分析宝山钢铁的价值网及影响价值网关系的关键因素着手。我的专业是技术创新,所以自然想到从汽车制造技术创新对钢材供应需求的影响着手调查。我们发现,现代汽车制造技术创新发展的新趋势是越来越多地采用激光拼焊技术。此项技术是将板幅较小的冷轧钢板拼焊成板幅较大的冷轧钢板,以扩大窄幅冷轧钢板在汽车制造等行业的应用范围;或者将不同材质、不同品种、不同厚度的冷轧钢板拼焊起来,实现其不同性能的最佳组合,以提升钢铁企业板材的档次。激光拼焊技术是世界上最先进的轿车车身制造技术,不仅可以降低轿车重量、提高轿车性能,还可降低生产成本。

作为一项高新技术,激光拼焊技术在国外发展很快,韩国把它评为有重大影响的十大新技术之一。

激光拼焊技术的推广与应用是大势所趋,钢铁企业如果不能掌握这项技术,就意味着将很快退出汽车板材市场。在这方面,宝山钢铁在不久的将来已经没有别的选择。

所以,宝山钢铁面临的真正挑战是:必须尽快掌握与应用这一新的技术,否则将失去自己的市场地位。

宝山钢铁要想赢得这一挑战,必须具备两个前提条件:其一,必须学习这一技术,或从外部获得相应的技术资源;其二,必须与下游企业建立新型的合作关系。其中,条件二更为关键,因为激光拼焊技术体现冷轧钢板技术与汽车整车设计技术的整合,不是宝山钢铁单独所能完成的。

与此同时,汽车工业也在寻求与钢铁工业合作创新的机会,因为如果所需要的激光拼焊钢板依赖进口,那么汽车制造在成本控制、供给保障等方面也会遇到一系列难题。

有了这些想法与信息,我向总经理作了汇报,并打算就这一方面提出我们的咨询建议。总经理对我们的想法非常感兴趣。他特意打电话给我,说:司老师,对于这个咨询,你只需要把你们的理念说清楚,让我们明白理解就行了。他还关照同学们不必继续搜集钢材市场的信息,也不要再考虑什么数学与统计模型分析,他们的员工在这方面已经做得不少了。

同学们开始从供应链一体化角度重新考虑问题,思路变得越来越清晰。总经理对我们的想法非常认可,他与宝钢的管理层联络,邀请我去宝山钢铁市场营销部与宝钢集团管理层作个汇报。我答应下来,意识到宝钢对这个"小项目"似乎越来越重视,开始为这个报告作认真思考与准备。我敢说,我在复旦教书这么多年,备课也少有像准备这个报告这么精心。因为我必须把自己的想法表达得非常清楚,让所有听众都能理解,才有希望取得他们的支持。

报告会在宝钢的一个礼堂里举行,听众有二三百人。有一位我昔日的老师,当年从数学系来支援宝钢的丁言功教授也赫然坐在前排。他先认出我,与我打招呼。他已过了退休年龄,但宝钢对他这样的高级技术专家坚持延聘政策。

我讲的大概意思有这样一些:宝山钢铁在营销方面遇到的问题,不是宝山钢铁的营销做得不好。相反,在市场营销方面,宝钢一直是我国企业的楷模,我还将早年某大学的博士论文以宝钢为例的研究作为佐证。问题是中国钢材市场开放后竞争对手进入,以及客户采购手段发生了变化,这个变化还由于汽车工业技术工艺变化对宝山钢铁的挑战而变得严峻。面对这种情况,宝山钢铁必须应对挑战,主动积极地作出调整与变化,而这种变化不止于营销方面。

我今天仍有印象并得到昔日老师赞赏的,主要是我关于宝山钢铁、新日铁、浦项与上海汽车、一汽集团之间关系的描述与分析。我说宝山钢铁的板材过去与未来主要都是卖给国内上汽集团与一汽集团旗下的企业。以往你们有很好的营销策略,并且对两大汽车集团都有很好的服务,加上宝钢是国内技术水平与产品质量最好的企业,所以他们购买你们的钢材是最好的选择。宝山钢铁与两大汽车集团的关系非常不一般,好比恋爱中稳定的男女关系。宝山钢铁似乎把汽车集团作为女朋友对待,非常体贴,还认为女朋友也应该非常满意。长期下来,"男方"心目中已经把"女朋友"看成自己的人了。但是新日铁与浦项进入中国,"情敌"出现了,他们也会向看中的"女方"献殷勤,也有与之交往的自由。我认为宝山钢铁现在的处境就像这样的男孩子,发现新日铁与浦项也很优秀,宝山钢铁为汽车集团所做的,人家也可以做,甚至更殷勤。在这样的情况下,宝山钢铁有了失去"女朋友"的危机感。

为什么如此?问题是无论男女双方还是宝山钢铁与汽车集团之间,都还是两个独立的人或两个独立的企业之间的关系。任何一方要突破这种关系,其实还需要再进一步。

宝山钢铁以往的客户关系管理并不能锁定客户;或者说,宝山钢铁当初只是一厢情愿,只锁定了自己,属于单边锁定。好比一个男孩对女孩很好,认为对方已是自己的人,但女孩却没有这样想,她可能对另外的男孩有好感。

其实存在着双方锁定的办法,对男女双方来说,就是结婚。结了婚,别的男孩子就没有机会了。当然最好是双方再生个孩子,那么双方的关系就真正锁定了。对于宝山钢铁来说,就是要利用这个机会与汽车集团"结婚生孩子"。如果在宝山钢铁与汽车集团之间建立一个新的组织,双方持股,深度合作,专门生产激光拼焊组件,就是结婚并生了个孩子。这样一来,宝山钢铁的燃眉之急就解决了,新日铁与浦项还有机会吗?没有了。所以这就是解决方案。

"结婚生孩子"必须双方自愿。宝钢这边没有问题,汽车集团那一方呢?其实汽车集团方面也正为此事发愁。激光拼焊技术是由德国蒂森钢铁公司与德国大众汽车公司合作研发成功的,并逐渐成为汽车制造的主流技术。但上海大众只有激光拼焊实验室,而国内厂商还没有掌握激光拼焊的核心技术,所以国内汽车生产企业使用的激光拼焊板主要依靠进口,国产化尚属空白。但作为汽车制造的主流技术,国内对激光拼焊组件的需求将越来越多,势必形成市场的主流。

所以我们的建议是,宝山钢铁与汽车集团是好朋友,应当赶快"结婚",早点"生一个孩子",也就是建立一个合资企业。这样一来,就实现了双边"锁定",新日铁与浦项也就没有机会了,而目前的困境包括未来的问题也可望解决。

最后我们提交了咨询报告,报告的关键词是同学们给出的,就是"供应链一体化锁定解决方案"。

宝山钢铁市场营销部最后对我们的咨询报告表示了满意与接受。事后,总经理高兴地告诉我们,他们与上海大众开始合作。项目成功后,与通用汽车也将采取类似的合作方案。

2004年11月12日,宝钢阿赛洛公司成立,由宝山钢铁、宝钢国际、上海大众和阿赛洛集团共同投资组建,专门为汽车制造企业生产激光拼焊板,产品覆盖直线焊、折线焊和曲线焊,同时提供开卷落料服务。宝钢阿赛洛公司规划在未来几年里形成1 000万件激光拼焊板的生产能力,成为拥有最先进的技术、设备和管理的中国最大的激光拼焊加工中心。

此事过去一两年后,学校通知我去锦江饭店参加一次商业部与一个日本企业家代表团的交流活动。当时为什么要我参加这次活动并不清楚,我还以为是我早年曾在日本访问研究的原因。到会后发现这是分散交流活动,商业部研究院的同志突然问起我为宝山钢铁所作的咨询,希望得到更详尽的资料。我不知道他们是怎么知道这件事的。但我老老实实告诉他们,这个咨询报告其实只是提出了一个理念,并没有多少数据资料。有位同志还好奇地问起这个项目的咨询费,我以实相告,并告诉他们宝山钢铁没有亏待我们,对我们的要求也不过分,而重要的是同学们得到了一次实践机会,他们通过这次实践所得到的收获,应该比金钱重要。

为上海汽车集团做过的两个咨询

我为上汽集团做的第一个咨询项目是自己主动争取来的,因为我总感到自己一直欠上汽集团的情。之所以有这种情愫,是因为早期我出版的几本书都得到了上汽集团的资助。上汽集团较早成立了教育基金,为来自学校特别是上海高校的著作出版与研究提供专项资助。早期存在著作出版难的问题,上汽集团作为企业不求回报提供出版资助实在难能可贵。更让人难以忘怀的是,对出版后的著述他们还有跟进的奖励。从20世纪90年代前后,上汽教育基金每年都发布出版资助与奖励计划,教师们在规定的时间里提出申请,经过基金组织的评审,决定资助与奖励名单予以公布。虽然面对来自各高校的竞争,但我几乎每次申请都得到了支持。不仅如此,我与我的学生王安宇合作的《宏观经济学——中国经济分析》还被评为教育基金成立十周年的一等奖。

为上海汽车集团做过的第一个咨询

我为上汽集团做的第一个咨询,是关于其技术中心的发展战略问题。

为了做好这次咨询,我建议这个项目的下达单位上海汽车工业教育基金会出面召开一个关于企业技术中心建设的小型学术讨论会,由我邀请有关学者参会。我特别邀请了清华大学吴贵生教授来作主旨发言。吴教授很给面子,立刻接受邀请赶来参会。会议在上海汽车工业教育基金会的会议室举行。会议室不太大,倒也济济一堂。吴教授的主旨发言系统而全面,涉及企业技术中心的功能及管理中许多重要问题,看得出他是有过深入思考与认真准备的,与会者也普遍盛赞吴教授发言的专业深度。我与吴教授同行,他在这些方面研究比我深入与系统多了,对我是一次难得的学习机会。

讲到这里,我觉得对吴教授不仅怀有谢意与敬意,也有某些歉意。吴教授接受我的邀请风尘仆仆从北京赶来专门参加我们这个小型会议,而且吴教授担任理事长的技术管理研究会曾邀请我加入,并非常诚恳地对我说"为你预留了一个副理事长的位置"。但我最终并没有去参加这个研究组织,辜负了吴教授的良苦用心。主要原因是我一向对参加各类组织没有兴趣,就连学校的教师工会也是经领导谈话后才加入的,而退休后参加上海市老教授协会,也经过两位老同事的多次劝导。

上汽集团技术中心当时的状况与人们想象中的或"理论上的"技术中心相去甚远。

我从网上看到,如今上海汽车的技术中心是上海汽车属下一个实体企业,有专门的经营方向,颇具实力。但在20世纪末,这个技术中心属于上汽集团,上海汽车是上汽集团旗下最大的企业,后来上海汽车"兼并"了上汽集团,这个技术中心就自然改由上海汽车管理。这个技术中心位于离复旦大学不远的大柏树,当初曾是上汽集团的一个重要部门,具有相当规模。上汽集团设立这一部门,目的是集中企业集团的技术骨干,通过技术开发作出成绩,支持上汽集团的企业发展。

但是我国汽车技术相对落后,和许多行业一样,需要借助改革开放的机会,引进国外技术,通过吸收消化获得提高。由于汽车技术的复杂性与特殊性,我国主要还是通过合资企业引进技术并迅速形成生产能力。上汽集团就先后与德国大众与美国通用汽车公司合作建立合资企业,此外还与多家国外零配件公司合作建立合资企业。在这些合资企业中,上汽集团虽然控股,但自己的研究中心却无法获取相关企业的新技术。集团每年为这个技术中心拨款 2 000 多万元,并没有出现理想的科研成果。中心技术人员在技术的知识与能力方面与国外有较大差距。集团也认识到技术人员需要更新知识与提升能力,先后派出多人到国外进修,但派出的人员有的不回来,学成回来的也感到无法发挥作用,因为缺乏汽车技术创新所需要的综合性团队。所以对这个中心,集团每年的投入都几乎没有产出。据说其也曾经设计出一个整车方案,却没有企业愿意接受与投产,后来找到一家民营企业,这家企业认为该设计方案落后,声称他们也要向国际先进水平看齐。对技术中心来说,这是一个不小的打击,同时也使得技术中心在上汽集团领导心目中的地位每况愈下。

这个中心向何处去,实际上成为企业集团领导们的心病。

就是在这种背景下,上汽集团通过其教育基金设立了一个关于技术中心发展战略的小课题。我希望借助这一机会能为上汽做点事情,所以就承接下来。

接受了这个咨询课题之后,我就组织了由博士生、博士后及青年教师参加的研究团队,对该研究中心的发展问题展开了开放性的讨论。记得第一次讨论时,团队全体成员都参加了,上汽集团闻讯也派员来旁听。关于中心的去留与转型等,相信上汽集团内部已有过不同意见的讨论。我们是从外部提供咨询研究的,并不顾及上汽集团内部的意见,所以可以从不同角度提出自己的想法。有位青年教师从企业技术中心在企业发展战略的定位出发提出了设想。持否定态度的则认为以中心的现状,已不可能对上汽集团的发展发挥作用,所以没有必要保留,不如取而代之设立创新基金,支持企业可能的创新。还有的认为技术中心既有的技术骨干仍有可能组成一个实体企业,确定自己的技术方向,通过对外提供技术服务使之成为对外服务的营利机构。还有的认为,如果上汽集团要实现建立技术中心的初衷,需要招聘一流的技术人才与领军人物,但持否定态度的认为许多一流技术人才其实都在其下属的合资企业,而上汽集团在技术领域并没有真正的控制权。

人们畅所欲言,讨论、争论甚至辩论,气氛十分热烈。来参会的上汽集团的部门负责人对我说,想不到你们的思想如此活跃。

这些讨论已经包含了我们以后的咨询报告的基本想法。

上汽集团技术中心的困境在我看来很大程度上反映了上汽集团经

营的现状。上汽集团与多家外国公司合作,甚至包括相互竞争的外国公司,表明上汽集团奉行的是资产经营,考虑的是从股份上控制这些企业,所以我对上汽集团最初的印象是它很像一个进行资产经营的财务公司,而上汽集团的技术中心完全游离于这个公司之外。在这种情况下,要这个技术中心在现代汽车技术方面有所作为,实际上是不可能的。另外我还想,尽管上汽集团能够把具有竞争关系的合资企业都网罗在自己旗下,但它们不可能在上汽集团的旗帜下开展技术研发合作。

上汽集团既然擅长资产经营,何不据此建立集团的创新基金?建立基金的关键不仅仅是企业集团出资,虽然这是必要的;更重要的是通过推行必要的内部财务政策,吸引旗下所有企业参与。不仅鼓励每个企业出钱出力,而且鼓励它们利用这个基金开展企业所需要的创新项目。如果形成这样的局面,上汽集团就可借助这个基金,发挥虚拟的技术中心的作用,满足当初设立技术中心的初衷。

另外,上汽技术中心发展到现在,已具有一定规模。改革开放前,上海汽车制造技术在国内也处于先进水平。有技术、有经验的工程技术人员大都集中在这里。中心也曾经设计出新的整车方案,虽未获得采纳,但表明技术中心有一支人才队伍,只是目前缺乏了解并熟悉最新汽车制造技术的领军人物。因此,如果将技术中心变身为研究所,将原有的技术力量重新整合,吸收了解现代汽车技术与发展方向的技术人才,特别是领军人物,那么在创新基金与上汽集团内部与外部技术资源支持之下,仍可能在适应社会需求的创新中有所作为。

所以,比较理想的目标状态是,上汽集团旗下的企业能够积极参与并积极利用这个基金开展企业的技术创新,而研究所的员工也能配合与参与。要使这种目标成为现实,一方面,上汽集团需要听取旗下企业的意见,采取吸引企业积极参与基金建设与利用基金的财务政策;另一方面,要增加研发投入,特别是大力引进现代汽车技术的顶尖人才与领军人物。如果做到这样,这个技术中心就可以根本改观,上汽集团在汽车技术创新领域也可产生一定的凝聚力。

在我们的咨询报告完成不久，上汽集团总经理胡茂元先生邀请我到上汽集团的干部大会上作汇报。报告会是在一个较大的礼堂里进行的，到会的有三四百人。我介绍了咨询报告的基本出发点，重点介绍了关于创新基金及技术中心新的定位的设想。胡茂元总经理在我报告后发表了讲话，他说他个人非常同意我们的建议与设想，但有些设想与建议的实施涉及国企改革问题，上汽集团作为国有超大型企业，重要的决策须经过国家有关部委认可。

课题进行中的一个细节我在这里交代一下。一位青年教师曾对这个项目较低的咨询费颇有微词，曾说过就这点费用，司老师竟要组织这么多力量参加，真是"杀鸡用了牛刀"！说者虽有埋怨之意，但也理解我对此不计较的缘由，作为对我的支持，他自始至终都是积极的参与者，并担任了主要角色。

为上汽集团做过的第二个咨询

上海汽车集团股份有限公司是如今国内 A 股市场最大的整车制造上市公司。上海汽车集团股份有限公司旗下的二级子公司，除了上海汽车集团财务有限责任公司，还有具有研发生产与销售能力的 13 家公司。我所做的第一个咨询实际上只是其中的一个二级公司的问题。

我为上海汽车做的第二个咨询，是在我临近退休的那年。当时我正在香港，在我女儿身边，忽然接到我的学生梁云志博士的电话与邮件，她告诉我上海汽车正在试图联系我，希望我提供企业创新战略方面的咨询。她已把我目前的联络方式告诉了他们。接着我就收到上海汽车负责人的邮件，诚恳邀请我为他们做一次咨询，并且非常迫切，甚至提出立刻派人来和我洽谈咨询协议的事。

对于上海汽车为什么突然来找我，据梁云志的了解，情况是这样的：上海汽车非常注意企业的创新发展问题，之前也依托某大学做过类似的咨询，但咨询者的视角主要聚焦在信息系统与知识管理系统的建立和完善对企业创新的支持，尚未涉及企业的创新过程与实施，缺少对如何通过创新实现企业资产不断增值的思考。现在他们深感存在自主创新能力不强、核心知识产权偏少、引领自主品牌发展技术内涵不够、技术创新与自主知识产权品牌产品不足、知识产权相关经营及创收效益未能有效显现等问题，所以企业亟待改变这种与其国内外领先的市场地位极不相称的状况。围绕这些问题，他们在上海高校中选择这方面的研究者，我有幸入了他们的"法眼"。

我想可能还有个原因，就是十年前我为他们技术中心做过咨询，企业负责人可能还记得我。

我说过我一直感到欠上汽集团的人情，获知这一情况后，我把这次邀请视为一种召唤，立即离开香港回到上海，并很快与上海汽车的负责人特别是技术管理部的工作人员见了面。我与梁云志所领导的企业创新创业咨询公司迅速成立了研究团队。

我当时敢于并愿意承担这一咨询课题，除了因为有梁云志咨询公司中具有研究能力的人员组成的团队之外，主要还是我自己经过多年的研究与思考，已初步形成关于创新型企业的理念。我以为新型的现代企业主要依靠创新获取知识产权或建立知识资产，通过知识资产经营以不同方式与互补资产结合，实现盈利并得以持续发展，这不同于依靠大量生产及大量消耗有形资源的传统企业经营方式。近年来，我对企业如何创新及如何利用创新实现盈利等问题进行了较系统的研究与思考，集中体现在我2016年出版的《创新型企业研究：网络化环境，商业模式与成长路径》一书中。但在我为上海汽车咨询时，这些主要理念已初步形成。所以对我来说，这次咨询正是一次实践、检验与提高的机会。

在第一次见面会上，一方面，我们对上海汽车的诉求与我们需要了解的现状作了进一步了解；另一方面，上海汽车的领导和工作人员也期待我介绍自己咨询的主要理念与思路。我记得我先从信息、知识与智慧等概念的联系与区别开始，但着重强调了智慧概念。人们的创造性依靠智慧，企业应用与依赖智慧实施创新，通过创新创造的知识是智慧的成果，利用所创造的知识实现盈利和发展也需要智慧。所以，智慧是我开始咨询时强调的核心概念。

利用大家都已接受的知识资产的观念,我又进一步把咨询项目总的理念概括为知识资产管理,包括通过创新建立知识资产以及通过知识资产经营使企业实现盈利。我着重强调智慧的重要性是希望大家明确课题的重点与核心是通过创新获得成果并对成果进行经营管理,而不是以各种文档为对象的知识管理。

我意识到上海汽车邀请我来咨询,显然也是希望我能提出新的思路。如果我所有想法都被普遍认同,没有新意,那么这次咨询对他们来说也将失去价值。

但同时,这是个较大的项目,需要双方协同合作、统一思想。所以我的思路需要得到大家的认可,并在大家的帮助下完善。我也意识到梁云志博士及她带领的团队对我的思路应该有所了解与理解,关键是上海汽车方面,我不知他们对我所讲的能接受多少。如果没有统一的认识,以后进行各种讨论时就不容易产生共同语言,就难以形成共识。

一讲到知识与创新,人们就容易将其画上等号,知识与智慧也被认为是一个意思。在平常的话语中,人们这样说问题并不大。但在咨询项目中需要规范用语。例如,一位负责人提出一个具有代表性的问题,表现出对我强调智慧的重要性感到疑惑:知识资产与知识资产经营不还都是知识吗?

如果把它们都放在知识的范畴里,我们关于知识资产管理的理念就无法展开。其实,知识资产包括在知识产权的概念里。知识产权是指企业通过创新与投资得到法律保护的各种权利的资产。这个概念可能最早出现在德文中,但在英文中被称作"intellectual property",在我国台湾地区被译为"智慧财产",更符合英文原意,知识产权由智慧与财产权或所有权组合而成。智慧与知识的差别,是智慧更强调创造性。

其实,要得到大家的理解并形成共识并不难。待到第二次会面时我发现他们已完全接受了我的理念。这表现在我与梁博士在介绍我们的行动方案时,有几位同志都指出报告中一处"知识"改为"智慧",可使我们更明确。我当时感到十分高兴与欣慰。因为我认为,所谓咨询,其实就是让企业转变思想,并接受新的理念。咨询的境界与目标不过如此吧。

在这次咨询中,我觉得知识资产管理的内容不断展开并完善,使得参与者都能理解,是项目成功实施的重要一步。我觉得对知识资产管理理论发展的讨论以及在此基础上提出的知识资产管理的三阶段或三层次的框架应成为这次咨询的理论基础与指导思想。

我提出的知识资产管理框架包括三个层次,即知识管理、技术创新管理和知识产权资产管理。三者的逻辑关系容易说明,创新型企业依靠知识产权资产管理实现盈利并获得发展,是最高层次。知识产权资产管理的核心,是如何最大限度地利用知识资产获得收益。知识产权的价值是由它能转化的产品、服务与工艺流程改进所能带来的经济收益决定的。知识产权转化为产品、服务与工艺流程改进的途径与方式,就是企业利用知识产权以及它们的组合获取收益的方式。企业可以将新的知识用于现有产品、服务与工艺流程改进,增强企业的市场竞争力;也可以通过技术咨询、技术服务、技术许可和技术转让等方式来实现知识资产的价值;还可以建立新的组织,通过投资孵化,选择恰当的商业模式进行商业化。

企业要通过知识产权资产管理实现盈利,首先要获取知识产权,这就要创新。所以,知识资产管理框架的下个层次是技术创新管理。企业获取知识产权可以通过自身的研发活动,也可以利用与合作伙伴的战略联盟,以及各种创新模式。技术创新管理是指由技术的新构想开始,经过研究开发或技术组合,直到获得实际应用的活动。

企业的创新以知识管理为基础。最基础的层次是知识管理,是一种通过掌握、捕捉、共享和使用企业的知识资产,进行评估和利用,以此强化组织力量的动态经营活动。

这是很清楚的逻辑关系。这种逻辑关系其实也基于知识管理的历史发展。

我认为知识产权资产管理理论的逻辑与知识管理的历史发展具有一致性。20世纪60年代，美国管理学家德鲁克等人提出知识管理的思想，主要是围绕文档和知识库所提出的知识的分类、共享、沉淀等，这是德鲁克所说的知识管理的基础。20世纪90年代，野中郁次郎、达文波特（Thomas H. Davenport）等人提出SECI模型①、知识管理生命周期、隐性知识与显性知识的相互转化等理念，将知识管理应用于企业的技术创新管理，可以说开创了知识管理进入技术创新管理的阶段，进入人的高性能学习和应用智慧实施创新的阶段。进入21世纪，瑞典学者卡尔·斯威毕（Karl Sveiby）等人重视智慧成果的资产化，强调建立创新性的组织体系，提出以知识资本为基础的管理创新，标志着知识管理进展到实践应用阶段，也就是知识资产管理阶段。

上海汽车旗下有众多企业，其中许多是合资企业，而上海汽车作为国有企业，更像一个资产管理公司，所以我提出的知识资产管理的思路应该很适合它们。作为国有资产管理公司，当然要使国有资产保值增值。

但如何保值增值，我觉得知识资产管理是个新的思路。在传统上，企业要做到保值增值，一方面，要大量生产，大量销售，获取利润；另一方面，又要不断创新，提高产品性能与质量或生产新的产品。所以为保值增值，企业似乎要兼顾这两个方面。但从知识资产管理的角度，两者可以统一起来。知识产权资产经营的核心，是如何最大限度地利用知识资产获得收益。

上海汽车的技术管理本来主要依靠企业的技术管理部来推行。技术管理部的领导与工作人员从一开始就是我们这个咨询项目的主要参与者，在咨询过程中一直与我们密切配合。作为上海汽车的职能部门与管理者，他们提出希望围绕着知识资产管理有一个具体、系统的评价指标体系，作为知识资产管理的规范，便于在管理中评价、监督、指导企业

---

① SECI模型概括了知识转化的四种模式，即潜移默化（socialization）、外部明示（externalization）、汇总组合（combination）和内部升华（internalization）。

的知识资产管理。项目组经过查阅文献,吸收技术管理部原来对旗下企业的考评,并征询技术管理部的改进建议,给出了知识资产管理评价指标。这样,我们咨询计划的主要设想,最终就落实在这一指标体系中。

围绕着这个指标体系,梁云志领导的咨询公司团队做了许多复杂而细致的工作。这些工作包括:问卷调查,通过调查确定知识管理的关键要素;利用所确定指标体系,对知识资产管理的现状进行全面分析;在现状分析的基础上,寻找内部标杆。

上述工作完成后,就意味着我们对项目的构想最终落实到这一指标体系。这一体系为上海汽车的知识资产管理提供了一个工具。但是,项目组认为仅仅有这个工具还不够。

重要的是,我们推行企业知识资产管理作为企业发展战略的思路,需要企业领导们的认可与重视才能发挥作用。

此外还需要从组织上落实,现有的技术管理部作为职能部门固然责无旁贷,负有特殊使命,但是还迫切需要充实,特别是需要充实了解知识资产经营的专门人才。因为对于知识产权,不仅要考虑保护,还要懂得如何经营。即使技术创新管理,也需要知识产权管理人员早期介入。因此,知识产权管理的人才与组织是亟待加强的短板。上海汽车不仅需要一定数量的知识产权管理的专门人才,还需要较高水准的这种专门人才,能够参与企业知识产权管理战略制定和管理的全过程,并在其中发挥主导作用。

对于知识产权管理,企业还需要建立有关规范与制度,包括流程、评估与管理制度。

在咨询项目完成时,我们忽然得知上海汽车兼并上汽集团的消息。这不禁使我想到,这个咨询项目是否一开始就有这么一个背景,不然当初为什么急于找我开展这样一个项目?

在咨询项目进行中,上海汽车自始至终对我和我的团队表示了充分的信任。从一开始就配合我们组织了以技术管理部为班底的项目组,还充实了新的成员,成员之一的臧志彭博士在项目结束后希望继续研究,还做了我两年的博士后。上海汽车也不想亏待我和我的团队,按照通常咨询公司订立合同的惯例,费用以不低于国内咨询公司的价格给予了咨询费。这些经费保证了我们在问卷调查技术分析方面的投入。除了我与梁云志的全力投入,我们还聘用了具有专业知识的员工与人才参与,保证了项目的质量与进度。

  项目完成后,技术管理部在较长的时间内还与梁云志博士就项目实施细节方面的有关问题保持沟通。梁云志的公司因她本人生活方面的变化而歇业,她在两个孩子稍大后开始了新的职业生涯。

无锡柴油机厂调研札记

钱厂长与我

2012年的一天,有人敲我办公室的房门,在我说"请进"之后,走进来一个身材魁梧、肤色黝黑的人。来人是无锡柴油机厂(以下简称锡柴)厂长钱恒荣。其实我与钱厂长并不认识,他当时是复旦管理学院高级工商管理硕士(EMBA)学生。钱厂长来找我,是希望我担任他的论文指导教师。

管理学院的学生大部分是MBA学生,其中一部分是EMBA学生。我主要教授MBA课程,每年还要指导多位MBA学生的论文。但我并不进行EMBA的教学,也很少指导EMBA学生的论文。所以钱厂长找上门来,使我感到突然。他随身带来我的《企业创新空间与技术管理》,告诉我他认真读过,并说其中第十五章的论述非常符合他们企业改革开放以来的发展。他希望在总结历史发展的基础上研究企业未来的发展战略。钱厂长说这些时态度真诚、谦逊,他的请求我无法推辞。

通常指导MBA论文要有许多次讨论,学生写好初稿,指导老师提出修改意见,然后再修改,多次反复。记得有一位MBA学生,他的论文在我指导的学生中是修改次数最多的,每一次都是他写出一稿,用邮件发给我,由我写出评述和修改意见再反馈给他,有时他还自己跑来当面听我的意见,这样经历九个来回,才完成论文并通过答辩。给他上过课的老师事后告诉我该生原来从事具体的技术工作,想通过读MBA改做管理工作,但长期的技术工作使他形成了习惯性的理科思维,缺乏写文章的悟性,所以担心他无法完成论文写作。我当时不知内情,才有了对他论文的九篇评述意见。有意思的是该生把写作过程中我的九篇评述原原本本地附在了论文后面,使答辩老师们都看到了,他们从中可发现该生写作、修改论文的全过程,理解他为写论文付出了怎样的努力。但钱厂长的论文可以说是我最省力的一个。他虽然从事柴油机研究,是行业内的专家,但经过多年企业领导工作的锻炼,对管理学的理论实践本来就有一定基础。经过 EMBA 课程培训,加上他有很棒的写作能力,论文写作方向又与我那本书的第十五章对上,所以论文写作异常顺利。记得关于他的论文写作我们只有一次较长时间的深入讨论,之后他很快就写出了初稿。初稿我一看就感觉不错,只不过对锡柴未来发展战略的论述还不够明晰,但所指出的方向没有问题,因不了解他们企业的情况,我也提不出具体的建议。钱厂长表示这正是他们厂面对的实际问题,他与企业领导层正在探讨。

一般来说,MBA 或 EMBA 论文通过后,学生与导师就很少联系了。可钱厂长的论文通过后,我与钱厂长的缘分还未完。原来钱厂长是个事业心很重的人,他写论文不单是为了获得学位,更是希望给企业的发展与管理带来新的思路。在他的论文答辩完成之后,他诚恳地提出希望借助我的力量对他们企业进行一次调研,对他提出的锡柴未来发展战略设想提出补充与论证,以便能形成企业的共识。

那时我们对上海汽车的咨询已经结束,由梁云志组织的班子还没有散,于是我就答应钱厂长,开始了对锡柴的调研。

锡柴的技术发展

无锡柴油机厂是一汽解放汽车有限公司下属的国家大型制造企业,是国家重点高新技术企业。锡柴位于无锡市中心,占地 50 多万平方米,拥有员工近 3 000 人,其中 1/4 为科技管理人员。锡柴已有数十年的历史,无锡市的市民中盛传柴油机厂区的土壤里渗透了柴油。

锡柴有光荣的历史。自中华人民共和国成立以来,该厂在我国柴油机技术方面有过不少贡献。国内第一支球墨铸铁曲轴和第一台无钢柴油机,第一台"卫星牌"4120 风冷柴油机,第一次 12V175 柴油机与"先行号"火车机车的成功匹配,300 系列中速柴油机的成功开发等,都是锡柴研发的成果。20 世纪 80 年代初期,锡柴率先试制成功 6110 系列车用柴油机,作为第二代解放载重柴油汽车 CA141 的配套动力,为我国柴油载货车的发展奠定了基础。

在改革开放以前,尽管锡柴的柴油机技术在国内获得不少第一,但在国际上,锡柴仍处于落后状态,其创新一直属于跟随型创新,产品开发基本属于测绘、仿制基础上的逆向开发。在改革开放之初,这一状况才得到正视,有了引进与学习国外先进技术的机会。

我在《企业创新空间与技术管理》一书中提出了跟随者技术发展战略概念。这一概念前人也使用过,我特别提出这一概念,意在指出改革开放之初,我国不少行业技术落后,在技术发展中处于跟随者地位,与国外的技术引领者存在较大的技术差距。跟随者引进学习引领者的先进技术,可以在较短的时间有效地提高自己的技术水平,少走弯路,避免自己做大量的投资,这就是跟随者技术发展战略。根据企业技术创新能力的发展,我提出可以将技术发展的跟随者分为三种不同的类型,分别称为类型Ⅰ、类型Ⅱ和类型Ⅲ。类型Ⅲ是指企业引进国外技术,但没有能力消化吸收,也就是说依靠自身的力量无法达到被引进技术的水平,从而产生对被技术输出方的依赖。类型Ⅱ是指企业可以消化吸收被引进的技术,使被引进技术在本企业生根,但企业不能对这一技术再有所提高,而技术输出方在不断进步,所以企业与技术输出方的技术差距仍会扩大,从而进一步引进仍有必要。类型Ⅰ是指企业引进技术后,依靠自己的研发,使技术水平有所提高,从而缩小与技术输出方的技术差距。

钱厂长认为上述三种类型对于跟随者地位的企业来说可能都难以避免,他结合自己所在企业的实际情况,发现三种类型都曾相继出现在锡柴技术发展过程中的不同时期,所以可代表处于跟随者地位的企业技术发展的三个阶段或时期。为此,他建议将我说的类型Ⅲ称为被动跟随型,将类型Ⅱ称为紧密跟随型,将类型Ⅰ为主动跟随型。我觉得这样的说法十分恰当贴切。

锡柴经历的这些发展阶段被称为不同的创业期,分别是第一次创业期、第二次创业期和第三次创业期。

1. 第一次创业期:跟随者类型Ⅲ——被动跟随型

所谓第一次创业期,就是企业在那一阶段,主要通过仿制国外机型来提高产品的技术水平。虽然可以仿制,但是在产品性能、质量、可靠性等方面难以赶上原机水平,表明对原机技术的消化吸收只能逐步完成,或者始终不能做到完全的吸收消化,使之在本企业生根。

20世纪50年代初期,该厂仿制美国、捷克、德国等国柴油机,形成一系列仿制产品,并持续生产了将近40年。后期经过持续性的改进,在产品设计理念、产品质量与成本、市场开拓等方面也有新的进展。但是在这40年,别人进步更快,我们与国际先进水平的差距反而拉大了。

20世纪80年代改革开放之初,中重型车用柴油机市场迎来新的发展机遇,无锡柴油机厂引进功率为160马力的柴油机技术,通过仿制、批量生产,与国内汽车市场配套。但十年间,柴油机的最高功率仅为140马力,而国外原型机通过创新已达到260马力。业界普遍认为我们落后国外40年以上。锡柴回顾这一段历史,觉得企业技术虽然也在不断进步,但并没有走出仿制—落后—再仿制—再落后的怪圈。

2. 第二次创业期:跟随者类型Ⅱ——紧密跟随型

这一时期,企业将引进的技术消化吸收,使其在企业生根,通过不断地创新逐步接近或达到原型机水平,但无法再有所提高并赶上国外同步发展,致使技术与国外先进水平始终保持一定差距,且随着国外技术水平的持续提高差距不断拉大,进一步的技术引进成为必要。

20世纪90年代,为配合中国汽车工业的高速发展,锡柴投入大量的人力物力财力开展技术学习与创新活动,所生产的柴油机功率可达到160马力。之后通过采用扩缸、增加冲程、增压、增压中冷等技术手段,使柴油机功率逐步达到170马力、180马力、200马力和230马力,最高达到260马力,使柴油载货汽车载重量从五吨提高至六吨、七吨,锡柴成为当时国内功率最大的车用柴油机生产厂,是六吨平头柴油载货卡车和大型客车的独家配套单位或首选配套单位。该厂生产的六缸与四缸柴油机也成为轻型载货车、中巴客车和农用车的首选配套动力。在国家准备实施强制性排放法规之后,该厂通过模仿创新,对柴油机进行降油耗、降排放专项开发,20世纪末公司八个系列产品一次性通过排放达标省级鉴定,成为国内第一家产品全系列符合国家排放标准的企业。

从20世纪90年代初到90年代末的第二次创业期,该厂产销量年均递增40％,在20世纪90年代末连续三年产销量保持行业第一,年销量在5 000台左右,2000年公司年销量一举突破10万台大关。

这一时期的发展使锡柴成为国内同行技术水平先进的企业,但是与国际先进水平相比仍有明显的差距。与此同时,斯太尔、康明斯、道依茨、珀金斯、奔驰、福特、日野等国际著名品牌柴油机纷纷抢滩中国,给中国柴油机企业的进一步发展带来了前所未有的巨大压力,学习国外先进技术仍是缩小技术差距首先要考虑的策略。

3. 第三次创业期:跟随者类型Ⅰ——主动跟随型

钱厂长认为,21世纪开始的十年,是锡柴的第三次创业,可区分为前后两个不同的阶段。

第一阶段是学习建模阶段。通过引进、学习和消化吸收,获取所需要的技术,提升自己的技术创新能力,并初步建立与国际接轨的技术创新管理制度、组织架构、创新流程等,培养本企业的技术创新人才。

第二阶段是验证追赶阶段,即应用初步建立的技术创新管理体系与制度,开展相对独立的技术创新活动,并尽可能争取引领者的指导和帮助,以进一步修正、完善企业的技术创新管理体系等,培养与提升企业技术创新人才的创新能力。

学习建模阶段始于第二次创业期末期,企业在学习国外技术、与国外企业的技术合作中,长期奉行的改进型开发、测绘模仿型开发和引进消化型开发的模式与策略已有悄然改变。在与奥地利AVL李斯特公司联合开发过程中,锡柴已明确"以我为主",用好全球资源,开发出的四气门6DL重型柴油机拥有自主知识产权和专有技术。

在与 AVL 李斯特公司的合作中，锡柴的主创人员主持并参与了整个开发阶段。从 1999 年年底开始，锡柴的技术创新项目团队赴奥地利工作，参与了柴油机的概念设计、方案设计和详图设计，并负责落实各个零部件的供应商，与供应商共同开展关键零部件、总成的同步开发。在 AVL 李斯特公司进行的台架性能和初步机械开发，以及随后进行的可靠性试验，锡柴技术创新项目团队也全部参与。所开发的机型拥有五大专利技术和完全自主知识产权，具有功率大、寿命长、排放低、油耗小、噪声低等卓越性能。从此，世界名牌发动机竞争的大舞台上有了中国品牌的身影，我国柴油机技术与国际先进水平的差距一举缩短了 20 年。

2004 年，锡柴自主开发的我国第一台 6DL"奥威"四气门大功率柴油机投放市场。该产品经德国莱茵 TÜV 集团检测，确认达到奔驰、沃尔沃等国际同类产品的先进水平。产品开发过程中，通过调整内部组织结构整合国内外资源，参考国际上最先进和最完整的开发流程，初步建立了一套适合本企业的技术创新流程，做到设计开发、整车匹配、协作配套、机构组织、管理机制、成本价格、质量控制、工程建设、市场策划、设备采购十个同步，同时还吸引优秀零部件供应商同步参与创新。所采用的国际先进的计算机辅助设计及自顶向下设计、整机燃油经济性（fuel economy，FE）、冷却水计算流体力学（computational fluid dynamics，CFD）和动力总成模态分析等最新设计方法，使项目团队掌握了国际先进的创新理念、设计思想和创新模式，为企业培育了一批既精通技术又懂管理的复合型创新人才，创新人才核心群体初步形成。

锡柴第三次创业期的第二阶段，即验证追赶阶段，可以说是从 2003 年 3 月策划 6DN 柴油机开发开始的。开发这一产品是为了满足国内整车市场对于重型柴油机的需求，对该企业的意义更在于验证企业新形成的创新流程，锻炼核心创新群体的技术创新能力，并带出一支能创新的人才梯队，验证包含企业装备、资源、质量的企业综合创新能力。

6DN 发动机采用国际上先进的设计手段和自顶向下设计理念，实现零部件与总布置、产品与模具平行设计，有效降低设计工作量，保证平台化设计顺利实施,缩短了设计开发周期,降低了生产准备时间。独立完成的试制和试验流程,以及一代开发、二代开发、三代开发,使得发动机的动力性、经济性、可靠性、耐久性达到国际同类型机的水平。经过生产一致性认证、批产认证和投产安全性认证,产品投放市场获得成功。这表明,无锡柴油机厂在开发模式、开发流程、开发手段、开发组织等方面,已具备企业技术创新模式与创新战略转变的条件与基础。

锡柴面对的挑战

2006年,锡柴吸收6DL、6DN柴油机的开发经验,开始研制新一代柴油发动机。该机型作为公司重点发展的战略产品,既着眼于满足日益严格的排放法规,又确保动力性、经济性、可靠性和耐久性各类指标达到国际同类型机的先进水平,并在某些核心技术上领先。

创新团队按照初步建立并经过验证的创新流程,以整机自主开发、部分关键零部件由国内外知名零部件供应商同步二次开发的思路,经过了严格的三代开发,实现了产品寿命更长、适应性更强、排放更好(满足国Ⅳ、国Ⅴ排放标准)、噪声更低和安全性更高的目标。这次成功的技术创新取得了气门间隙自动补偿装置等五项专利,在四气门顶置凸轮技术、两级增压技术、台架标定测试技术和发动机制动技术等方面达到了领先国际的目标。在这一过程中,企业在战略导向、文化驱动、管理支撑、组织模式、创新流程、人才培养、激励政策、资源保障等方面采取的一系列措施,意味着企业开始了创新战略的转变,即从跟随者战略转向引领者战略,这也意味着锡柴开始了第四次创业期。

从跟随者到引领者,企业会面临怎样的挑战?钱厂长认可我在《企业创新空间与技术管理》一书中提出的技术知识积累曲线问题是一个基本的也是首要的挑战性问题的观点。所谓技术知识积累曲线,实际上建立在一个简单的具有自明性的假设基础上,即要吸收消化一定水平的技术,知识的积累需要达到一定的阈值,达不到这种阈值水平的企业将没有能力吸收、消化、掌握这一技术。这就好像理解、掌握某一科学技术需要了解中学阶段的物理化学知识,而要理解与掌握更高水平的技术需要大学的知识水平等。但企业产品与工艺技术具有很强的专业性,所需要的知识不能简单地按照大学、中学笼统地划分。专业技术除了科学知识,还需要专业技能积累,而这些专业技能的学习与积累只能靠实践,靠师傅带徒弟,靠边干边学。有理由认为,引领者技术水平的不断提升与知识积累阈值之间存在着一条知识积累曲线,这条曲线把引领者的技术发展描述为知识积累阈值提升与技术水平提升的关系。技术跟随者的知识积累曲线处于引领者的上方,表明跟随者要实现引领者当初的技术水平,仅需要较低的知识积累阈值;或者跟随者以同样的知识积累阈值水平,可实现高于引领者当初的技术水平的效果。可以这样解释引领者和跟随者知识积累曲线的差异:跟随者对所引进技术的吸收消化是一个学习过程,其知识积累的目的性和针对性很强;引领者发明技术则是一个探索过程,需要广泛的知识积累。跟随者通过引进达到相同的技术水平,只需要较低知识积累,即那些相关的知识。这也可以解释为一种后起者优势。

实际上,跟随者与引领者的差别在于,跟随者的技术改进与提高是一个学习过程,为了学习与掌握引领者的技术,预先就从引领者那里知道了必须学习哪些知识,不必去学习一些不必要的知识。引领者当初创造这一技术,并没有人告诉他们哪些知识是必要的、哪些是不必要的,必须不断地探索,不断地学习新的知识。因此,研发一项新的技术,需要远高于单纯学习这一技术所必需的知识积累。

我提出知识积累曲线概念,重点要说明的是,对于同一技术水平的技术,跟随者与引领者的知识积累阈值要求不同,跟随者要转变为引领者,需要达到引领者的阈值水平。就是说,跟随者要对所引进的技术再加以提升,仅有的知识积累是不够的,需要达到新的阈值水平。企业提高自己的知识积累水平可能并不能体现为企业技术水平的提升,却是企业经过自己努力提高技术的必要准备。也就是说,只有经过这个准备,企业才能完成角色的转变,从单纯的学习到有所创新,像引领者那样进行研究与开发。

从跟随者转变为引领者,企业需要在战略管理、企业文化、流程管理与内部组织等许多方面作出重要调整。最重要的变化是,过去企业主要关注产品生产,日常管理围绕产品生产的流程与价值链,而创新意味着创造新的企业知识,创新的成果是知识产权,形成企业的知识产权资产,企业应该学会知识管理、围绕着创新过程与创新价值链的创新管理,以及知识产权资产的管理。这部分组织与管理问题,是企业第四次创业期面临的主要挑战。

第四次创业的主要问题

我对企业创新的一个理念,是企业创新的关键在于调动每个员工的积极性与智慧,建立企业创新与内部创业的机制,鼓励员工通过企业鼓励的创新与创业实现自己的价值观。锡柴属于一汽解放汽车集团总公司,总公司并不鼓励脱离公司核心业务的创业活动。所以,锡柴部分有创业梦想的员工选择了离开,去外面创业,而留下的是认可并有志于柴油机技术创新的员工。给我印象特别深刻的是在与企业技术骨干座谈时,一位技术人员声称他一直潜心研究技术,对外部的机会不屑一顾,钱厂长就第四次创业在厂里召开过一次会议,他曾为钱厂长的那次讲话激动不已,甚至用"热血沸腾"来形容。钱厂长是专业技术人员出身,并不会煽情。看来企业里的技术骨干与钱厂长一样,都具有为我国柴油机技术献身的精神,面对企业发展的机遇与前景,他们心心相印。

柴油机技术创新需要一支专业化的团队。柴油机自1892年诞生以来,经过一百多年的发展,其工作原理没有发生根本性改变,行业中的领先企业基本采用渐进性创新与融合创新手段,不断巩固和拓展自己的市场地位。以电控喷射为核心的现代柴油机技术已经历了三次变革,即位置式燃油喷射系统、时间式燃油喷射系统和时间压力式燃油喷射系统(高压共轨系统)。我国的高压共轨技术大部分是引进的,小部分是自主研发的。随着环境保护越来越受到重视,柴油机的减排技术越来越成为创新的重点和未来竞争的关键。

对于锡柴来说,创新的关键就是加强这支专业技术队伍的建设,提升他们的技术创新能力,激发他们的积极性与智慧,并从组织、制度、政策等各方面给予保障。这意味着企业应建立柔性化的内部组织。有利于创新的组织应是高度柔性化的,同时具有动态适应性,需要与产品的生产管理实行不同的管理办法,并采用不同的考核与激励措施。

此外,现代企业的创新早已过了单打独斗的阶段。企业应从自身的知识资源与技术能力出发,重新评估与合作伙伴的互动关系,使创新向业务伙伴、客户甚至整个产业生态链延伸。除常规的合作关系,还可以超越传统的合作伙伴和传统的创新观念,探索非常规的合作关系,设立专门的岗位来管理和维护与外部网络的关系,整合本企业不擅长的能力。企业的创新必须是开放式的,企业必须建立广泛的合作创新网络,除接受总公司的技术指导与密切合作之外,还应建立产学研合作关系,与供应商、配套企业甚至竞争对手建立合作。现代企业的创新成效越来越依赖企业利用外部资源的能力。

实施创新战略的转换,意味着锡柴需要建立战略性的技术创新框架与流程。我所理解的战略性的技术创新框架与流程,主要由知识管理、技术创新管理及知识产权资产管理三部分组成。知识管理主要通过知识仓库、监测、规划等手段帮助企业寻找它必须拥有的关键技术以及评估现在与未来市场需求的技术;技术创新管理主要是通过内部研发、产学研合作等方式帮助企业开发与创新,获取所需的关键技术与市场需求技术;知识产权管理则体现创新的归宿,即建立企业的知识产权,并加以保护、发展与应用。

对于一个从以产品生产为主转向依靠创新发展的企业来说,创新网络建设上的不足以及战略性技术创新管理关键环节的缺陷都是难以避免的,需要通过持续的努力不断改进。对于企业将要发生的变化,钱厂长与锡柴的主要领导人实际上有高度的共识,深切地意识到企业需要作出重要的改变,并且早已开始布局。

但是他们也希望对企业创新战略转换(特别是引领型技术创新的内涵)能有更深入的理解,希望得到在这方面做得成功的样板企业的资料,以供他们学习参考,同时也希望对本企业的现状与创新能力能有一个客观的评价,并与主要竞争对手作一个比较分析。为此,梁云志博士从锡柴可借鉴的角度,搜集整理了国内外多家企业在知识管理、技术创新管理与知识产权管理方面的案例资料。此外,她还利用自己建立的创新能力评估模型,从创新资源与配置、创新网络、技术环境、企业组织与文化、战略管理能力五个方面,分别设置指标体系,利用在企业范围内收集的数据资料,给出了定性与定量相结合的评估结论,并通过与主要竞争对手的比较分析,指出了锡柴的某些优势与短板,以及现状中有待改进与提高的一些方面。

我在复旦大学管理学院三十年

一

2010年1月28日一早,我应邀去同济大学参加博士论文评阅时,接到复旦大学管理学院党委副书记叶耀华的通知,关照我下午四时左右务必赶回学院参加教职工大会,说是大会上将要给我颁发一个纪念奖。我下午四时来到李达三楼二楼的大会议室的时候,发现里面已坐满了人,济济一堂,看样子全院教职工都来了。大约五时我被叫到台上接受学院领导颁发的纪念品。会议正式程序上似乎没有安排我讲话,但台下台上一片掌声与呼声,我临时决定还是讲几句给大家一个回应。

现在通过百度搜索还能看到那次活动的信息:

> 2010年1月28日下午,我院2009年度教职工大会暨第四届工会委员会第一次会员大会在李达三楼二楼报告厅召开……黄丽华书记宣布了2009年度学院5年、10年、15年、20年、25年、30年的教职工服务纪念奖名单。设立服务纪念奖是为了鼓励教职工忠诚服务于学院事业,表彰教职工长期为学院发展所作的贡献。今年司春林教授获得了首个30周年服务纪念奖,他上台发表了真挚的获奖感言,表达了一位长年献身于管理教育事业的老教师的心声。

我手持纪念品的即兴讲话照片竟也赫然留存着(见图1)。

根据那次会后我夫人督促我回忆整理出的书面记录,我讲话的大概内容如下。

我在复旦大学管理学院三十年

图1 司春林教授获得首个30周年服务纪念奖

各位同事：

简单说几句吧。我很感谢学院领导与所有同事对我在管理学院工作30年的承认。

人的一生很短暂，斩头去尾，能做事的不过30～40年。我的这三四十年都是在复旦度过的，前14年在数学系学习与工作，后30年在管理学院。我是1979年管理科学系成立时到了管理科学系的，一直到现在。大家给我这个纪念品，我很看重。

我在管理学院工作30年，一直是一个普通教师，没有做过轰动的事，也没有担任过任何领导职务。这事有关领导从来没有考虑过，我自己也从来没有考虑过。在管理学院所有教授中，我是唯一没有学位的人，因为在我读书时还没有这一制度，1979年一到管理科学系，领导就不断地指派我开新课。之后有研究生项目了，领导又要我参加研究生入学命题、改考卷以及确定录取名单，然后又开始为研究生上课，自然又是新课。所以我自己反而没有机会继续深造。学院也派了一些教师出国进修,指望他们回来上课,可是他们都没有回来。上海交通大学的张钟俊(1915—1995)院士希望我去他那里读个博士,可是学院领导不同意,不同意就不能去,所以我只能走自学成才之路。

我曾经有过两次打算离开管理学院,这是否对管理学院有些不忠诚?当我向学院领导告别的时候,郑绍濂(1931—2009)院长说:你怎么好离开?你是来管理学院最早的,你要走了,影响多不好啊!再说你上的课都是学生的必修课,没人上这些课,学生拿不到学分就毕不了业。当时上课的教师确实没有现在这么多。他的一番话使我原来的打算发生了改变。

我一生没有唱过高调,这里算是唱一次高调吧:我对管理学院的忠诚使我留了下来。

人们把教师比作蜡烛或油灯,发热发光,燃烧自己照亮别人。我发的热与光也许不够强烈与明亮。明年我就要退休了,现在我这个油灯里的油也已经不多了,但有光与热还是要发出来的。

我谢谢大家!

我所讲的实际上是与同事们分享长期在管理学院工作的心路历程,大家似乎都很愿意听,如此短的发言竟多次响起掌声。我走下主席台时,坐在前排的几位副院长及多位老同事都争相来与我握手,认为我讲得好。一位 MBA 办公室负责人说起我曾给他们上过课,听我的讲话时他很激动,掉眼泪了。我所在系的办公室工作人员小特说我讲话煽情,她听了也想哭,之后她告诉我直到第二天的行政人员开会,大家还在回忆我说过的话,而且不少人又动情地哭了。

我平时在学院悄无声息,一直专心教学研究,没有想到上台讲那么几句话会在学院上下有这么大的反响。开始我想部分原因可能是我从管理学院的前身管理科学系成立开始就一直给学生上课,管理学院毕业留校的数十名教师、工作人员及学院领导大多听过我的课,广义上都算是我的学生,他们熟悉我在教室讲台上的形象,但听我平静地讲我自己,也许还是第一次吧。

之后我听到了更多的反馈,包括一些交集较少,甚至入职管理学院只有几年的同事。他们发自内心的话语使我想到,我的讲话可能引起了大家的共鸣。一位同事说,她感同身受,我所讲的是一个教师所想的和想做的;还有不少同事认为我讲得"很到位",甚至使用了"最高级"的语汇加以赞赏。现在再回味一下,我觉得我只不过作了个非常简短的回忆,但对往事的述说中透露了自己的奋斗与奉献,也包含着些许苦衷与无奈。可能大家内心深处多少都有类似的情感与情愫,它们因我的讲话而被唤起,并使听众产生了自我认同,由此也产生了对我本人的深切同情。

二

我是1979年暑假后离开数学系来到创办中的管理科学系的。除了可以讲授"高等数学",新的专业知识都需要学习。我来到管理科学系不到半年,也就是1980年的上半年,有一个中国社会科学院出面组织的数量经济学习班的机会,邀请诺贝尔经济学奖获得者劳伦斯·克莱因(Lawrence Robert Klein,1920—2013),以及华裔经济学家刘遵义、邹至庄、萧政等著名学者来华讲授数量经济学。数量经济学是乌家培等老一辈经济学家面对我国经济学缺少数量分析方法应用的现状,而提倡在我国建立与发展的新学科。我本人也觉得机会难得,所以立即报名参加。

但对我的家庭来说,离家远行其实不是时候,因为我女儿出生不久,我为照顾老婆孩子,每天都有不少事要做。我妻子知道我实在不愿意失去这一机会,不顾一切地支持我。我可以说是挥泪告别妻儿去了北京。

学习班在风景秀丽的颐和园昆明湖中的龙王庙举办,全国各地几十名来自高校、中国社会科学院的教师及研究人员全住在里面。克莱因等教授轮流授课,上午、下午都有课,课程排得非常紧凑。我深感争取这次学习机会不易,应该倍加珍惜,所以就充分利用这次机会,白天用心听讲，晚上认真整理笔记。我还承担了为所有学员整理讲师们讲义的工作，在由我主导整理的部分中，我几乎不放过讲师们上课时讲过的每一句话。

在紧张的学习以及对家的牵挂中度过三个多月后回到上海，已是盛夏，发现妻子瘦了不少，女儿全身都是痱子。妻子告诉我，因为她要上班，女儿只好每天寄托在一户人家，早晨送去，晚上下班后再接回。有一次被寄托的那家女主人趁我女儿睡觉外出，把我女儿一人关在屋里，女儿醒了之后哭喊了一两个小时，还扑通一声从床上摔下来。其邻居不忍，告诉了我妻子，但妻子也只能再换一家寄托人家。所以，妻子那段时间心力交瘁，她自己几乎每天都不吃饭，饿了就方便面充饥。因为我家住在楼房顶层，晚上特别热，家里又没有电风扇，夜间在房间里根本无法入睡，所以每晚她只能抱着女儿在阳台上打盹。一番话说得让我掉泪。

这三个多月学习的东西，以后就成为我在管理科学系教学与研究的根底。当时我国还是计划经济体制，数量经济学被普遍视为管理科学系的主要课程与方向。管理科学系 1980 年算是正式招生了，此前试招了一个班，还有一个班算是工业经济专业，从经济系转过来的。我在系里被鼓励利用所学开设新课，这些新课包括"投入产出分析""国民经济综合平衡""经济控制论"等多门课程。其中，"国民经济综合平衡"作为管理科学系的核心专业课，合作者有王善造，他毕业于经济系，当初曾与郑绍濂以及哲学系研究生毕业的黄为民一起筹办管理科学系。王善造（1949—2001）为开设"国民经济综合平衡"课程作出了很多贡献，他专门去厦门大学进修半年，为的是修改、补充我们的教材。此外，我们还共同参与了上海市及广西柳州市的投入产出表编制与投入产出分析。可惜他英年早逝，使我过早地失去了一个最亲密的同事和好友。

应该说我当时承担的开设新课及随之而来的教学任务是繁重的，体现了当时的口号：对年轻教师"压担子"，让他们"挑大梁"。开设的新课中还涉及许多要研究的问题，这些问题常使我彻夜难眠，也开始了研究与思考。

为了支持我的工作,我妻子揽下了照顾孩子的主要责任,我作配合。她每天尽量早点哄孩子睡觉,让我有更多的时间读、写与备课。我经常到凌晨两三点钟才睡觉,因为夜里这段时间没人打扰,可以精力集中。但是,有时思考问题遇到困难,或者豁然开朗,躺到床上也无法入睡,经常失眠,有时可能连续失眠一个礼拜。

我进入管理科学系的最初几年,每年都要开设新课。算起来,我在管理科学系及后来成立的管理学院先后教授的课程,包括向不同层次的学生讲授的课程,应该有十门之多。

除了教学工作,当时学校还要求让年轻教师"双肩挑",即除了教学研究,还要承担学生的管理工作,就是要担任学生的政治指导员和班主任。我教学的准备工作可以在家里做,利用每天孩子睡后到凌晨两三点这段时间,但学生工作需要在学校里完成,甚至要求住在学校里。这对我是个难题。因为我孩子小,虽然主要是我妻子承担照顾的责任,但仍需要我帮忙。因此我上完课,常常要心急火燎地往家赶。我家离学校远,每天来学校要穿越大半个市区,不像许多教师都住学校宿舍。其实我也想住学校附近,但学校每次分房,都说我不符合条件。结婚住房最后是依靠岳父母帮助解决的。

承担学生工作需要经常开会,需要与学生混在一起,所以我觉得自己的情况实在不适合做这项工作,有几次我自己无法参加这些会议与活动,只能请假。请假次数一多,就给有关领导留下不愿意做社会工作的印象。这终于成为被人揪的"小辫子",使我在晋升职称时多次受阻。有一次我忍不住去问一位领导,凭什么说我不愿意做社会工作。这位领导说,我们有几次开会讨论希望你能承担系里某些管理工作,但每次都觉得你可能不愿意做。我告诉他,没有人给我说过或问过我,完全是莫须有。他承认,认为还是我做学生工作时给人留下的印象造成的。

这件事使我感到冤枉、苦闷。正在这时,上海交通大学向我抛来了橄榄枝。张钟俊院士通过他的学生问我愿不愿意去工作,他愿意招收我去他那里读博士。作为资深教授,他还关心上海交通大学负责的国家计委干部的培训,认为我适合去那里担任讲课的教师。

张院士对我可以说有知遇之恩。我们初次相识于中国第一届数量经济学会年会,当时张院士提出要在中国建立经济控制论学科。与张院士的交往还由于几件事而不断加深。一是他的一个博士生周斯富选择了经济控制论的研究方向,在写作学位论文期间经常与我交流,我们还曾共同发表论文和参加国际学术会议。我与周博士的交往进一步拉近了我与张院士的距离。那些年,国内申请经济控制论博士学位的论文大都请张院士评阅,他曾经通过周斯富博士送来国内高校的博士学位论文,要我写出尽可能详尽的评述意见。经济控制论对他来说也是新的领域,他非常乐于倾听年轻人的想法与看法。

张院士希望我能去上海交通大学工作,也许他把自己的设想先在人事部门内部试探过,结果在我还没有与有关组织与领导接触之前,他们就派人来复旦大学对我作人事方面的调查。来人还不清楚我在管理学院,先去了数学系,结果在数学系弄得"满城风雨",消息后来才传到我所在的管理学院。

从我个人来说,我当时确实心动了,因为我可以摆脱领导对我"不愿承担社会工作"的印象,而要去的新单位,人家根本不会在意我有这个"小辫子"。重要的还有,我的家庭也非常同意,因为我家就在上海交通大学附近,上班来回路上可节省好多时间。

我觉得从我本人来说时间与条件都已成熟,去意已决。在寒假的某一天,我专门买了点水果到郑绍濂院长家中与他告别。我这个人从来没带什么礼物到任何一个领导家里去过,这是唯一的一次。

如果在那次告别中郑老师仅表示惋惜,没有挽留之意,或者干脆说点硬气话,如说些"走了张屠夫,不吃混毛猪"之类,那么我的人生经历就会与现在迥然不同。但郑老师抓住了我性格上的弱点,对我大打苦情牌、悲情牌,甚至说我若离开,有些课程就没人可上,缺了课学生就毕不了业之类,使我一时无言以对。当时的感觉颇为复杂,原本觉得这是一场日后可保持朋友关系的"和平分手",忽然发现对方说不能离开你,如执意离去就要背负道义上的压力。还有一种感觉是,自己好比一匹马,已被套在复旦大学管理学院的马车上,如果决意撂挑子,那车上的坛坛罐罐都会受到影响,而这些东西本来也包括我的奋斗与努力,使人于心不忍。

我本来的心态是"去意已决",甚至对未来已有所憧憬,但郑老师的一番话使我回到现实。因为我被"套"在复旦管理学院是既成事实,非常决绝的事我也是做不来的,被"套牢"只能认了。

客观上说,我当时没有决断还有一个因素,就是管理学院一位我认识的教授离开复旦大学去了另一大学,但学校不肯放人,所以那位教授虽然离开了复旦大学,但组织关系却迟迟不能随人而去。我虽然没有这么举足轻重的地位,但如果遇到这种情况,不是也有很多后续的麻烦吗?

所以,我只能认"套"了。

唉,这一"套"就是 30 年。

对所谓社会工作,其实我也不想留下"不愿意承担"的小辫子。当初不是一种无奈吗?事实上,之后我承担的社会工作也不算少:数量经济学专业的硕士研究生培养项目是我负责的;管理科学博士后流动站建立,我作为秘书每周都组织博士后们的学术讨论班;复旦大学创业与创业投资研究中心成立,我奉命担任主任;我还担任了《研究与发展管理》杂志主编;等等。

三

管理学院是从管理科学系发展而来的。管理科学系初期的专业方向主要有数量经济、科技管理与经济管理。管理科学系的教师早期主要由两部分组成:一部分来自数学系;另一部分来自经济系,而来自经济系的这部分教师原来是由上海财经大学"分配"而来,因为"文化大革命"期间上海财经大学曾处于"被解散"状态,教师们被划归到其他各高校。

由于当初国家的经济体制还是计划经济体制,所以经济管理的核心是宏观上的国民经济计划管理,以及微观上的生产与库存管理。科技管理主要涉及科技活动与项目管理，我们曾为各省区市科委领导干部举办多期培训班，当时传说各省区市科委领导干部中都有我们的学生。科技管理方向的教师还研究科技进步对经济发展与增长的贡献。我的专业方向是数量经济，最初的学术根底来自三个多月在颐和园学习班学到的东西，但要上课与研究，需要自学的东西很多。从管理科学系到管理学院成立后的最初几年，数量经济学一直是一个很受重视的方向，在课程体系中具有核心地位。我们开设的课程体系，也引来一些经济系的研究生旁听。

管理学院的教学体系与发展方向、系科设置、教师个人的教学与研究方向，都随着国家改革开放的发展形势而发生调整。改革开放之初，主流媒体认为中国改革的体制仍应以"计划经济为主，市场经济为辅"，之后又有"国家与政府控制下的市场经济"等。1900—1995年，我国改革已明确为市场经济取向，上海浦东成为改革特区。管理学院数量经济、科技管理、经济管理的教学与研究体系也发生了重要的变化。具有标志性的变化是，"经济管理"明确改为"企业管理"，并且财务管理、会计学、市场营销等成为独立的系科。

我个人的教学与研究可以划分为三个阶段。第一阶段的教学与研究领域是数量经济学，在下文中称其为我的"经济学阶段"。在学院的方向有明确的变化之后，我转向技术管理与创新创业管理，这是第三阶段，称为我的"管理学阶段"。在这两个阶段之间，是我的"过渡阶段"。

1. 经济学阶段

从进入管理科学系到1990年前后，我基本处在这一阶段，我的教学与研究方向都围绕着数量经济学。我先介入的是投入产出分析，因为这是我与王善造开设的"国民经济综合平衡"课程的核心内容。还有一个原因是，在20世纪80年代，投入产出经济学被国内经济学界认为是"西方经济学"中应该首先移植过来的理论与方法，其原因可能是投入产出经济学的创始人里昂惕夫（Wassily Leontief，1906—1999）获得诺贝尔经济学奖，而且他本人具有在苏联计划管理部门工作的经历与背景。为了开展这一领域的教学与研究,我曾经去上海科技图书馆查阅历届投入产出国际学术大会的会议记录资料,每天在开门时进入,关门时离开,中午在图书资料库里吃带去的面包。连续近20天,我整理了数十页的投入产出模型资料,被郑绍濂院长拿去交由图书馆打印成学术交流资料,分发到全国各高校。多年之后国内同行在学术会议上见面,他们还记得这份资料。

参考世界各国投入产出实际应用的模型资料,我针对中国企业的管理体制与国家统计系统的特点,提出了实物-价值型投入产出模型,这一模型首先被中国社会科学院数量经济与技术经济研究所的研究人员用于广东省与德国合作的能源建设项目的论证。此外,我本人与同事王善造一起参与了1984年上海市投入产出表的设计与编制,与王善造、顾国章完成了广西柳州市某一年的投入产出分析。这些研究与实践使我上课时能说出中国经济统计的现状与数量分析中的真实感受,而不仅仅单纯地介绍西方经济学理论。

当时学院鼓励开设新的课程,我感兴趣的经济控制论研究得到支持。我的兴趣首先来自我的阅读与思考,而决心投入这一领域与在贵阳召开的一次全国经济控制论研讨会有关。在那次会议上,与会者普遍认为中国处于变革过程中,许多经济参数缺乏稳定性,控制论的模型与方法难以应用。但我对经济控制论一开始就将其理解为经济体制改革与经济政策设计的方法论,而提出改革意味着经济调控系统的再设计,所以改革正是为经济控制论提供了用武之地。这是我研究经济控制论的初衷。

对经济控制论的研究与对任何理论的研究都一样,可以区分两种不同的方向。一种方向是利用充分发展的既有"工具箱"或"武器库",为它们寻找可能的应用,这种研究可以说是方法论导向的。另一种方向是对象导向,即根据研究对象的特征与需要,寻找合适的方法论,甚至发展新的方法论(如果有必要的话)。在当时,坚持方法论导向的是主流派,但我主张应根据研究对象的性质选择合适的方法。由于人微言轻,我是少数派,甚至少数派也算不上,因为人们还很少知道我。

但后来在郑州召开的经济控制论研讨会上,我发现已有人同意我的主张,当然仍属于少数派。这次会议规模较大,连大名鼎鼎的张钟俊院士也来参会。张院士是控制论权威,他自然属于主流派,而且是主流派的首领。

那次会议的组织者注意并尊重了我们少数派,分组活动中允许我们另组成一个小组开展讨论。但会议中间,中国数量经济学会负责人乌家培教授来了,使会议发生了逆转。乌教授与我相熟,对我带去的经济控制论讲义很有兴趣,他翻看后肯定我对经济控制论的探索,并宣布参加我们少数派的讨论会,结果我们的讨论异常热烈,吸引了越来越多的人参加,少数派反转成为多数派。不过许多意见并不能形成共识,大家仍期待张院士作为权威能领衔写一本经济控制论教科书。张院士答应回到上海后就着手与筹划,并宣布邀请我也参加。数月后张院士领衔编著的经济控制论教材出版,我是合作者之一。

我自己的讲义在复旦大学管理学院作为研究生教材经多次讲授和修改,形成书稿,但遇到了出书难问题。我当时只是一个讲师,一没有学术地位,二没有经费,三不知通过什么门路才能联系出版。所幸我的家人及亲戚朋友们对我鼎力相助,动用多方资源找到资助,并联系到当时的中国展望出版社出版。

《经济控制论》的出版使我上课时有了正式出版的教材,也为我继续深入思考经济控制的问题奠定了基础。我认为经济控制的基本问题一是经济信息问题,二是经济利益协调与平衡问题。延续这一思路,我申请到国家自然科学基金的支持。郑绍濂教授对我这本书写了较详尽的评述文章,发表在《数量经济技术经济研究》杂志。再之后,国家教委(教育部)发布了高校人文社科优秀著作奖励计划,这本书被评为首届中国高校人文社会科学研究优秀成果奖二等奖。

除了进行投入产出分析、经济控制论的教学与研究,我还与我的学生王安宇合作完成《宏观经济学——中国经济分析》,与顾国章、郁义鸿合作编写了《现代微观经济学》。这两本书不仅我们自己用作教材,还被多个兄弟学校采用。其中,《宏观经济学——中国经济分析》还被中国社会科学院用作国民经济专业博士生入学考试用书。在这本书中,关于宏观经济学中经典的曲线,我与王安宇利用中国统计资料给出了经济计量模型,所以这本书也被认为是一本学术专著,获得上海市社会科学优秀成果奖。《现代微观经济学》也被评为上海市优秀教材。

我在经济学的研究中还思考技术经济联系与经济利益关系的关联、技术转移与区域合作发展的关系,这些方面具有我个人特点的论文包含在本书的"经济学篇"里。

1990年,作为颐和园数量经济学习班举办十周年的纪念,中国数量经济学会举办了隆重的纪念活动,克莱因教授率当年的讲师团来华参加庆祝活动,大会评选出了"中国十大优秀数量经济学者",我是其中之一。我觉得这是国内学术界对我"经济学阶段"的认可。

2. 过渡阶段

过渡阶段,我从经济学的教学与研究逐渐转向了管理学。我是通过访问研究开始并完成这一转变的。作为访问学者或客座研究员,1991—1994年,我先后在我国香港中文大学、美国南加利福尼亚大学、日本亚洲经济研究所等高校与研究机构学习与工作,研究的主要问题是技术转移与产业结构升级。选择研究这一方向,是由于获得了这些机构的支持;从我个人来说,也觉得这一方向的研究符合我国对外开放的大势,特别是引进与学习国外技术对迅速改变我国产业技术落后的面貌具有重要意义。这一研究方向既属于经济学研究,体现我研究方向的继续,又与技术转移、技术创新等密切相关,体现了新的拓展。在南加利福尼亚大学经济系学习与访问时,我已注意到经济系的课程与管理学院有很大差别。例如,在经济系,涉及科技的问题是讨论科技进步对经济增长的作用,而在管理学院,讨论的是企业间的技术转移问题。当时的复旦大学管理学院也在适应改革开放的需要,开展全学院的课程设置与专业方向的调整。我身处国外,可亲身看到与体验到经济系与管理学院专业方向上的差别。我曾向南加利福尼亚大学主讲"技术转移"的一位教授发过一封邮件,提出:我是中国一个大学管理学院的教师,目前在你们学校的经济学系访问,是否可以去听你的课程?邮件发出后未能得到这位教授肯定的答复。之后我去了日本亚洲经济研究所,虽然名为经济学研究,但日本学者关于日本企业如何学习与引进欧美技术,实现技术立国,最终在许多产业技术领域实现世界领先的案例对我启发很大,我本人的研究兴趣不自觉地发生了改变。

我个人的变化其实是复旦大学管理学院变化的反映与结果。管理学院的变化集中地表现在"经济管理"这一概念的内涵与外延的变化。之前已经说过,人们对"经济管理"最初的理解是宏观的国民经济计划管理与微观的生产库存管理。后来"企业管理"成为人们耳熟能详的概念,并成为"经济管理"的核心内容。围绕这一核心,出现了以企业为对象的财务、营销、物流等学科。我所在的是管理科学系,管理科学系的教师大部分研究的是管理学的方法论问题,但应用对象与实际背景主要还是经济管理,特别是企业管理。

我所负责的数量经济学专业方向逐渐停止招生,我本人及有关教师的专业方向也相继有了新的变化。

除了数量经济学专业方向被取消,科技管理方向也逐渐式微。在管理学院成立之初,国内设有创新管理教学与研究方向的高校主要有三所,即清华大学、浙江大学与复旦大学,学界的领袖人物分别是清华大学的傅家骥(1931—2016)教授、浙江大学的许庆瑞教授、复旦大学的郑绍濂教授。三个学校原本各有自己的特色。傅家骥的《技术创新学》具有重要地位,内容广泛全面。许庆瑞教授所处的浙江是中国民营企业最发达的地区,他研究的主要是企业的创新管理问题。郑绍濂教授的研究偏重科技管理,所主办的杂志是《研究与发展管理》,教学以科委干部管理培训为重要方面,适应科委等政府机构对科技活动管理的需要。

在逐渐明确管理学院以企业管理为主要方向之后,复旦大学管理学院的科技管理方向也发生变化,这一领域的教学与管理人员先后被分派到市场营销系、产业经济系等,这方面的研究与教学活动逐渐减少,郑教授面临退休,声言自己不再作研究。复旦大学在这方面的影响与声誉逐渐减弱,而清华大学与浙江大学虽然有人事与专业方向的调整,但仍各有特点。

其实我自己本来并不属于这一方向。但经过过渡阶段,我在企业创新管理这一方向找到与产业结构研究的衔接。

大约在 1995 年,新加坡南洋理工大学管理学院与复旦大学管理学院联合主办过一次创新创业国际学术大会,我在这次大会上提交了《论企业技术发展的"跟随者"策略》一文,这实际上是我的第一篇管理学论文。我在论文中提出的技术学习曲线、技术跟随者与技术领先者不同的知识积累曲线,以及技术跟随者的技术选择框架与技术追求曲线,都不是经济学概念,而是管理学概念。论文中引述的四个案例是对国外的管理学论文中案例分析方法的初步学习。未曾想到,这篇论文被大会评为优秀论文(Outstanding Paper)。这篇论文标志着我的研究方向已转向管理学。

3. 管理学阶段

管理学院与麻省理工学院斯隆管理学院有 MBA 合作项目,许多参与合作项目的教师都有机会去斯隆管理学院学习与交流。我因承担这个 MBA 项目的管理经济学教学,也获得过这样的机会。

1995 年后,我的管理学研究的主要方向是技术创新管理。管理学院委派我与同事去麻省理工学院斯隆管理学院访问交流,是对我的支持。所有从事创新管理研究与教学的教授们几乎都知道,斯隆管理学院最有特色的是技术管理(Management of Technology,MOT)项目。但斯隆管理学院的 MOT 项目没有与我国的合作。去访问斯隆管理学院,我特别提出让该院的 MOT 负责人罗伯茨(Edward B. Roberts,1935—2024)教授做我的联系人(host),还提出希望能去听 MOT 课程。罗伯茨教授答应做我的联系人,但未同意我去听他们的课。先期在那里访问的浙江大学、清华大学的访问学者也曾先后提出过这样的请求,同样未得到许可。罗伯茨没有答应我旁听的要求,但也没有怠慢我,他两次接待过我,每次都有较长时间的交谈。他还特别推荐了一些重要的著作与读物,对于我这个进入这一领域不久的"新兵"来说具有重要的引导作用。

20世纪90年代后期,MBA学员成为管理学院学生的主体,我主要的教学任务就是给MBA学生上课。除一直延续的宏观经济学、管理经济学外,我开始讲授的主要课程就是"企业创新管理""商业模式创新"等。

大约在1999年,哈佛大学商学院有一个代表团来复旦大学访问,提到面对新世纪,哈佛商学院最大的变化是对创业学的重视,已有20余位教授投入这一领域的研究与教学。不久,与复旦大学管理学院保持密切联系的麻省理工学院斯隆学院也向我们证实了这一变化。当时,即将退休的郑绍濂院长找到我,提出要我组建复旦大学创业与创业投资研究中心。他认为考虑到我创新管理的研究方向以及所讲授的课程,我适合扛起这面旗帜。我们就集合了已分派到各系的原来科技管理方向的教师,加上接近或适合这一方向的几位教授,共有十人,宣布成立这个中心,作为虚拟组织,即每个教师都属于原来的系,但可以集中开展有关创新与创业的活动。我们很快就开展了一系列活动,包括在MBA项目中开设创业与创业投资方向,设立"企业创新管理""创业学""创业投资""收购与兼并"四门专业课程,明确专门教授准备。同时,创业与创业投资研究中心还开展了一系列学术讲座,并筹办校园的大学生创业大赛等。我们举办的讲座很受欢迎,每次的讲座都坐满听众,有学生,也有年轻的教师,学校的一个副校长也几乎每次都来听讲。再之后,听讲座的还有杨浦区科委与虹口区科委的干部与工作人员。在市政府与复旦大学合作成立创新与创业基金之后,我们与学校产业化办公室一起从MBA毕业生中选拔管理团队,成立了两个风险投资管理公司,支持校园内外的创业活动。所举办的多次校园创业大赛也得到了地方政府及有关基金会的支持。教学、研究与实践的积累使研究中心的教授们成功申请了多项研究项目,编写了《创业学》《创业投资》等教材。

但我们这个中心从一开始就有个缺陷,就是人员属于各个系,我实际上只是个"光杆司令",虽然开展了不少活动,但常常受到"实体组织"的限制,让大家凑齐开个会都不容易。唯一可保证的是我本人从事的教学与研究。我先后申请创新管理领域的自然科学基金项目三项、国家社会科学重点项目一项,另外还有几项上海市政府与教育部项目。我先后培养的博士有15名,招收与培养的博士后近10名。他们是我的研究团队中最可靠的成员,在校期间,我教过他们,他们在我的教学与研究中也帮助了我。

我在管理学领域主要的研究成果之一是2005年完成的《企业创新空间与技术管理》一书。我在这本书中提出了"企业创新空间"概念,即企业的创新表现在技术、市场、组织(内部组织与外部组织)三个维度,利用这一概念对文献中出现的创新概念进行了分类,并指出不同的创新主要发生的维度,以及相应的管理策略。这本书是我发表的论文的总结,同时也有课程教学中的积累。这本书也被某些高校作为参考教材,有位教授还寄给我看他根据这本书准备的PPT。曾来复旦大学管理学院访问的英国埃塞克斯大学李俊教授也用这本书作为参考教材,在英国开设了企业创新管理课程。他把我这本书的主要内容都译成了英文,还曾考虑以《企业创新空间与技术管理》为基础,在技术空间概念框架下补充国际案例,加上他本人的研究成果,与我合作在英国出版。

除了将这本书作为MBA教材,我还将其用于中国工程物理研究院管理人员的培训。有部分管理干部在培训结束后继续深造,获得了复旦大学的硕士学位。

在这本书概念框架的基础上,我还开设了"商业模式创新"等课程;沿着创新空间与商业模式创新的概念框架与研究思路,我开展了关于创新型企业的研究。专著《创新型企业研究:网络化环境,商业模式与成长路径》是我在退休之后出版的。

作为复旦大学管理学院在创新管理方向"扛大旗"的人,我留下的深深的遗憾是最终没有使创业与创业投资研究中心成为一个"实体"。所有研究人员都分散在不同的系,隶属不同的行政单位,各自为政,研究中心的工作只能被置于从属地位,很难形成合力。与国内许多管理学院都纷纷成立创新创业管理系甚至学院相比,我感到我们在教学研究组织与师资配置方面缺乏有战略眼光的布局。但我也承认,其中一个重要原因是我自己在学院内外缺乏"呼风唤雨"的能量。

比较起来,浙江大学许庆瑞院士具有远见卓识,确立了浙江大学管理学院的教学与研究都以创新管理为核心,使之形成国内最有特色与影响的管理学院。我本人与许院士及其团队也曾"短兵相接",就是我两次申请国家社会科学基金重大项目,到最后的评选阶段二选一时,对手都是许院士及其团队。他们兵强马壮、研究力量雄厚,在国内高校被认为形成了一个学派,加上许教授新当选工程院院士的影响力,所以我两次进入"决赛",都败下阵来。当然,我还不能说是被"横扫"或"完败",因为在最后面对评审专家组的时候,我听到了专家对我的高度认可,这可能是"落败"之后我的申请仍被设立为重点课题的原因。这一重点课题的成果就是后来出版的《创新型企业研究:网络化环境,商业模式与成长路径》。

许院士了解我们的底细,知道我们的研究队伍松散,最后索性把我"收编"到他的麾下,成为他们外聘的研究员。有一次我被邀请到浙江大学,参与他们的国家级创新管理研究基地的建设规划。许院士还让人为我临时布置了一个办公室,让我坐在那里的"司春林教授办公室"里,迎候教育部派来的检查与评估专家团队。

我在职时留有遗憾,所幸我的学生们大都走进高校,他(她)们在创新与创业、风险投资的教学与研究领域已崭露头角,在各自的学校与学院都做得风生水起;还有些同学走向学校与地方政府的领导岗位,在创新工作实践中大放异彩。我为此感到欣慰,也为他们骄傲!

后　　记

这本书的大部分内容是根据我不同时期旧作整理而成的,代表着我从青年到现在一路走来所留下的足迹。涉猎不同领域是由于在不同时期的兴趣、专业转移与思想变化。读中学时少年轻狂,做过文学梦,但待到高考时却选择了复旦大学数学系,而学数学期间又对哲学产生了兴趣。毕业后留校,在管理科学系成立之初又离开数学系,成为管理科学系的一名教师,这也成为我自己最后的职业选择。随着这一选择,我逐渐培养与发展了这一职业所要求的业务方向与兴趣。我对经济学与管理学的学习、教学与研究,是随着管理科学系发展成管理学院而展开的。起初的教学与研究领域基本属于经济学,这源于管理学院成立之初中国还是计划经济体制,人们对管理学的理解主要还在经济学范畴。随着面向市场经济的改革的推进,人们逐渐纠正了对管理学的理解,管理学院也才有了明确的方向。作为管理学院的教师,我也随着管理学院的转型开始了管理学的教学与研究。

哲学篇中的《数的几个逻辑/哲学范畴》源于年轻时对数学哲学问题的兴趣。那时对数学与数学史稍有了解,同时又对黑格尔逻辑学感到好奇,受其影响与启发,想入非非,所产生的一些联想一直存在于记忆中,构成了该文的主要内容。另一篇《企业家精神哲学》,严格说是新作,不属于旧作。有关问题我曾长期思考过,总觉得似乎难以想清楚,除了一直没有机会深入思考,还有就是我发现自己的哲学基础知识还不足以使我看透这一问题。退休之后,不再有职业的要求与压力,基于过去保留下来的哲学兴趣,边学习边思考,文章的思路有过多次调整,初稿写出后多次易稿,加上退休后生活节奏慢,文章的准备与写作竟经历六年之久。

经济学篇与我早期在管理学院从事经济学教学、研究,特别是写过的论文与著作有关。从中选择的四篇涉及两个方面:一个方面是技术经济与产业经济学问题,另一个方面是经济控制论研究。这是我当年特别关注的两个方面。我对技术经济与产业经济学的学习与研究始于我参与上海市投入产出表编制的实践及对经济学的朴素理解,之后利用国外合作研究的机会形成了自己的观念。对经济控制论的研究则集中反映在我 20 世纪末出版的《经济控制论》一书中。我当时不揣浅陋完成这一著作,与那一时代人们对包括控制论在内的"三论"(控制论、信息论、系统论)的普遍兴趣有关,而我对控制论情有独钟。但学习应用控制论到经济学领域似乎始于一次国内学者的全国性经济学会议,在那次会议上人们普遍抱怨改革中的经济体制缺乏固定性因素,造成的参数不确定给经济控制论的研究与应用带来困难。我当时的想法与此不同,认为控制论的基本思想是给受控系统提供新的控制系统设计方案,因而可为体制改革提供方法论指导。经济体制改革其实是国民经济的管理体系的再设计,所以经济控制论能为经济体制改革提供新的思路。我的这一想法逐渐被国内大多数同行认可。随着书稿逐渐完善,学院在研究生课程中增设了由我主讲的选修课。

管理学篇的五篇文章主要摘选了我三本关于企业创新管理的书中的一些段落。其中,《企业技术发展的跟随者战略》可以说是我转到管理学领域后的第一篇论文,这篇论文首次发表于一个创新创业的国际性大会上,从此我就开始了企业创新空间与技术管理方面的研究与写作。《技术生命周期与突破性技术创新策略》与《企业创新空间》也都取自这本书。《商业模式创新的逻辑》可以说是我写的教科书《商业模式创新》的大纲。最后的《创新型企业》是我 2016 年一本学术著作《创新型企业研究:网络化环境,商业模式与成长路径》的缩写本,这本书是在一项国家社会科学基金支持下,由我和几位学生合作的成果。

实践篇总结了我为宝钢集团、上汽集团做过的咨询。说来也巧,我为上海两个最大的制造业集团都先后做过两次咨询。今天回想起来,如

后记 ※

果说我给他们提供了什么帮助的话,我认为主要的是利用我的知识与由我的学生组织的团队,对当初他们所提出的问题及提问题的角度与方式提出了部分的修正,并得到他们的理解与认可。对无锡柴油机厂的调研与咨询源于这个企业的负责人在管理学院读 EMBA 期间选择我作为他的论文导师,他原来并不认识我,选我作为导师的原因是发现《企业创新空间与技术管理》中关于技术跟随者策略的那一章契合他们厂的发展史,特别是改革开放以来的发展历程。到他写作学位论文时,企业已发展到了一个新的时期,需要调整自己的发展策略。这成为他论文的选题。在他写论文及完成论文以后,仍希望借助我及学生们的力量予以完善与论证。实践篇中的最后一文源于我在管理学院一次会议上的即席发言,那次会议包含纪念我在管理学院工作 30 年的内容。主持者让我说几句,盛情难却,就对入职管理科学系以来的工作作了简单的回忆与总结,以此为由头,就对在管理学院的经历作了一个系统的梳理。

最后解释一下,在经济学篇中选择的四篇论文代表着我学习与研究经济学时独立思考过的问题,它们基本上都是已发表的原文;管理学篇中则都是对旧作的重新整理。进行这样的整理是因为它们本来都分散在我所写的教科书中。教科书好比一片人造的森林,其中的多数树木也许都不是编著者自己"栽种"的,而是"移植"过来的,但也有自己"栽种"或参与"栽种"的,或为种植它们花费了不少心血。我所整理的正是这后一部分。

促使我整理出版这本《问思录》有如下三个因素。

第一个因素是家人的督促。我女儿提出不指望我能留下物质金钱财富,但最好能给她及她的女儿留下点来自家庭的精神财富。她给了一个标准,就是得有自己的思想,让她感到有价值。我想,要让她认为有价值,先要我自己感到有意思才行,这成为我选择这些文章的一个首要的条件。

第二个因素是一个我过去的一些学生希望我退休后把过去所写或者产生的新想法整理一下,能写些通俗化的文章。有的学生声称他们读过我所有的文章，包括超出他的专业范围的。

第三个因素是我自己的兴趣。人们常说年纪大的人应该有自己的兴趣，如有人喜欢绘画、摄影，有人喜欢唱歌、跳舞，有人喜欢打麻将，也有人喜欢钓鱼、养花种草，总之是使年老的人生活充实，保持健康心态，生活更有意义。我觉得整理一下旧作，继续思考当年自己曾经感兴趣的一些问题，也可以自得其乐，甚至是一种"自嗨"，犹如在自己构筑的精神家园里种草养花、施肥浇水。

对我来说，完成《问思录》是我生命中的一项重要使命，因为它总结了我在不同时期思考过的主要问题；而继续思考与回味书中的一些问题，仍是我余生的兴趣所在。

本书的书名取自复旦大学的校训"博学而笃志，切问而近思"的下半句，所以能在复旦大学出版社出版是我的心愿。我很高兴方毅超编辑读过我通过出版社对外公开渠道发来的寻求出版的"公开信"能主动与我联系。之后他又介绍李荃女士担任本书的责任编辑，方毅超与李荃两位编辑的专业分别是财经与哲学，完全覆盖了本书的专业领域。原书稿中哲学篇只含《数这个概念的几个逻辑/哲学范畴》和《企业家精神哲学》两文，而其余各篇则每篇都有四至五文。对此两位编辑都曾问起缘由，我当时的回答是经济学与管理学是我的专业，哲学研究则是业余爱好。但交谈中得知我还有可成文的数学哲学思考，他们就极力鼓励我拿出来，说是两篇"太少"！特别是李荃女士从美国留学归来，学过哲学，对数学哲学表现出特别的兴趣。我一方面觉得这样的好意不应被辜负，另一方面觉得历史上的哲学家其实也是业余的多，特别是在康德之前，可以说大部分哲学家都有自己的职业与专业，他们只是在业余用哲学来解释世界。所以经过再三考虑，我决定不揣"业余"，把关于数学危机与非欧几何的哲学思考统摄为"数学哲学的实践"一文。如果把专业哲学学者比作围棋中的九段高手，我自忖大约有业余六段或七段水平吧。当然我期待专业高手能给予肯定的评价，因为在这方面我还需要鼓励。

我很高兴本书能如愿在复旦大学出版社出版。对方毅超与李荃两

后记

位编辑在出版过程中给予我的热情鼓励与帮助,特别是责任编辑李荃女士在本书编审工作中博闻强记,认真、负责、严谨,用一丝不苟来形容应不为过的作风与态度,以及为此而付出的辛劳与才智,我在此表示衷心的感谢!

2024 年 10 月

图书在版编目(CIP)数据

问思录/司春林著.--上海：复旦大学出版社，
2025.2. -- ISBN 978-7-309-17704-6
Ⅰ.C53
中国国家版本馆 CIP 数据核字第 2024UW8786 号

问思录
WEN SI LU
司春林　著
责任编辑/李　荃

复旦大学出版社有限公司出版发行
上海市国权路 579 号　邮编：200433
网址：fupnet@ fudanpress.com　http：//www.fudanpress.com
门市零售：86-21-65102580　团体订购：86-21-65104505
出版部电话：86-21-65642845
上海新艺印刷有限公司

开本 787 毫米×1092 毫米　1/16　印张 23　字数 310 千字
2025 年 2 月第 1 版
2025 年 2 月第 1 版第 1 次印刷

ISBN 978-7-309-17704-6/I・1418
定价：79.00 元

如有印装质量问题，请向复旦大学出版社有限公司出版部调换。
版权所有　侵权必究